U0903502

● 酒店管理与烹饪专业规划教材

餐饮经营与管理

周秒炼　编著

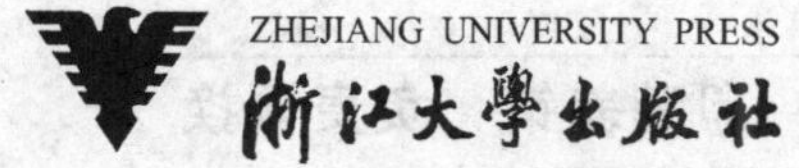

内容提要

全书共分9章，主要内容包括餐饮概况、餐饮组织结构与人员编制、菜单设计、采保管理、厨房管理、餐厅管理、餐饮营销管理、餐饮产品成本核算与控制、餐饮企业连锁经营等。每章附有复习思考题，全书附有11个案例。

本书删繁就简，但内容全面；理论联系实际，突出实用性。本书可作为烹饪专业和饭店管理专业的教材，亦可作为餐饮从业人员的培训教材。

图书在版编目(CIP)数据

餐饮经营与管理 / 周秒炼编著. —杭州：浙江大学出版社，2008.2 (2010.8 重印)
酒店管理与烹饪专业规划教材
ISBN 978-7-308-05811-7

Ⅰ.餐... Ⅱ.周... Ⅲ.饮食业—企业管理—高等学校—教材 Ⅳ.F719.3

中国版本图书馆 CIP 数据核字(2008)第016514号

餐饮经营与管理
周秒炼　编著

出版发行　浙江大学出版社
(杭州市天目山路148号　邮政编码310007)
(网址：http：//www.zjupress.com)
责任编辑　应伯根　王元新
排　　版　杭州求是图文制作有限公司
印　　刷　杭州浙大同力教育彩印有限公司
开　　本　787mm×960mm　1/16
印　　张　18
字　　数　328千字
版 印 次　2008年4月第1版　2010年8月第2次印刷
印　　数　3001—5000
书　　号　ISBN 978-7-308-05811-7
定　　价　28.00元

浙江大学出版社发行部邮购电话　(0571)88925591

前 言

自我国改革开放以来，随着经济的强劲发展和人民生活水平的不断提高，我国餐饮业得到了前所未有的发展。我国餐饮业市场规模从 1980 年发展至今的近 30 年中，其销售额每年都以两位数的增幅高速增长，1994 年突破 1 千亿元，1996 年超越 2 千亿元，1999 年跨越 3 千亿元。自 2001 年至 2005 年的 5 年时间里，连续实现每年跨上一个千亿的台阶，从 4 千亿元上升到 8 千亿元。2006 年超过了 1 万亿元，预计 2010 年将超过2 万亿元。中国餐饮业可谓前程似锦！

但随着我国餐饮业的快速发展，对餐饮专业人才的需求也越来越大，而且随着经营网点的增多，特别是外来餐饮兵团的强劲进入，餐饮业竞争日趋激烈，这对餐饮业人才的素质要求亦越来越高。本书吸取了国内外餐饮企业经营管理的先进经验、理论和方法，主要针对烹饪专业学生特点编写而成。本书不仅适合烹饪专业学生使用，亦可作为饭店管理专业学生、餐饮从业者及从事餐饮管理教学的教师的参考用书。

本书有以下三方面的特点：

删繁就简，但内容全面。本书虽然只设计了 9 章，许多内容如人力资源管理、卫生与安全管理、设备管理等内容并未单列成章，但其内容在第三、第五和第六章中都有专节进行阐述。综观全书，与餐饮管理有关的知识点，几乎都涉及并予以关注。

理论联系实际，突出实用性。考虑到与《饭店管理》教材的承接关系，本书在有些内容如人力资源管理、卫生与安全管理及设备管理等上大大压缩其理论性内容，而重点关注其实用性内容。突出实用性，这在每一章中都有体现，就每章的重点案例而言，亦充分体现了这一点。

针对烹饪专业学生特点，本书还重点突出了“厨房管理”方面的相关内容。如第五章“厨房管理”在内容安排上或知识点的关注上更为全面；第三章“组织结构与人员编制”中亦重点突出了“厨房组织结构”方面内容等。

本书在编写过程中，参考了许多相关教材和资料，分别引用了一些数据和文字，参考文献一并在书后列出，因无法与所有的作者取得联系，在此深表感谢和歉意。

由于编者学识水平有限，书中疏漏和不足之处在所难免，恳请专家和读者批评指正。

编　者

2007年3月

目　录

第一章

餐饮概论

第一节 餐饮业发展简史及趋势

一、什么是餐饮业

简言之，餐饮业是利用设备、场所和餐饮产品为就餐客人提供服务的行业。餐饮业属第三产业。《中国第三产业年鉴》曾对三大产业进行了划分：农、林、牧、渔为第一产业，工业和建筑业为第二产业，其余为第三产业。由于第三产业包括的行业多、范围广，根据我国实际情况，第三产业又分为两大部分：一是流通部门，一是服务部门。由于餐饮业具有现产现销的特点，可将其归入流通部门；又由于餐饮业具有为人们生活服务的特点，又可将其归入服务部门。所以餐饮业是横跨两大部门的一个特殊行业。

二、中国餐饮业发展简史

中国餐饮业发展历史可分为五个阶段：三代期、汉唐期、两宋时期、元明清时期及新中国时期等。

（一）三代期

处于奴隶社会的夏、商、周时期，农业和畜牧业有了较大发展，已有了六畜、六禽、五菜、五果等食物之称，餐饮原料已较为丰富；这一时期发明了青铜厨具，使最具中国烹技特色的“炒”开始出现了；另外，这一时期商业也得到了较大发展，如战国时的齐国为富国强兵，力倡商业，齐国都城临淄(今山东淄博)一时商贾云集，一派繁荣景象，而为商贾提供饮食服务已成为必要。这些都为餐饮业的出现创造了良好的条件。可以说，在三代期，餐饮业已经形成了一个独立的行业。

(二)汉唐期

进入封建社会后，庶民有了更多的人身自由和财产交配权；生产力发展迅速，物质更为丰富；出现了都市经济，商业活跃，呈现出“船车贾贩，周于四方”和“熟食遍列，肴旅成市”的繁荣景象；而张骞出使西域，使西域特产和美食不断引入，如胡瓜、胡麻(芝麻)、葡萄、石榴及胡饼、胡炮肉、胡羹等不可尽数。这些都为餐饮业的进一步发展创造了更好的条件。

这一时期餐饮业的特点是：(1)餐饮业进一步发展，市场规模扩大；(2)东汉以后，佛教传入，出现了寺院斋食、民间素食，这对后来的素食餐饮的形成影响深远；(3)出现了管理有方、工作高效的大型酒楼，如唐长安，三五百人的饮食可立办；(4)餐饮业开始出现扎推经营的现象，这是现代美食街的雏形；(5)中西交流，使唐长安出现了许多西域风味的餐饮店，如胡饼店等；(6)在餐饮服务方面，已经有了预订、接客、上门等服务。

(三)两宋时期

在许多史料性笔记中如《东京梦华录》、《都城纪胜》、《西湖老人繁胜录》、《梦粱录》、《武林旧事》等，对北宋都城汴京(今开封)和南宋都城临安(今杭州)的餐饮业都有较详细的描述。从繁盛程度看，临安更胜汴京，这种繁盛与经济大发展和上层社会的腐化等有关。

这一时期餐饮业的特点如下。

1. 规模大、类型多

当时汴京有72家正店(大酒楼)，“脚店”和“分店”(小餐馆)等无数；临安官办酒库(自酿自卖)13家，每库都有一两家高级酒楼，民办酒楼中较有名的也有18家，小餐馆则无数。餐饮类型多样，除上述提及的官办与民办、高档与低档、大与小之类的不同区分之外，就经营产品的特色来看，还有以卖饭菜为主的“茶饭店”、卖鹅鸭包子的“包子酒店”、卖羊肉酒菜的“羊饭店”、卖汤面的“川饭店”、卖馄饨之类的“饱达店”及卖各色点心的“荤素从食店”等。

2. 讲环境、重服务

选址极其讲究，临安因为西湖自然景观之胜，酒楼多傍山依湖，风景优美，更有在雕梁画栋的画舫中举办船宴歌舞的；店内环境亦甚讲究，出现了像仕宦人家的“宅子酒店”，像花园一般的“花园酒店”等；而酒楼茶肆，或外设彩棚“欢门”，可内挂名画，插四时花，巧设盆景，以吸引客人。在服务上，已有了成熟的一套服务程式，顾客上门，先“提瓶献茗”，喝茶之后再正式入座，然后斟酒、上“看盘”，而后是点菜、上菜、结账的功夫；客人就餐中，还有许多小商贩、卖唱者及闲人不叫自来，为客服务，得点赏钱养家糊口，可视为正规服务的一种补充；餐具也很讲究，许多酒楼用的都是金银器，室内虽无空调，但夏天有降温冰盆、冬设取暖火箱，使宾客有常年如春之感。

（四）元明清时期

元代，由于民族、阶级以及统治集团内部的矛盾，社会一直处于较紧张的状态，社会经济特别是商业经济的发展受到了很大的限制，故终元之世，餐饮并未在两宋的基础上有所发展。过渡到了明清时期，经济振兴，餐饮业有了新的发展，特别是到了晚清达到了高峰。这一时期，除了行业规模的进一步扩大外，还具有这样一些特点：

1. 服务日臻完美，已达到了相当高的水平。明代酒楼的“过卖”（即服务人员），其技艺精湛，“凡下酒、羹、汤任君索唤，就十个客人，一人各要一味，也自不妨”，其答应如流而来，酒未至，先设看盘数碟，及举杯则又换细菜，如此屡易，愈出愈奇，极意奉承。“过卖”到了清代就成了堂倌，堂倌眼明手快、机敏应对的服务才能，准确的点菜上菜和心算结账的诸多绝技，至今对餐饮业都有一定的借鉴意义。

2. 晚清时期的五口通商，使沿海城市出现了西菜馆、酒吧和咖啡厅，而中国餐饮亦随华侨开始走向世界。随西菜馆而来的还有各种各样的西式原料和调料，以及西式烹饪技法和西式餐饮服务方式等，这些对中国餐饮业都产生了深远影响。

3. 中国许多餐饮老字号多始于晚清时期，如北京的全聚德、谭家菜、砂锅居等，它们共同见证了晚清餐饮业的繁盛。

（五）新中国时期

1949 年至改革开放时期，由于政治、体制、经济等多方面的制约，餐饮业跌入低谷。1980 年 9 月 30 日，作为中国改革开放的先声，新中国第一家私营餐馆悦宾饭店在北京正式开业，一时引起中外媒体的极大关注。虽然开业当天，餐馆老板只花了 36 元买了四只鸭子，做的都是鸭菜，却受到了食客们的热情追捧。短短的开业几天，有 72 位外国大使和 74 位外国记者光临此店。借改革开放的东风，中国餐饮业发展开始从繁荣走向昌盛。

三、中国餐饮业发展趋势

“民以食为天”，中国餐饮业作为我国第三产业中的一个传统支柱产业，一直在社会发展和人民生活中发挥着重要作用。特别是近10余年，餐饮业始终呈现出一种高速发展势头，成为社会“热门”行业之一。

据统计，1978年餐饮经营网点还不到12万家，营业收入才55亿多元；而2004年餐饮网点超过400万家，营业收入达7486亿元，这两项指标分别为1978年的34倍和136倍。中国餐饮业营业收入已连续14年保持两位数的增长，其增长速度不仅高于GDP的增速，亦高于社会消费品零售总额的增速，一直领先于消费品市场中的各个行业。

2005年中国餐饮营业收入达8886亿元，2006年达1万亿元，到2010年将超2万亿元。在未来几十年，中国餐饮业将继续保持强劲的发展势头。

中国餐饮业持续增长的原因，主要有：

（一）不断加快的生活节奏

随着时代发展，无论城市还是乡村，人们工作、学习、娱乐和交友的时间都越来越紧凑；加之劳动力价值的提高，时间价值的升高，越来越多的人已不愿将时间过多地浪费在烧菜做饭上，到餐厅吃饭已成为一种要求。如早餐业的兴盛便是明证。

（二）流动人口的不断增加

随着旅游业的不断发展、商贸活动不断增加以及不断增加的进城务工大军等都为餐饮业带来了大量的客源。

（三）社会职能不断扩大

过去，凡新建一个企业，就要建一个食堂，以解决职工吃饭问题。目前，大多数新建企业都不建食堂，职工的早餐、午餐问题只能由单位附近的餐厅来解决，这使餐饮业担负的社会职能大大加强了。工作餐的社会化也是餐饮业发展的一个良机。

（四）公共关系的不断发展

社会的不断发展与进步，使人与人之间的交往也在不断增多，人们出于各种各样的需要，到餐厅就餐已成为家常便饭。这也需要加速餐饮业的不断发展。

（五）职业女性的增多

今天的女性，许多已经走出家庭并有了自己的职业。要掌握职业需要的知识和技能，就要用大量的时间来学习。这些职业女性很少有时间从事家务劳动，而生活水平的不断提高，使职业女性能够用外购食品或在外就餐的方式来解决家人的吃饭问题。

第二节　餐饮管理发展简史及趋势

一、什么是餐饮管理

餐饮管理，是指从客源组织、食料采购、厨房加工到餐厅销售服务的系统管理过程。

二、中国古代餐饮管理发展

要对中国两千余年的餐饮管理发展历史进行描述是困难的，这里仅就其中一些经典片段作一简介，以期达到窥一斑而见全豹之效。

(一)周王廷已有了完备的餐饮管理模式

周代，为周王廷提供饮食服务的厨事及服务队伍极为庞大，人数达到 3465 人之众。这支队伍分工细密，各司其职，主要分成六大职能，即：供应、制作、烹饪、服务、保健和管理等。各大职能又有细分，如供应：渔人、鳖人、鸡人、羊人、盐人、凌人等；制作：猪人、酒人、浆人、醢人、醯人等；烹饪：庖人、享人等；服务：笾人、司仪、掌客、遗人等；保健：食医；管理：膳夫。

这支队伍由“六卿集团”分管，并由“六卿集团”共同合作完成对周王廷的饮食服务工作。“六卿集团”，即：天官冢宰、地官司徒、春官仲伯、夏官司马、秋官司寇和冬官考工，其中天官冢宰(即后来的大宰卿)负主责。

(二)“唐代的”进士团组织

唐代，进士及第者为示庆贺，往往都要于长安城东南的曲江园举办宴会，称“曲江之宴”。由于此宴规格豪华、规模庞大、有利可图，于是出现了专做此“进士宴”的组织，叫“进士团组织”。这个组织的作用是：首先接受预订揽生意，然后将生意分派给组织内各成员酒店；其次，统一购买原料实施配送。当然，为了保证组织的正常运行，肯定还有许多规章制度。

(三)宋代的“四司六局”

《都城纪胜》记述了北宋都城汴京的“四司六局”。所谓“四司”，即：账设司、厨司、茶酒司和台盘司；“六局”，即：果子局、蜜煎局、菜蔬局、油烛局、香药局和排办局。“四司六局”亦是承办宴席特别是大中型宴席的一种组织，顾客若要在家中宴客，如办婚宴、寿宴等，可由“四司六局”承办，“四司六局”负责租赁器具，供应酒菜，包括下请柬、排座次、尊前执事等所有事务，主人只要出钱，不用费丝毫力气。

(四)清代孔府的厨房管理

作为中国超级贵族之家，当年山东曲阜衍圣公府，常常是天天盛宴、夜夜笙歌。孔府的厨房管理最有特色的是“三班轮值”及“因事而举，班头招募”。

孔府厨师是父子相承的“厨师世家”，厨师分三班，每班一个班头，每班值役 10 天，即一个月每班轮值一次。这种三班轮值的制度促进了各班在技术、管理等方面的竞争。

遇到大规模的筵席，三班人马远远不够，于是各班头马上召集曲阜乃至附近府县与自己有契约关系的“长期临时工”前来帮厨。这些帮厨招之即来，挥之即去，是孔府最经济的一种用工方式，这就是“因事而举，班头招募”。

三、中国现代餐饮管理发展

(一)从经验管理到科学管理

餐饮管理，以前由于多靠管理者的经验，常常导致菜点和服务质量低劣或不稳定。20 世纪 80 年代到 90 年代初，科学管理开始影响餐饮管理。以“系统化”、“规范化”等为中心的科学管理兴起。

人们开始意识到餐饮管理要在意识观念、组织形式、经营思想、人事劳动、设备设施、分配形式和经济核算等方面，按科学管理的原则进行系统化的管理。在餐厅服务、菜点制作及各项管理上要进行规范化的科学管理。

(二)从“以我为中心”到“以顾客为中心”的人本管理

在改革开放初期，餐饮市场还处于卖方市场，供不应求，在这种情况下，许多餐饮企业采取的是“以我为中心”的管理方法，其主导思想是：我提供什么你吃什么，爱吃不吃。随着餐饮市场竞争加剧，供过于求，市场已逐渐从卖方市场转为买方市场，餐饮企业要吸引客人，必须“以顾客为中心”，想方设法让顾客满意。让顾客满意主要应做到：(1)菜点设计要迎合或适合市场客源；(2)倡导个性化服务；(3)对员工实施人本化管理，创造员工的满意度，以更好地服务顾客。

(三)从“唯利是图”到“绿色餐饮”创建

只重视企业的利益，而忽视顾客的利益和社会效益，这样的企业是走不远的。餐饮业也讲可持续发展，即餐饮业要讲环保，这是餐饮业应具有的义不容辞的社会责任。可持续发展理论催生了“绿色餐饮”，而创建“绿色餐饮”主要做到：(1)倡导开发绿色健康的菜点；(2)加强节能降耗管理，特别是水、电、气的节约管理；(3)加强垃圾废弃物管理；(4)为客人提供良好的就餐环境，为员工提供良好的工作和生活环境；五、在顾客中倡导“绿色消费”等。

（四）从“以菜品为中心”的经营到“以品牌为中心”的经营

一个餐饮企业仅仅依靠菜品特色、菜品质量等来吸引客人，从竞争的角度或市场营销角度看，这种思想已大大落后了。现代的餐饮竞争，已经从单一的菜品竞争发展到了品牌的竞争，一个好的餐饮品牌，不仅仅代表好的菜点，还包括良好的就餐环境、优质的服务，以及良好的企业形象等。品牌竞争是一种综合能力的竞争，是现代餐饮企业吸引客源、拓展市场的重要法宝，为此许多餐饮企业开始重视打造自己的品牌，而有的餐饮企业则通过加盟连锁方式，借用别人的品牌。

（五）从单体经营到连锁经营

连锁经营已经成为许多餐饮企业拓展市场的主要经营方式。近年来，我国实施连锁经营的餐饮企业数量和创收能力都在不断提高，2000 年中国百强餐饮企业中有 41 家，其营业额占这百家餐饮企业总营业额的 59%；2003 年中国百强餐饮企业中有 79 家，营业额占这百家餐饮企业总营业额的 85.5%，其增长的势头是相当强劲的。

第三节　餐饮经营的主要类型和特点

一、中式餐饮分类

餐饮经营类型很多，按不同的分类标准可以有不同的分类。

（一）按规模大小分类

按餐饮企业规模大小来分，可分为小型、中型、大型和特大型餐饮。但具体的界定则无统一的标准，一般可以从餐饮企业最大餐位数或餐饮经营面积来划分。有人认为：100 个餐位数以下为小型餐饮，100 至 300 个餐位数为中型餐饮，300 至 500 个餐位数为大型餐饮，500 个餐位以上为特大型餐饮。据悉，大连海洋公园快餐厅有餐位竟达 4800 个。餐饮规模大小还可按照其经营面积大小来划分，20 世纪 90 年代初，上千平方米的餐饮企业很少见，而现在则比比皆是。据悉，天津海霸王海鲜餐厅，由于面积太大，服务员都是穿旱冰鞋为客人提供服务的。

（二）按经营的档次来分

按档次高低一般可分为低档餐饮、中档餐饮、高档餐饮和豪华餐饮。具体的界定亦无统一标准，因为各地经济发展不平衡，各地的餐饮企业发展亦是不平衡的。一般可以用人均消费额的多少来判断。另外，有的地方为加强餐饮业的管理，鼓励正当竞争,制止价格欺炸和暴利行为,以保护消费者和经营者的合法权益,出台了一些措施。如天津物价局就将全市餐饮业分成了四类:特级户、一级户、二级户、三级户。

(三)按供应时间分类

按此方类可分为:早餐餐饮、正餐餐饮、宵夜餐饮和24小时服务餐饮等。早餐餐饮以提供早餐服务为主,如各地的早餐公司、私人摊贩等;正餐餐饮提供午、晚餐服务;宵夜餐饮则主要为夜生活的顾客和夜班一族服务,一般从晚上八九点至凌晨;24小时服务餐饮主要是快餐厅、咖啡厅或自助餐厅,一般而言,四星级以上饭店至少有一个24小时营业的餐厅,便于给顾客提供周到的服务。

(四)按经营的风味特色分类

这一类有多种分法,第一种可分为宫廷菜馆、官府菜馆、民间菜馆、寺院菜馆等;第二种可分为汉族菜馆、朝鲜菜馆、蒙古菜馆等;第三种可分为川菜馆、苏菜馆、粤菜馆、鲁菜馆、新疆菜馆、西藏菜馆等,甚至还可以进一步细分,如苏菜馆,还可分为淮扬菜馆、苏锡菜馆、南京菜馆、徐海菜馆等。

(五)按服务方式来分类

按此一般可分为餐桌服务式餐饮、自助餐饮、外卖餐饮等。餐桌服务餐饮是最常见的一种餐饮经营方式,其主要特点是专门的服务人员为客提供点菜、上菜、清台、结账等服务;自助餐饮源自欧美,主要特点是客人自己动手、各取所需、自我服务,如自助快餐厅、自助火锅厅等;外卖餐饮,主要特点是一般不设餐厅,为客人提供打包服务或送餐上门服务。

(六)按经营的形式分类

按此可分为单体餐饮、饭店餐饮、连锁餐饮等。

二、中式餐饮特别类型简介

以上关于餐饮类型的划分并不全面,许多重要的特别的类型并未涉及,如主题餐厅、休闲娱乐餐饮、生态餐饮、餐吧和超市餐饮等。下面对相关内容作一简介。

(一)超市餐饮

超市餐饮兴起于20世纪90年代中期,它借鉴了零售业中超市的一些经营形式,将成品及半成品菜点用保鲜展示柜陈列出来,顾客看样点菜,成品菜点直接上桌,半成品菜点入厨烹制后上桌。

超市餐饮的优点是:

(1)餐饮企业可以通过展示柜,以鲜活生动的方式向顾客展示自己的菜点,激发客人的消费欲望。

(2)顾客由看单点菜到看样点菜,点得开心吃得放心。

(二)餐　吧

这类餐饮借鉴于西方酒吧的柜台服务方式,将其移植到中式餐饮服务中来的一种新的餐饮类型。其主要特点是:将厨房搬进餐厅,使顾客与厨师面对面,顾客可以欣赏厨师精湛的烹技表演,亦可与厨师聊天交流,给客人一种全新的美食体验。如火爆京城的“面酷山西食艺”就是一个典型的“面吧”,在这里,客人可以欣赏到厨师的一根面、刀削面等表演,品尝厨师奉上的“杰作”,还可与厨师交流了解山西面食文化。

(三)私家菜馆

私家菜馆有两种情况:一种是以住宅的一部分作为经营的餐厅,其优点是给客人以亲切感、节省租金等,当然缺点也是明显的,这类餐厅亦可称之为私房菜馆。另一种是指经营的菜点有特色,菜点的烹制有不传之秘的餐厅,而且餐厅主人不是身怀绝技的烹饪好手就是吃出了水平的美食家或好吃家。北京的厉家菜馆就是一个很有名气的私家菜馆,不仅有独擅的烹饪技术,而且以其住宅作为餐厅,吸引了许多明星名流。

(四)生态餐饮

这一类餐饮是一种以营造健康舒适的就餐环境和提供营养绿色的菜点为核心的餐饮形态。这类餐饮在中国是从2001年炒作起来的,在全国有百余家。南北形式各有不同,北方是蔬菜大棚餐厅,南方多是生态园林餐厅。北方往往将餐厅搬进蔬菜大棚,大棚蔬菜按绿色标准种植,客人自选自摘送厨房加工;整个大棚阳光明媚、绿意盎然,在这样的环境下就餐特别是在冬季更别有一番享受。不过,这类餐饮大多还只是一种概念的炒作,与生态有关的核心东西还非常欠缺。

(五)休闲娱乐餐饮

这是一类将休闲娱乐活动与餐饮相结合的餐饮形态。其实,休闲娱乐餐饮历史悠久,中国最迟在周代就有了“以乐侑食”的记载,如今不仅有歌舞表演、器乐演奏为客人就餐助兴,而且戏曲表演、杂技表演、魔术表演、特技表演等也都相继登场,使餐厅呈现一派歌舞升平的景象。

休闲娱乐餐饮更多体现在休闲上,如茶馆、咖啡厅、酒吧等。1959年,美国一餐厅将剧场搬进餐厅,首创剧场餐饮,客人一边品尝美食一边观赏歌舞,大受客人欢迎。从此剧场餐饮波及世界餐饮,至今影响深远。20世纪80年代,日本卡拉OK的发明很快风靡世界,而卡拉OK餐厅随之大量出现,至今仍是许多地方休闲娱乐餐饮的主力军。

(六)药膳餐饮

药膳,一般认为是在中医理论指导下,以食物或中药相配伍,运用烹饪工艺制成的具有防病、治病、养生保健作用的食品。所谓药膳餐饮即为客人提供药膳服务的餐饮形态。药膳餐饮在我国的发展还非常缓慢。现有的一些药膳餐厅,从实质上来看还只是一种炒作,真正意义上的药膳餐厅在我国还非常少见。

(七)茶餐厅

这是香港较有特色的一种餐饮类型,其经营品种以港式点心为主,兼及各种小菜,适于早茶(即早餐),故称茶餐厅,其实与茶馆差别很大。茶餐厅 24 小时营业,既可填饱肚子,亦可休闲小品。香港的茶餐厅多是百年老号,其顾客绝大多数是老顾客,而且顾客往往有世袭的传统。现在香港茶餐厅已进入内地。

(八)主题餐厅

顾名思义,所谓主题餐厅,即确定主题,餐厅的环境、菜点、服务等都根据主题进行设计,并凸显主题的一类餐饮形态。如美国的硬石餐厅,就是一个以摇滚乐为主题的餐厅,它将音乐与美式菜肴融为一体。以北京的硬石餐厅为例,它是西洋音乐的博物馆,收集和展出了许多世界乐坛明星的纪念品多达 400 余种,放眼望去,餐厅四壁都是吉他和金唱片;吧台设计奇妙,其本身就是一把吉他;餐厅设表演台,可供各类乐队或顾客即兴演出;外卖带硬石标志的各式 T 恤、别针、手表等;提供纯正的美国家乡菜肴等。这些都让客人特别是乐迷流连忘返。

主题餐厅的兴起与餐饮市场竞争激烈加剧市场细分有关,与"吃出文化来"的食尚潮流有关,与寻求独特就餐体验的时尚潮流有关,可以预见随着餐饮竞争的进一步加剧,随着人们素质的不断提高,主题餐厅深具开发潜力。

做好主题餐厅的关键:一是选准主题,因为主题决定了你的客源;二是要综合设计,要从环境、菜点、服务等进行全面的统一设计。

三、西式餐饮类型简介

西式餐饮类型主要有正餐餐饮、酒吧、咖啡厅等。

(一)正餐餐饮

即以经营午、晚餐为主的西餐厅。其中,扒房就是一种以提供午、晚餐服务为主的高档西餐厅。扒房布置要求高雅、富丽、神秘、经典并具独特风格,一般以欧洲文化艺术为设计主题,餐桌光源以烛光为主,陈设豪华而古典的法式家具,播放世界古典名曲或钢琴、小提琴现场演奏等。

（二）咖啡厅

咖啡厅源自中世纪土耳其的伊斯坦布尔，后风靡欧美。泡咖啡馆成了许多欧美人的一种生活方式，著名作家茨威格就是其中一位，他说："我不在咖啡馆，就在去咖啡馆的路上。"

咖啡厅是以供应咖啡、饮料、西餐、快餐等为主的餐厅，它既是人们用餐场所，又是人们休闲或会亲访友的地方。若是饭店中的咖啡厅，其往往是营业时间最长的餐厅，一般是18～24小时服务；并且为住店客人提供早餐服务。

（三）酒　吧

酒吧一词源自英文Bar，意指出售酒的柜台。现代人把酒吧定义为：以销售各种酒类和饮料为主，兼营各种佐餐小吃，同时也是人们交友、聚会的场所。

酒吧有许多类型，如主酒吧、鸡尾酒吧、酒廊、服务性酒吧、宴会酒吧及客房小酒吧、泳池酒吧等。

1. 主酒吧

主酒吧是酒店里的正式酒吧，以供应各类烈性酒、鸡尾酒和混合饮料为主。其特点是客人坐在吧台前的吧凳上，面对调酒师并欣赏调酒师的操作技艺。在这种酒吧中，调酒师扮演着十分重要的角色，他从准备材料到调制酒水的全过程都在客人的注视之下完成。因此，调酒师必自始至终保持良好的仪容仪表、友好和善的服务态度及接待客人的能力。

2. 鸡尾酒吧

酒吧设计富利典雅，所以能充分体现酒店服务的规格和标准。吧内设有低矮的餐桌和沙发，坐席宽敞，有专职的调酒师和服务员提供各类服务。这类酒吧还可有专门的乐队，为客人表演，活跃气氛。

3. 酒　廊

酒廊以提供各种冷热饮品为主，同时也提供各种酒类和小吃，但不提供主食。这类酒吧台前有一些吧椅，但客人一般不愿坐上去，而是坐在小圆桌旁。这类酒吧有两种形式：一是大堂吧，设在饭店的大堂位置，供客人暂时休息、会客、等人、等车等；二是音乐厅，包括歌舞厅、卡拉OK厅，为休闲、娱乐的客人提供酒水服务。

4. 服务性酒吧

服务性酒吧是指设在中、西餐厅的酒吧，调酒师不直接与客人见面，而是通过餐厅服务员按点酒单为客人提供酒水服务。

5. 宴会酒吧

宴会酒吧是指根据宴会的场地、性质和参加宴会的人数临时摆设的酒吧，其特点是营业时间较短、营业量大、服务速度快。

第四节 餐饮管理的特点和任务

一、餐饮产品概念与特点

许多人常常将餐饮产品与厨房产品混为一谈,这是不准确的。所谓厨房产品,仅指厨房生产的菜点、饮料和宴席;而餐饮产品不仅包括厨房产品,还包括餐厅环境、员工服务以及他们共同形成的就餐气氛。其中厨房产品是有形的,就餐气氛是无形的,故餐饮产品是有形产品与无形产品的结合。其实,客人走出餐厅以后,他并没有带走任何有形的产品,带走的只是食物和就餐气氛给他的生理和心理所带来的感受,而这种感受是无形的,所以我们亦可以认为餐饮产品从最终结果上来看是一种无形产品。

餐饮产品除了具有无形性的特点之外,还具有这样一些重要特点:

(一)餐饮产品的文化性

不管是厨房产品,还是就餐环境和员工服务,都承载了丰富的地域特色文化,这种文化从菜点风味与命名、餐厅的装修、员工服饰与礼仪等都能体现出来。可以说,一个餐厅的饮食文化是其餐饮产品的灵魂。

(二)餐饮产品的多功能性

餐饮产品不仅能满足人们的基本生理需求和对地域饮食文化的需求,还具有社交功能、商业功能和休闲功能等。借助就餐,人们可以增加相互的交流和认识,可以谈生意做买卖,还可以在这里舒缓情绪、愉悦身心。

(三)餐饮产品的可组合性

餐饮产品的可组合性体现在以下三个方面:第一,从菜点的创新来看,餐饮原料与烹调加工方法的不同组合可开发许多新菜点;第二,从宴席的开发来看,同样的菜点用不同的组合与包装方式(如命名、盘饰、形状等)可以开发许多的宴席;第三,菜点、宴席与就餐环境、员工服务等的相互改进与组合,将会给顾客提供更多不同特点的餐饮产品。由于餐饮产品的可组合性,有利于餐饮企业进行产品的开发创新,故餐饮企业不仅要保证老产品的传统和特色,还要适时推出新产品,以满足顾客新的需求,并增强自己的竞争力。

二、餐饮管理的特点

餐饮管理和一般的工商企业和服务性企业管理比较具有以下几个基本特点。

(一)生产、销售、服务一体化

一般的企业是先产后销再加售后服务,而餐饮企业则是先销后产,服务贯彻始终。当客人一进入餐厅,就开始感受餐厅的就餐气氛,从这一刻开始可以说客人已经接受了餐厅的服务,而这种服务贯穿客人就餐活动的始终,直至客人走出餐厅为止,当然餐厅还可以利用客户拜访之类的后续工作将这种服务加以延伸。当客人开始点菜,就进入了销售的环节,一旦点菜完毕向厨房下单,厨房及时烹制客人菜点并迅速将其上桌,以保证菜点质量并使客人满意。

(二)随销随产,对服务效率要求更高

由于餐饮服务要随销随产,即客人要先点菜后生产,加之客人就餐时间短,这就要求厨房具有在餐厅客源爆满的条件下,在有限的时间范围内及时生产客人所需的大量菜点的能力,否则将会严重影响客人的满意度,所以作为餐饮管理者必须重视厨房生产效率,提高生产效率;当然送菜员及值台服务员高效率的服务亦是很重要的环节,试想,菜品炒出来之后,却无法及时上菜,值台员慌忙中上错菜等都会大大影响客人的满意度。

(三)经营方式灵活,收入弹性大

餐饮管理具有非常灵活的特点,餐饮企业根据自己的特点及针对市场的变化开发推出各种各样的厨房产品或餐饮产品以吸引客源增加销售。其灵活的经营方式有许多,如增加餐次,经营正餐的餐饮企业,见早餐生意好可适时推出自助早餐服务,见夜宵生意也不错亦可适时推出夜宵服务;重视美食节,餐饮企业适时推出啤酒节、烧烤会、海鲜美食节等以推动餐厅销售;有的餐饮企业还借助于自己的品牌优势将自己的特色菜加工成包装食品,打入零售市场,如杭州楼外楼就开发了叫化鸡、东坡肉等许多包装食品。总之,餐饮企业管理必须发挥经营方式灵活、产品价格灵活、服务项目灵活等优势,广泛组织客源,提高餐厅上座率和人均消费,改变客人的消费构成,以利于企业获得更大的收益。

(四)成本构成复杂,不易控制

餐饮经营成本包括食品原材料成本和流通费用。其中,食品原料品种成千上万,在生产过程中,各种原材料的拣洗、宰杀、拆卸、涨发、切配方法和配制比例各不相同,原料耗损程度差别很大,它们在不同的厨房品中,既可作主料,也可作配料或调料。此外,还有水电燃料、餐茶具、清洁用品、服务用品消耗和劳动工资、折旧等流通费用。因此,其成本构成十分复杂。在餐饮管理过程中,食品原料要经过采购、储藏、领料、发料、加工、切配和炉灶制作过程,容易发生腐烂、丢失、耗损、报废等现象,使成本不易控制。因此,餐饮管理必须加强成本控制,建立一套成本管理制度,做好成本核算和成本分析,正确掌握毛利,随时掌握实际成本消耗,加强成本考核,以切实降低消耗,提高经济效益。

三、餐饮管理的任务

餐饮管理的任务主要就是充分发挥企业人、财、物的优势,积极开发或设计适销对路的餐饮产品,以获取良好的经济效益和社会效益。

(一)重视菜单设计,创造厨房产品的特色

菜单是针对企业的目标客源而设计的,因此必须首先找准自己的目标市场,了解目标客源的消费特色和潜在需求,结合企业的能力与特长,设计出对目标客源有吸引力的特色菜单。优秀的菜单设计是餐饮企业走向成功的关键一步,其意义重大,因为菜单的设计同时也确定了餐饮企业经营类型、规格和特色,并依此选购设备和配备工作人员。

(二)重视餐饮产品开发创新,打造竞争优势

餐饮产品具有不可专利性,即你的创新餐饮产品往往容易被别人模仿而不易受法律的保护,故餐饮企业要始终保持良好的市场竞争力存在很大的外部压力。而餐饮产品又具有较强的组合性,这又为餐饮企业不断改进和开发新产品创造了有利条件,餐饮企业应充分利用餐饮产品这一特性,加强餐饮新产品的开发,使自己保持良好的竞争优势。

(三)重视企业食文化建设,打造企业核心竞争力

社会的食尚潮流由当初的吃饱,到后来的吃好,再到后来的吃出健康、吃出文化,而吃出健康和吃出文化将成为进入富裕阶段的广大人民的终极和永恒的追求或需求。因为当人们进入富裕阶段,人们更加追求精神消费和健康,故人们到餐厅消费,更加关注食品的营养和就餐气氛。所以餐饮企业打造自己的食文化,将显得愈加重要。

打造餐饮企业食文化,首先要注意综合设计,食文化建设不是单一的厨房产品的特色打造,而是厨房产品、就餐环境、员工服务等综合的统一的科学设计;其次,要注意食文化的积淀与传承,不断丰富企业食文化的内涵。中国许多餐饮老字号的成功与它们重视食文化建设是不无关系的,如全聚德就给我们作出了很好的榜样。

(四)加强广告促销,增加销售额

餐饮企业仅仅靠口碑相传搞销售是不够的,必须充分利用现代传媒手段,加强餐饮产品的广告促销工作。餐饮企业应在年度经营计划的指导下,研究顾客的需求,选择推销目标,制订内部和外部促销计划,开展各种有效的促销活动,如积极招

揽各种宴会，做好节假日的促销工作，以争取更多的顾客并提高销售额。

（五）开发人力资源，提高员工素质和劳动生产率

餐饮企业人力资源的开发要做好这样几项工作，第一，做好定编定岗定员工作，控制并减少人工成本；第二，加强管理人员及一般员工的培训工作，提高整个团队的素质，从而进一步提高劳动生产率。

（六）控制成本，增加利润

餐饮企业成本控制难，从原料采购、验收入库、原料粗加工、原料切配，直到烹制上桌，整个过程都涉及成本控制的问题，如原料价格的高低、库存耗损、切配数量超标、烹制用油过多等都将直接导致成本的增加。减少成本就等于获得了盈利，所以餐饮业要重视成本控制工作。

（七）确保食品卫生和饮食安全

确保食品卫生和饮食安全是衡量餐饮企业服务质量的重要指标，也是体现餐饮企业社会道德意识的重要内容。餐饮企业是为广大顾客服务的公共场所，负有相当的社会责任，故餐饮卫生和安全是否符合标准直接影响到餐饮企业的信誉和经济效益。因此餐饮企业必须加强这方面的管理，强化预防措施，切实杜绝食品卫生与安全隐患，以确保顾客与企业双方利益。

四、餐饮管理的社会责任

一个一味追求经济效益，莫视社会效益的企业是走不远的，餐饮企业也是如此。每一个餐饮企业应该承担起属于自己的社会责任，每一个餐饮管理者应该提高对餐饮业在社会生活中所起作用的认识。

（一）守法经营、依法纳税

守法经营、依法纳税是餐饮业最基本的社会责任。守法经营即应做到：货真价实，不欺客宰客，不经营受国家保护的野生动植物等。

（二）弘扬中华优秀饮食文化，倡导健康食尚潮流

改革开放以来，旅游业蓬勃发展，越来越多的外国人热衷于吃中餐，餐饮业已经成为一个对外交流并展示国家文明形象的重要窗口，餐饮业有责任将中华优秀食文化向世界各国的人民呈现。

中华食文化源远流长、博大精深，是餐饮企业取之不竭、用之不尽的宝藏。但如何将中华食文化发扬光大是摆在我们面前的最重要问题。“满汉全席”是始于清末民初的一种兼具满、汉风味菜点的宴席，是前人留下的宝贵的食文化遗产，但如

何继承和发扬满汉全席文化值得我们深思。有的所谓的满汉全席研究者和一些餐饮企业舍本逐末，居然借满汉全席之名，倡导“奢吃”、“海吃”等腐朽糜烂的食习。有人说满汉全席有108道菜，要吃三天三夜，甚至吃七七四十九天。于是各地大餐馆纷纷推出100品、200品、300品以上的所谓的满汉全席菜单；1978年，香港国宾大酒楼为一日本满汉全席品尝团创制了600万日元的满汉全席，如今西安一家酒店也创制出36万元一席的满汉全席，这种竞争不知是否还会继续。由于餐饮业界对满汉全席误知误解相当严重，故本书在附录中有专文进行探讨，可参阅。

(三)创建绿色餐饮

环保，人人有责，何况企业。中国餐饮网点多达400多万个，许多大城市如北京、上海、广州等，餐饮网点都超过10万个，这些餐饮网点产生的污水、垃圾、废气对城市环境的污染不可小视。相关内容前已述及，此不赘述。

第五节 餐饮开业筹划概述

餐饮企业开业筹划内容繁多，包括市场定位、选址、餐厅形象设计、菜单设计、开店证照等手续办理、组织架构、人员招聘培训、餐厨具配置、开业典礼等一系列内容。下面仅就其中几点进行探讨。

一、餐饮市场定位

要成功进入餐饮市场，必须先进行准确的餐饮定位，如果定位不准，失败在所难免。餐饮市场定位主要有餐饮规模定位、档次的定位、菜品特色定位等。

要做好市场定位，必须进行必要的市场调研、市场细分和目标选择。

(一)市场调研

主要是对当地或当地某一区域进行人口环境、经济状况、餐饮市场、消费习俗等进行调研。人口环境，主要是从人口分布、性别比例、年龄结构、家庭结构、文化水平和职业等进行调查分析；经济状况，主要对当地经济发达程度、居民收入等进行分析；餐饮市场，主要对市场规模、档次结构、餐饮类型、风味特色、营业状况等进行分析；消费习俗，主要对居民消费观念、消费习惯、饮食特点等进行分析。

(二)市场细分

所谓市场细分，就是按照某种相对固定的特征将整个市场划分为不同的、具有相对统一特征的小市场。市场细分的意义在于任何一个餐饮企业不可能同时满足所有客人千差万别的饮食需求，只能选择其中一个或几个细分市场作为自己切入餐饮市场的方向，并有利于在市场竞争中获得成功。

餐饮市场细分有一些原则和方法，主要是从餐饮市场的档次结构、顾客职业、顾客年龄结构、餐饮风味特色、餐饮经营类型、居民饮食特点等几方面对餐饮市场进行细分。如细分快餐市场，可分为高、中、低档市场，上班族、学生、游客市场，川式风味、苏式风味、西式风味市场等。

（三）目标选择

目标选择即确定进入的某一个或几个餐饮细分市场。目标选择应注意：第一，要选择具有自身优势，能充分满足客源特定需求的细分市场；第二，充分运用差异战略，尽量选择尚未被开发或尚未得到大量开发的细分市场；第三，选择的细分市场其客源量要大，以保证收益。

（四）市场定位

所谓市场定位，就是指餐饮业打造自己的餐饮产品、特色或形象，这种特色或形象明显区别于竞争对手，并且为目标顾客留下深刻印象，从而达到标新立异，吸引顾客的目的。餐饮市场定位应通过各种手段，如广告、公关等进行宣传，让企业的餐饮产品形象深入人心。

二、选　址

"一步差市"，说的是选址的重要性。选址是一项重要的复杂工程，应遵循一定的原则和方法。

（一）接近目标市场原则

一般而言，不同的目标市场可以理解为不同的商圈，如城市商业区、大学区、住宅区、旅游区等，住宅区还可以分为高档社区或别墅区、普通居民社区等。如果在普通居民社区开高档餐厅，恐怕是不宜的；而在繁华的商业街，由于顾客主要是购物者和商场员工，在这里开一家快餐店比开一家中高档的酒楼要好得多。

（二）可见度原则

餐饮企业的可见度是指餐饮企业位置的明显程度。比如说选址的位置无论在街头、街中或街尾，应让顾客从任何一个角度看，都能获得对餐饮企业的规模和外观的感知。当然这需要从建筑、装饰等几个方面来完善。

（三）综合配套的原则

餐饮企业选址必须充分考虑选址的周围环境是否有配套的设施和服务，如周围是否有足够的停车场，是否有理发厅、住宿设施、各种休闲娱乐场所等，如果有则此地人气旺盛,否则餐饮企业要考虑在企业中增加一定的配套服务功能。现在私家车越来越多,是否方便停车成了许多有车一族选择餐厅的一个重要影响因素。

(四)投资预期回报原则

这里主要是考虑在租赁经营情况下,是选择高租金地段还是选择低租金地段的问题。高租金高投入高风险,亦能带来高回报,这需投资者认真研究与决断。

三、餐厅命名

俗话说:"不怕生错相,就怕起错名",不管是人还是餐厅,命名都很重要。首先,餐厅的名称就像一个人的名字一样,一个好的名字无形中会对顾客的心理产生微妙的影响,一个好听、好记、朗朗上口的名字无论如何也会比一个晦涩难懂的名字更易激起人们的消费欲,增加餐厅的回客率。其次,一个好的名字有利于餐厅声名远播,它是餐厅的第一推销员,其作用有时比一个优秀推销员还重要。另外,餐厅名称是企业一大无形资产,要特别加以保护。

(一)餐厅命名的基本要求

餐厅命名的基本要求是:写出来好看、好认,叫起来要响亮、好听,想起来寓意深刻、回味无穷。所以要取一个好的名字,首先必须从名称所用字的形、音、义及其综合效应和信息作用等方面下足工夫。

餐厅命名要特别注意:不要有不良谐音,如"朱四餐厅","朱四"谐音"猪屎"、"朱死",听起来不雅;命名不可犯忌,如有人打出"太平馆"牌子,居然几天无一点生意,因为"太平馆"使人想起"太平间"。

(二)餐厅命名的一些方法或技巧

餐厅命名,或以人名命名、或以地名命名、或以餐厅金字招牌菜命名、或以寓意吉祥的词语命名等不一而足。餐厅命名之法,值得一说的还有以下几种。

1. 取典命名

取典命名,使人由名及典,给人一种历史感和一种诗情画意的联想,从而给客人留下深刻印象。如"鹿鸣酒家",取自曹操《短歌行》中的"呦呦鹿鸣,食野三草,我有嘉宾,鼓瑟吹笙"的著名诗句,用鹿鸣寓意热情周到,待客如宾。"杏花村",取自"借问酒家何处有,牧童遥指杏花村",使客人酒兴大发。"竹林小餐",取自自命清高、放荡形骸的"竹林七贤",使客人顿感神定气闲。

2. 用俗语命名

俗语命名,是一种平中见奇的妙招,用得巧用得妙,会使餐厅声名远播,创造极好的条件。如四川足球迷喜欢喊的两个字"雄起!"于是有人开起了"雄起餐厅"。

我们说某人技术高为“有一手”，于是有人开起了“刘一手火锅店”。

其实俗语的范围还可以扩大，如取用人们熟悉的电影名、歌曲名或歌词、人际称呼等。如一农家乐取名“又见炊烟”，取自台湾一首老歌的歌词。北京一小餐馆“张琼家的”借用一种老套的称呼却使客人倍感亲切。

3. 以“丑极生美”的险招取名

这是一种以丑的形式，来映衬美的实质，使餐厅命名特征突出、影响深远。如天津“狗不理”，以极丑的名字烘托新鲜生动的内容，迎合了消费者“求奇”的心理，引起购买欲，而使其名扬天下。诸如此类，还有成都的“陈麻婆豆腐店”、重庆的“怪难吃餐厅”等。

四、餐厅店面外表设计

餐厅店面的设计，在于显示餐厅这个“特殊商品”包装的格调，店面设计同样是室内设计的一部分，两者在实质上均追求美观与实用，但店面更注重招徕吸引客人，是要让店外的大众感觉到本餐厅的存在，并能使其决定来本餐厅用餐。因此，餐厅的店面不仅具有“辨认”之功能，同时也要有美观的外表。两者都不可偏废。因此，餐厅大门、展示窗、霓虹灯、招牌等，要力争让人过目不忘。独到的外表还要充分烘托出餐厅的“商品”特征，使路人一望即知本餐厅经营的是什么菜。目前的餐厅早已脱离了“守株待兔”式的经营方式，除普遍将咖啡厅设在楼下底层方便客人接近外，更有将店面设计成开放式的，临街的一面使用大型落地玻璃窗，剔透通明、一览无遗，将餐厅内的用餐情调展现给过往行人。在风格处理上，尽量采用自然鲜明的色彩，减少过分的装饰堆砌，营造和谐的气氛，强调协调，追求“人情化”的餐饮空间。

另外，餐厅门面的设计要显示出卫生清洁格调。这从颜色的运用、设备的风格、空间的安排及其本身具有的清洁度均能反映出来。

同时，也要配合街景，食品展示柜内要有餐饮产品的陈列，注意突出重点，霓虹灯、招牌文字要简明，图案新颖而醒目，而且要与建筑的造型相协调，显示独特的形象，容易让匆忙过路的行人注意与记住。

总之，餐厅外表的设计，能激发起人们对餐饮产品的想象，使人们在远处一望就知道这是哪一类型的餐厅，甚至能估计出其消费水平，这些均来自餐厅外表设计的功劳。

五、开店手续办理

办任何企业都需要进行申请和注册，开家餐馆也一样。只有申请和注册过的企业才能获得"准生证",也只有获得了"准生证"的企业才是合法的,否则将被视为无证经营或违法经营而受到相应的处罚。

在我国,不仅有《公司法》、《食品卫生法》、《公司登记管理条例》等,还有各地方政府制定和颁布的相关法规和规章制度,所有这些法规和规章制度,凡是用来经营餐馆、酒楼的楼盘、店铺,都必须经过当地政府的工商、卫生、税务、消防等有关部门的严格审核,符合要求者才会获得"准生证"及相关证照,才具有合法的经营主体资格。那么,初开餐馆者应该办理哪些登记注册和相关证照?如何办理呢?

餐馆的经营形式多样、种类繁多。既有国有的,也有个体私营的,也有集体、三资的;既有酒楼、饭店,也有公司下属的小饭庄、冷饮店,因此,并非所有的餐饮业者在履行注册登记手续时,都要获得企业法人资格才算是合法经营。但《卫生许可证》、《营业执照》、《税务登记消费许可证》这三证是任何餐厅缺一不可的。除此之外,一般可按照餐馆规模和经营形式的不同,把注册登记的手续分为餐饮企业营业登记和餐馆法人登记两部分进行。关于餐饮开业手续办理具体内容可参见附录2。

思考题一

1. 请简要说明中国餐饮业发展历史?
2. 请简要说明中国现代餐饮管理发展趋势?
3. 餐饮管理的特点是什么?
4. 餐饮管理的任务是什么?
5. 餐饮管理的社会责任是什么?
6. 餐饮开业筹划内容有哪些?

案例一 从"永和豆浆"到"喜年来"

台商邱耀辉先生是大陆"永和豆浆"创始人之一,1995年,他在上海开设了大陆第一家"永和豆浆"店,谁也没有想到,经过十几年的发展,普普通通的豆浆、油条已经发展成为大陆最大的中式快餐产业,每年大陆各个"永和"品牌的销售总额高达十几亿人民币。更让人想不到的是,作为最早在大陆打响"永和豆浆"的人,他在今天却主动放弃了"永和豆浆"这一品牌,重塑一个新的品牌进行创业。他为什么要放弃自己辛辛苦苦建立起来的著名品牌呢?

邱先生最早在大陆挂出"永和豆浆"的招牌时,认为"永和"二字只是台湾豆浆、油条的发源地——永和市的名称而已,不过随便借用一下,方便自己做点生意,根本没有想到注册商标打造品牌的事情。

“永和豆浆”在上海一面市，顿时生意火爆，开业仅8个月就收回了全部投资并有了开第二家店的资本，至1996年底，他在上海已经拥有了五家“永和豆浆”店，1998年则达到了十几家。由于“永和豆浆”生意火爆，一时间各种各样的“永和豆浆”店开始出现。另一家台资企业“永和大王”一进入大陆就开始着手注册“永和”系列商标，并在1998年注册成功，随之，“永和大王”状告“永和豆浆”商品侵权，要求“永和豆浆”撤掉招牌。这让邱先生大惑不解，“永和”只是一个地名，他能用我怎么不能用？经过学习大陆《商标法》，他才知道，县级以上的地名不可以注册商标，但地名与其他字词组合后则不受此限。就“永和”而言，仅仅注册“永和”二字是不合法的，而注册“永和大王”则是允许的。邱先生顿时一筹莫展。

此时，律师告诉他，可以注册一个与“永和大王”不同的商标，如“邱氏永和”等即可脱离困境。但在大陆注册一个新的商标，从预审到公示，整个程序下来至少需要18个月。18个月对他来说是太漫长了，恐怕商标还未拿到，企业就已经倒闭了。怎么办？他经多方查询，得知台湾有一家企业注册有“永和”商标，于是主动与之商议并签订了3年期的商标代理使用合同，台湾企业同意他在大陆使用“永和”商标经营餐饮业，这解了他的燃眉之急。

1999年，邱先生第28家店在合肥开业，而当地已经有一家注册了“永和豆浆”的餐饮企业，2000年元月15日，该企业派人到邱先生餐厅砸玻璃摔椅子，虽然无理取闹者受到了应有的处罚，而邱先生却开始冷静地认真审视和掂量“永和”二字的价值。

现在，与“永和”有关的餐饮品牌越来越多，如“大成永和”、“新永和”、“来来永和”等，以后还不知要出现多少“永和”系列品牌。在此情况下，“永和”二字的含金量已大打折扣，邱先生认为，与其在众多“永和”品牌中去标榜自己，还不如自立门户自创品牌。

为尽快走出“永和”品牌的泥沼，邱先生想尽快推出自己的新品牌。为求快，他从别人已经注册但还未使用的商标中选中了“喜年来”，并一次性买断其商标使用权。“喜年来”推出后，生意居然比以前更红火。

至2005年，邱先生已在大陆开设了52家店，营业总额亦从当初的100万元/年升至1亿多元/年。

资料来源：www.cctv.com

思考题

1. 餐饮业打造品牌的意义是什么？如何打造？

2. 若“永和豆浆”改名后，生意却越来越差，如果你是邱先生，你该如何应对？

案例二 餐饮“三大吃”与“三大恶文化”

近年，餐饮业界爆料频出，宁波一酒店打出广告，吃 50 万奖桑塔纳，吃 100 万奖奥迪；长沙出现了女子光头火锅店；源自日本的“美女人体盛宴”惊现昆明……不知餐饮业界以后还会推出什么样的惊世骇俗的“杰作”。

人所共知，任何行业或企业既要重视经济效益，还要重视社会效益，餐饮业亦然。由于餐饮业独特的性质，对许多社会不良风气有较大的亲和力和包容性，故餐饮业在给人们带来美食文化的同时，也带来了诸多的社会问题，在某种程度上可以这样说，餐饮业成了许多社会不良风气的滋生地和繁盛之所，如公款吃喝、婚宴用公车、吃国家保护动物、三陪现象等，无不在餐饮业的舞台上“风光”一时。正由于此，与其他行业相比，餐饮业的社会责任显得更为重要和艰巨，可悲的是，一些餐饮业不仅漠视自己神圣的社会使命，还在金钱至上的浊流中推波助澜，甚至勇当“先锋”。

本文拟对餐饮业一些非文明现象作一剖析，希望能对餐饮业界和社会公众起到一定的警示作用，有利于餐饮业健康食文化的建设，有利于餐饮业的健康发展，有利于良好的社会风气的培育。

一、餐饮与“三大吃”

“三大吃”，即：奢吃、海吃、乱吃。客人的“吃”与餐饮业的“做”是相辅相成的，是两者或主导或被动共同创造了“三大吃”。

(一)奢 吃

从三代至清末，以奢侈为荣耀，以锦衣玉食相夸示的贵族食风绵绵不绝。他们食必水陆之珍，日食万钱犹言“无下箸处”。历史上所有所谓的“煌煌巨宴”都是这些有权有钱有闲的阶级吃出来的。

现在仍“流行”于餐饮业的满汉全席研创之风就是最典型的代表。据悉，1978 年，日本一品尝团在香港国宾大酒楼吃了一桌 600 万日元的超豪华的满汉全席；其后中国内地的同行们奋起直追，先后推出几万、十几万一席的满汉全席；2003 年初，西安某酒店又炒出了 36.5 万元一席的满汉全席。你贵我更贵，奢侈无止境，此风还将继续。这种托满汉全席之名、托所谓的弘扬民族食文化之名而行奢侈之实的糜烂食风应到此为止。

最成问题的是个别餐饮业，谋求暴利，主动迎合、倡导奢吃之风，他们的营销理念的实质是：不求最好，但求最贵，宰你没商量。

清代袁子才对奢侈之风不屑一顾，称之为“耳餐”之食，力主“戒去”。他在《随园食单·戒耳餐》中说："耳餐者，务名之谓也，贪贵物之名，夸敬客之意；是以耳餐而非口餐也。不知豆腐得味远胜燕窝，海菜不佳不如蔬笋。"其识见至今警醒世人而具现实意义。

（二）海　吃

《随园食单·戒目食》中指出："目食者，贪多之谓也。今人慕食前方丈之名，多盘叠碗，是以目食而非口食也……余以为肴馔横陈，熏蒸腥秽，目亦无可悦也。"可见，袁子才对"海吃"之风亦深恶痛绝。

此风在新中国的盛行，当在10余年前，"让你吃到饱"的自助餐，从台湾传入便风行大陆。当时，哈尔滨一自助火锅店在晚报上的开业广告，至今令人印象深刻，整版的篇幅是两个叫"刘海"、"王海"的大胖子模特狼吞虎咽的丑态。2005年，重庆一火锅店搞起了竞选酒店形象大使的活动，要求不管男女，谁重谁当选。"海吃"与"胖子"之间确有关系，但这健康吗？美吗？肥胖乃百病之源啊！这些酒店倡导的是什么东西呢？更有一些餐饮业扯起"吃出健康来"的大旗，但在经济利益面前往往成了一句空洞的口号。自酿生啤利润丰厚，许多餐饮业一到盛夏就大搞啤酒美食节，其中喝啤酒大赛必不可少，看谁喝得快喝得多，那种拼死喝啤酒的场面令有识之士胆寒。由此受到启发，于是吃西瓜比赛、吃辣椒比赛、吃冰淇淋比赛、吃热狗比赛等便层出不穷。值得一提的还有现代创制的"大满汉全席"，它不仅仅是一种奢吃，更将海吃发挥到极致，据说要吃三日三夜，甚至有人说要吃七七四十九天，果真如此，那可就真成了古人所言之"烂肠之食"了。

有谚曰："吃坏了风气，吃坏了胃。"作为餐饮业吃坏的恐怕不仅仅是这些。

（三）乱　吃

林语堂曾幽默地说：中国人是世界上惟一尚食的动物，我们吃着整个世界。如今，这不再是幽默，已成了一个严肃而沉重的话题。一些人，山珍海味吃腻了，于是开始吃蜈蚣、吃苍蛆、吃蝴蝶、吃菜青虫……作为八珍之一的豹胎吃不到了，于是吃牛胎、羊胎、鼠仔，甚至吃人的胎盘。2003年1月27日《山西日报·百草副刊》载：长沙一酒店敢为天下先，全国首推人乳宴。不知善良的人们，是否能吃得下去？吃，在这里已蜕变成了不求美味、但求刺激的行为，其中有些行为甚至有悖于伦理道德。

吃野味的盛行，将乱吃之风发挥到极致，不仅使许多野生动植物濒临灭绝，而更可怕的是我们还吃出了灭绝人类的大瘟疫。艾滋病就是人类吃黑猩猩吃出来的，科学家研究认为"人类的得病几乎肯定是起源于'丛林肉食贸易'的结果，这种贸易在加蓬和喀麦隆这样的国家极为常见。泛类人猿亚种的黑猩猩与智人基因相似程度很高(98%)，黑猩猩长期以来，就是一种几乎与HIV一致的病毒携带者。

尽管这种病毒看起来对类人猿无害，但一旦通过血液混杂跨越了类别阻隔，它就会将病传给人，而血液混杂肯定是由屠杀和食用黑猩猩造成的。"（见[英]迈克尔·比迪斯等著，陈仲丹等译，《疾病改变历史》，山东画报出版社，2004年第236页）。

2005年，SARS肆虐，据研究也与吃野味有关，但SARS一过，人们又照吃不误。据报道，广州餐饮业野味生意又火爆如初。不知我们还会吃出什么样的可怕的瘟疫。

面对"三大吃"，如果人类继续驰欲放纵，餐饮业继续推波助澜，我们将吃掉整个地球，也终将吃掉整个人类。这绝不是危言耸听。

二、餐饮与"三大恶文化"

"三大恶文化"，即：淫食文化、虐食文化与恐怖文化。

（一）淫食文化

餐饮与"性"相联系，可谓历史悠久，《都城纪胜》言及南宋临安（杭州）茶坊有"花茶坊"，即楼下茶馆，楼上设妓女；酒肆有"庵酒店"，即内有娼妓可就欢；而大酒店则多有娼妓伴坐。

现在，老一套是不行了，于是有人搞创新玩起了擦边球。成都有光头火锅店，男服务生一律光头；而长沙一火锅店则用光头女迎宾，餐厅服务员穿超短裙，而餐厅地面做得光可鉴人。近来源自日本的"美女人体盛宴"惊现昆明，此宴即裸女躺于桌上，食物直接置放于裸体之上，食客围而取食。在日本，知之者甚少，知情人说那不过是些有钱人、变态人或性无能者搞的一种无聊"游戏"。然而，昆明的店家则宣称此宴在日本历史悠久、家喻户晓，在日本是一种高雅的宴席。为示"高雅"，此酒店要求充当女体盛的必为女大学生。幸而被昆明相关部门紧急叫停，这一丑剧才未上演，否则要让中国餐饮蒙丑了。

淫食文化在菜名上的反映更为普遍，影响也最为广泛和恶劣。有此餐饮业以菜名为卖点，招人现眼以求提升"知名度"。如"香炸美人腿"、"金屋藏娇"、"玉女脱衣"、"伟哥可爱"之类低级庸俗甚至下流的菜名。前段时间，深圳一餐厅堂而皇之地推出了一种包子，形如乳房，名曰"包二奶"，这样的包子不知有谁敢吃？

这些餐饮业的确达到了目的，即提高了所谓"知名度"，但那只不过是臭名远扬。

（二）虐食文化

虐食是一种残忍的食风，是一些无聊之徒借刺激之名发泄残忍之实的变态的非人性的极不健康、极不道德的恶习。这一恶习古今虽少，但始终绵绵不绝，影响恶劣。

自唐以来，虐食之徒创造了许多虐食之法，如有活取鸡大腿的，有活取马肠、驴肠的，有活炙鹅鸭的等不一而足。而最残忍的莫过于清代山西太原晋祠的"驴香馆"，据钱泳《履园丛话・残忍》一节叙及此店将活驴四肢固定于店门前的木桩上，用开水浇烫将毛刮净，客人想吃驴身哪一块肉，店家当场割取烹制，如此折磨，活驴很久才能气绝，令人毛骨悚然。而后来，广东人创制的"活吃猴脑"，四川人发明的"活抠鹅肠"，使虐食之法更"多姿多彩"。对此，袁子才早就予以严正的批评，《随园食单・戒暴殄》"至于烈炭以炙活鹅之掌，刺刀以取生鸡之肝，皆君子所不为也。物为人用，使之死，可也；使之求死不能，不可也。"

西方发达国家很重视"动物福利"，要求对动物进行人道的饲养和屠宰，如屠宰哪怕是一条活鱼都要求使用电击法，必须要在动物完全无知无觉的状态下宰杀。据科学研究，人道的宰杀使肉质柔软多汁且没有尸毒（虐杀产生大量尸毒），对人的健康有益。可喜的是，2006 年，我国首次将"动物福利"写进了法律，对虐食之风必将起到一定的积极的遏制作用。

（三）恐怖文化

有的酒店或以店名唬人，或制造恐怖的就餐环境，以"标新立异"吸引眼球。此等伎俩古已有之，《梦粱录》"茶肆"一节就载有这样的茶坊，如"朱骷髅茶坊"、"一窟鬼茶坊"等，可惜里面的装饰如何不得而知。

西方国家早就流行主题餐厅，各式各样的音乐餐厅、明星餐厅、太空餐厅等令人眼花缭乱。其中就出现了"魔鬼餐厅"，餐厅大门就是一个青面獠牙的魔鬼头，客人就从其阴森恐怖的大嘴进入餐厅，而服务员装扮成骷髅突然出现在你身旁，让你魂飞魄散。这股风吹进中国，主题餐厅很快就成了"体验经济"的急先锋。极不正常的一种现象是一些研究体验经济的人常津津乐道于北京一家据说还颇有点名气的"监狱餐厅"，门卫的凶神恶煞、走廊的阴森恐怖、服务员的冷若冰霜等。但我要提醒这些研究者、经营者及广大公众，体验不只是为了体验而体验，体验还必须顺应健康饮食心理对科学饮食的重要影响，我不知道在恐怖气氛中，食客能否品出什么美味，估计能不消化不良就很不错了。

恐怖文化肯定有它的市场，但恐怖文化应远离餐厅！

以上，仅是笔者对餐饮一些非文明现象的粗浅认识，错误难免，用词亦可能偏激，但知无不言，言无不尽，心愿只有一个，即希望有利于餐饮业的健康发展！

思考题

1. 你认为餐饮业与社会风气有关吗？是什么关系？
2. 作为有社会责任感的企业，如何维护或倡导良好的社会风气？

第二章

餐饮组织结构与人员编制

第一节　餐饮组织结构

餐饮组织结构形式，总体上可分为餐饮企业组织结构形式和饭店餐饮部组织结构形式，而前者又分为单体餐饮企业组织结构形式和餐饮集团组织结构形式。

一、餐饮组织结构设计原则

一家餐厅是否能正常、顺畅地运作，除了员工的通力合作或团队精神的发挥外，还决定于是否有一个完善的组织系统。然而餐厅的种类繁多，不同的餐厅所提供的服务项目也有所差异，这使我们无法一一罗列加以说明，但是大多数的餐厅都遵循统一指挥、追求效率、赋予权责等原则。

（一）根据组织业务活动的需要设计组织结构

餐饮组织的业务活动是围绕餐饮经营流程展开的。餐饮经营流程，即：采购—验收—储藏—发货—生产—销售—服务，组织结构设计的任务就是根据餐厅的具体情况，把从采购到销售服务整个过程中各环节的工作都分派给不同的部门。

（二）统一指挥的原则

餐厅中每位员工只接受一位上级领导的指挥，各级管理人员也只能按管理层次向自己管辖的下级人员发号施令。如果一个餐厅员工同时受多个领导指挥,政出多门,必将无所适从,从而影响组织的稳定,最终影响组织目标的实现。

(三)追求效率的原则

餐厅组织结构越来越趋向简单化、扁平化,因为组织结构过于复杂会导致效率下降和官僚主义。追求效率原则要求做到以下几点:

(1)指挥幅度不宜过多。一个领导直接下属的人数一般以 3 至 8 人为宜。

(2)尽量减少组织结构层次。管理层次过多,容易使信息传递速度减慢和失真,从而影响组织效率。

(3)不因人设岗,亦不设可有可无的岗位。

(四)赋予权责的原则

领导对下级只赋责不授权,或只授权不赋责都是不行的,因为责任是权力的基础,权力是责任的保证,责任与权力不相适应,管理人员就无法正常从事各项管理工作。原则要求各级管理者责任明确,权力大小能够保证所承担的任务的顺利完成,权责分配不影响各级管理者之间的协商配合。

二、单体餐饮企业组织结构

由于单体餐饮企业在经营规模、策略运用和职权划分等方面的差异使得所采取的组织结构形式也各有不同。这里就小型、大中型单体餐饮企业组织结构一般形式作一简介。

(一)小型单体餐饮企业组织结构

大部分的小型餐厅采用简单组织结构形式,其最大特色就是组织结构非常扁平,如图 2.1 所示。由于餐厅规模小且人员少,往往一人身兼数职,如餐厅所有者就是经理,他可能同时又是采购员或厨师等。这种组织结构的另一特色是决策权操纵在一个人手中,而且以较不正规的口头相传来发布传达命令。但在顾客需求多变的餐饮业中,这种组织结构却十分有利,因为决策者能快速应变处理各种问题,这是此种组织结构的最大优点。

(二)大中型单体餐饮企业组织结构

大中型单体餐饮企业,由于人多事杂,必须采取直线职能式的组织结构形式,如图 2.2 所示。

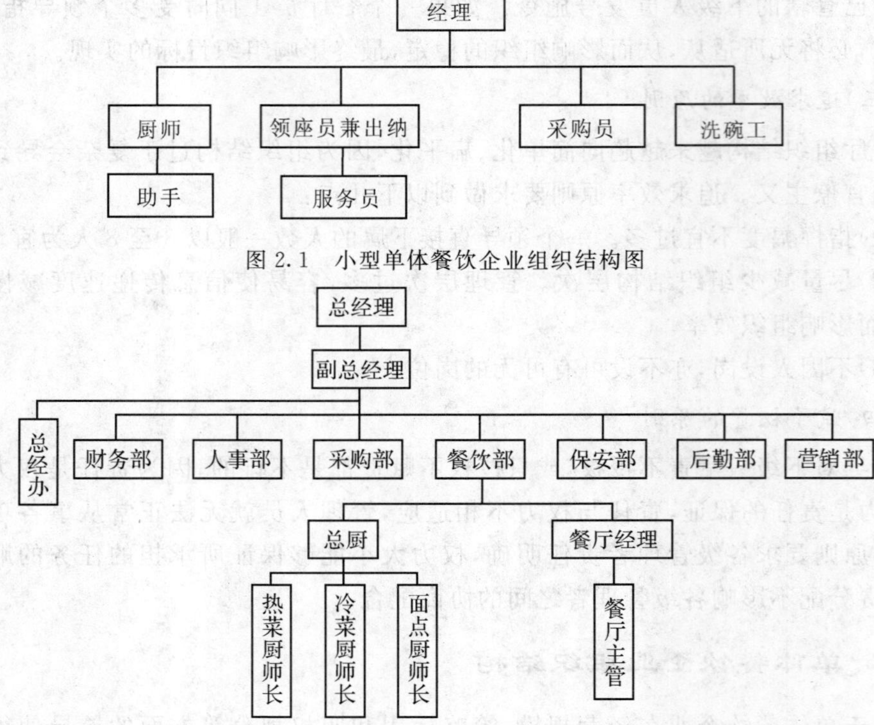

图 2.1 小型单体餐饮企业组织结构图

图 2.2 大中型单体餐饮企业组织结构图

这一类型组织结构形式将餐饮企业各部门分成了两类：一类是业务部门，如餐饮部、营销部等部门按直线层级的形式进行组织，实行垂直指挥；一类是职能部门，如人事部和财务部等为业务部门进行服务和指导。直线制与职能制的结合形成了直线职能制的组织结构形式。

三、餐饮企业集团和餐饮连锁企业总部的组织结构

餐饮企业集团和餐饮连锁企业总部的组织结构形成较为相似，都采用事业部制组织结构形式，如图 2.3 所示。

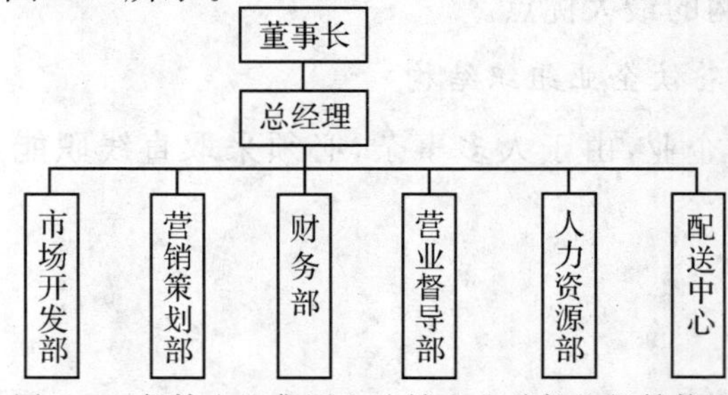

图 2.3 餐饮企业集团和连锁企业总部组织结构图

事业部制的特点是根据总部决策，各事业部分散经营，且各事业部在经营管理上拥有自主权和独立性，实行独立核算。

在总部中，各职能部门各负一责，共同合作。

（一）市场开发部

此部门主要负责分店的开发、规划的拟定及批准执行；确定地点定位标准；商圈调查；确定网点布局；分店投资评估；分店装潢工程设计、审核及工程招标、工作监督及质量验收等。

（二）营销策划部

此部门主要负责长中短期促销计划的拟订和执行；广告媒体选择和内容设计；公关活动的策划和举办；营业推广活动的策划和进行；价格策略的制订和执行；竞争对手经营状况的调研；企业形象设计及维护等。

（三）营业督导部

此部门主要负责各分店营业目标的拟订及督导执行；分店经营业务的监督和指导；分店经营服务手册执行情况的检查与监督；分店经营情况及合理化建议的反馈和处理。

（四）人力资源部

此部门主要负责人事制度的规划和执行；人力资源规划与人员招聘；人才培训；员工奖惩办法的拟定和执行；员工福利制度的拟订与执行。

（五）配送中心

此部门主要负责厨房设备的采购及管理；家具、餐具、棉织品的订购与管理；食品原料采购、贮藏、配送作业的规划及执行等。

（六）财务部

此部门主要负责资金的筹集与规划、使用及调度；各项财务会计报表的编制；财务分析；账户处理；各项费用、凭证的审核；厂商贷款的对账和付款；每日营业现金的收支统计；分店会计作业指导；内部审计工作；财务管理等。

第二节　饭店餐饮部组织结构

本章将重点对饭店餐饮部组织结构进行较全面的探讨。

一、饭店餐饮部在饭店中的地位

(一)满足客人基本生活需求的主要服务部门

被认为是旅游者最基本需求的“吃、住、行、游、购、娱”中,吃占第一位,民以食为天,吃是维持生命的第一需要。马斯洛也将其作为人类需求五个层次的最基础需求之一。饭店作为旅游者居住的“城市”、“小社会”,离开了餐饮部门就不是健全的饭店。尤其是我国的绝大多数地区,饭店目前是住店客人的主要就餐场所没有一个完善的、与客人要求相适应的餐饮服务部门,势必会影响到饭店的生存,影响到我国旅游业的发展。

(二)饭店营业收入的主要来源之一

餐饮部门的收入在饭店总收入中所占的比例因饭店而异,它们会受到各自饭店本身诸多主、客观条件的影响。例如,饭店经营者的经营思想、经营传统、饭店的位置、内部的设计、技术设备条件等。但一般来说,餐饮部门的收入约占饭店营业收入的1/3。对于餐饮经营较好的饭店,可高达1/2,甚至超过客房的收入。据美国饭店汽车旅馆协会的统计,其餐饮总收入可占全部营业收入的41.8%,客房占50.6%,其他收入占7.6%。

即使从部门盈利来说,虽然餐饮部门的成本开支大,其盈利仍旧可占饭店利润总额的20%左右,对于国内一般四星级饭店上千万元的利润来说,这也不算是个小数目了。而且从创汇的角度来说,餐饮部门的重要地位就更显而易见了。显然,过去人们头脑中认为餐饮生意是亏本买卖,是饭店为了吸引客房生意而不得不作出的牺牲的观念是错误的。

(三)饭店市场营销中的重要组成部分

餐饮部门在饭店市场激烈的竞争中占有重要的地位,常常充当饭店营销活动的排头兵。相对于客房部门来说,它在竞争中更具有灵活性、多变性和出奇制胜的能力。现代旅游饭店的客房标准相对比较接近,而餐饮和其他服务设施常常被客人作为选择饭店的重要因素。卓越的餐饮经营,也必然会对饭店的销售产生良好的影响。一位成功的饭店经营者曾说过,他如果不是本市的最佳餐厅,他的饭店很可能成为无人问津的“破落的小客栈”,这句话风趣而深刻地揭示了餐饮部门在饭店营销中的地位。如果一家高级饭店,拥有豪华的房间,却配以蹩脚的餐厅,这种极度的不相称,最终会丢失其优势或抑制优势的发挥,导致饭店生意的失败。例如,美国纽约的莎福大饭店,建于1926年,设施设备齐全,是相当现代化的饭店,但由于餐饮部门经营失败,缺乏有诱惑力的特色菜肴,加上其宴会设施的限制,影响了整个饭店的经营,以致一蹶不振,现在这家有名的饭店已改成了办公大楼。而就在其对面的世纪广场大饭店，比莎福还早建了20年，由于餐饮部多年来在纽约一直享有盛名，又会利用其地处黄金地段的优势，一直被认为是世界上最昂贵又是最好、最赚钱的饭店之一。其客房的租用率也很高。此外，美国纽约的华尔道夫大饭店因其星光屋顶餐厅而声名鹊起；芝加哥大使饭店也以其舞蹈餐厅的美味佳肴和亲切服务而闻名于世。可见，餐饮部门在竞争中的地位和作用有时会关系到整个饭店的兴衰。对此，我们应该有正确的认识。

(四)平衡饭店经营中季节性差异的重要手段之一

我国大多数旅游饭店经营中的季节性较明显。在旅游者相对比较集中的春秋季节，饭店往往是满负荷运转，而冬夏季节，饭店则相对比较清淡，设施、设备闲置较多。加强餐饮部门在淡季的经营，如举办各种风味的食品节、餐饮推广活动、娱乐活动和招揽会议等，也可以加强外卖，将餐饮服务的外延由店内扩大到店外，打破用餐场地的束缚，扩大饭店的营业收入。

二、饭店餐饮部的人际关系

(一)与前厅部的关系

餐饮部与前厅部之间的关系主要体现在内部信息的沟通和工作的协调性上。餐饮部门要依据前厅部提供的住客量预测日常销量，根据前厅部提供的团队用餐单安排团体客人的餐饮；根据前厅部提供的贵宾(VIP)入住通知单及接待规格给他们送水果、花盆及点心、茶水等；餐饮部站还要从前厅部取得住客信用方面的信息，以决定是否予以赊账。餐饮部也应该将有关信息主动与前厅部联系，如大型餐饮活动计划、重要宴会等，以便前厅部能及时、准确地回答客人的查询。

(二)与销售部的关系

销售部负责餐饮部门大型销售活动的推销和承接会议、宴会等活动。即使餐饮部门有自己的推销部，但由于饭店销售部门接触的客户面广、信息渠道广阔，仍可为餐饮部带来许多生意。因此，餐饮部必须与销售部互通信息。向销售部提供各种促销资料；一道制订年度和临时的推销计划和促销组织安排；及时了解销售部掌握的客人对本饭店餐饮的反映和投诉。另外，在餐饮销售预测方面，餐饮部也有赖于销售部所提供的信息。

(三)与采购部的关系

(1)在制订新菜单时，应征求采购部对其原料行情方面的意见，列出采购产品规格书(方法在第四章详细介绍)。

(2)餐饮部应与采购部协商，制订合理的采购量和采购计划，避免和减少计划外采购。

(3)采购部与餐饮部之间要加强市场信息方面的沟通,及时掌握新设备、新原料和时令蔬果的行情。

(四)与财务部的关系

(1)协助财务部门做好及时、准确的营业日报,以便正确掌握实际经营情况。

(2)财务部要发挥餐饮成本控制的作用,及时提供餐饮成本的波动情况,做好成本的控制与监督。

(五)与工程部的关系

(1)餐饮部在本部门设备使用过程中,要经常检查设备的运转情况,发现问题立即报工程部派专业人员维修,非专业人员不得随便拆修机器设备。

(2)与工程部一道,制订设备的保养、维护计划,分工要明确,日常维护与计划保养相结合,减少人为的机器设备损坏。

(3)教育、培训本部门职工正确使用机器设备,按规定的程序和方法操作,责任落实到使用者。

三、饭店餐饮部的组织结构形式

(一)小型饭店餐饮部组织结构

这类饭店餐饮部餐厅数量较少、类型单一,大多只经营中餐,故其岗位设置及管理层次设置都较少,组织结构较为简单,如图 2.4 所示。

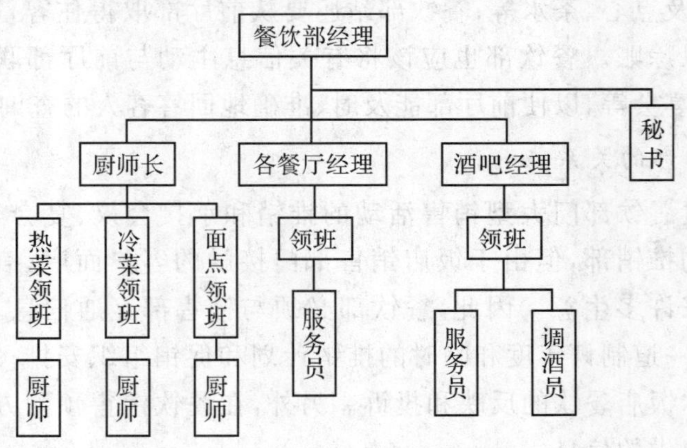

图 2.4 小型饭店餐饮部组织结构图

(二)中型饭店餐饮部组织结构

这类餐饮部,餐厅数量和种类增多,分工比较细致,管理层次亦比小型餐饮部增加,其组织结构较为复杂,如图 2.5 所示。

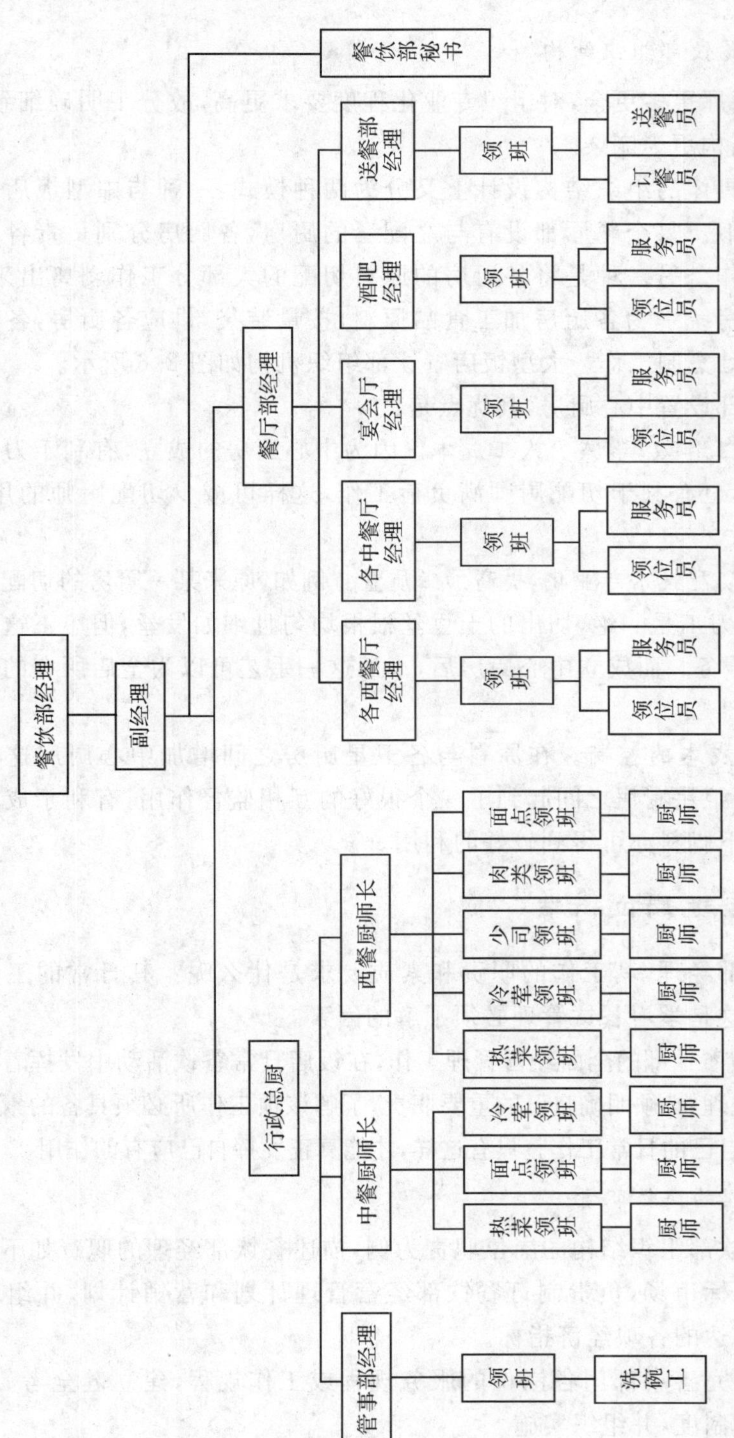

图 2.5　中型饭店餐饮部组织结构图

(三)大型饭店餐饮部组织结构

这类餐饮部,餐厅更多更全,对组织专业化程度要求更高,故分工明确细致,管理层次更多,组织结构更为庞杂。

这类餐饮部在具体的组织结构设计上又分为两种模式:一种与中型饭店餐饮部组织结构基本相似。每个餐厅都设有与之配套的厨房,各厨房分别负责各自菜点的切配与烹制工作。另一种是将各厨房的原料切配的大部分工作剥离出来,专门设立一个中心厨房统一为各厨房加工食品原料,按量装袋,供应各厨房,各厨房主要负责菜点的炉灶烹制工作。大型饭店餐饮部组织机构如图 2.6 所示。

大型饭店餐饮部设置中心厨房,其优点是:

1. 有利于提高工作效率,减少人工成本。因为中心厨房的成立,有利于刀功好的厨师能力的发挥,也有利于切配厨师满负荷工作,这样可减少切配厨师的用量,从而减少人工成本。

2. 有利于加强切配技术专业化,提高加工质量。例如,原来某一厨房的切配厨师小王,其切土豆丝的刀工是一绝,切出的土豆丝根根均匀且细如发丝,但小王这一手艺只能为一个厨房服务。而成立中心厨房后,小王这一手艺可以为全店所有的厨房服务。

3. 有利于餐饮成本的控制。在原料与各卫星厨房之间增加中心厨房这一环节,在中心厨房与各卫星厨房之间起到了一个很好的互相监督作用,有利于成本的控制与管理。而且下脚料亦可得到较好的利用。

四、餐饮部经理岗位概述

作为一位餐饮部经理,其工作的职责和素质要求是什么呢?其日常的工作安排又是如何的呢?这是学习餐饮管理必须了解的因素。

餐饮部经理负责餐饮部的全面经营管理工作,在饭店日常餐饮活动中发挥着重要作用。作为餐饮部经理,必须明确自己的重要职责,了解该项工作所必须具备的素质要求,并合理地安排好自己的日常工作。只有这样,才能真正发挥自己应有的作用。

(一)餐饮部经理的岗位职责

以中型饭店餐饮部组织结构的岗位职责为例,描述餐饮部经理的职责如下:

(1)熟悉了解目标市场,负责制订餐饮部经营管理计划和营销计划,并组织实施,全面完成上级下达的各项经济指标。

(2)负责制订和完善本部门各岗位的服务规程或工作规程,建立健全考勤、奖惩、分配等各项规章制度,并组织实施。

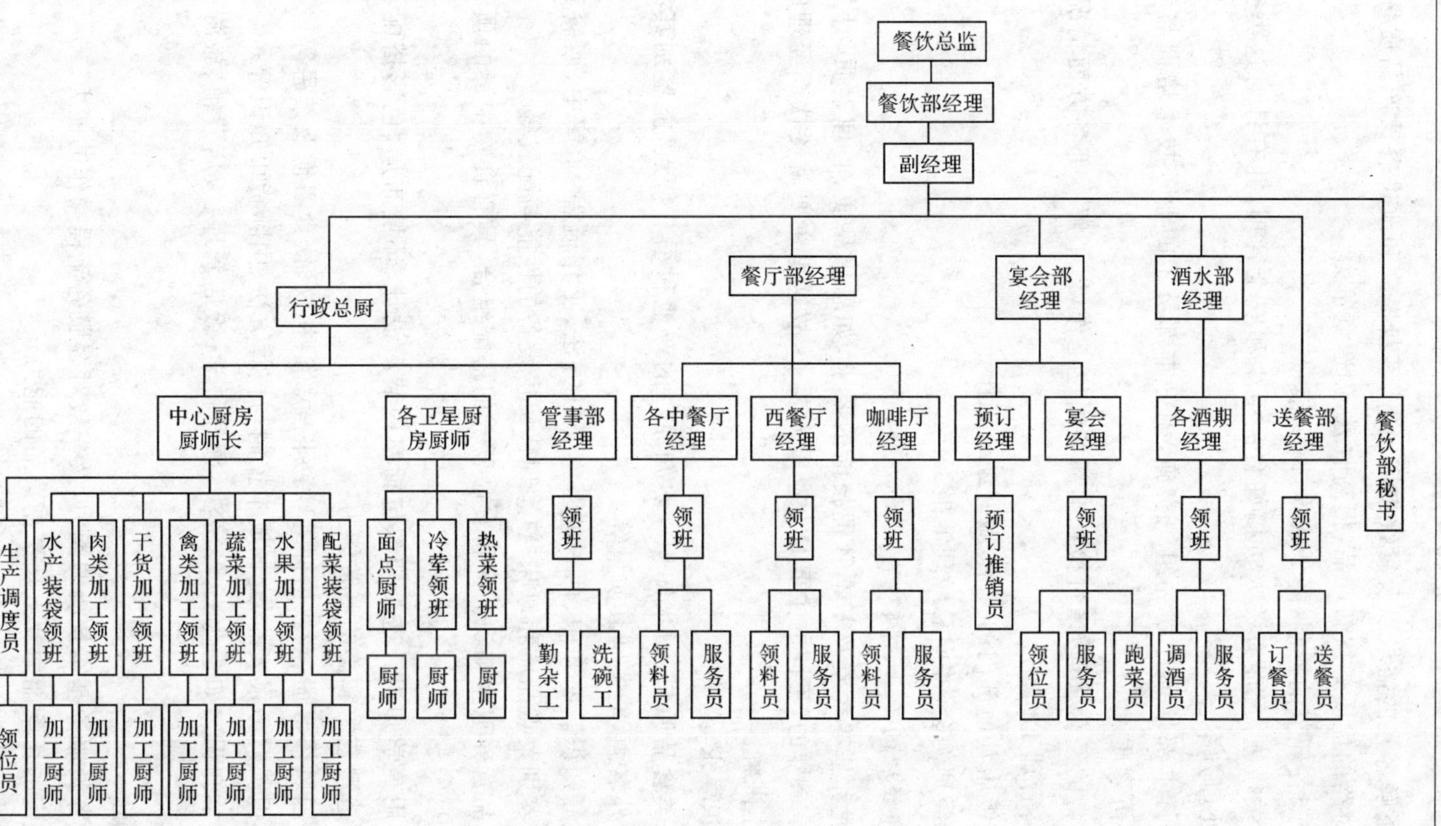

图 2.6　大型饭店餐饮部组织结构图

(3)调查、了解客人的需求以及餐饮市场动态，不断提高和改进餐饮产品质量，不断推出适销对路的优质餐饮新产品，提高收入，创造竞争力。

(4)加强生产各环节的控制，降低成本，减少浪费。

(5)制订相关措施，督促有关人员搞好食品卫生和安全管理，并有针对这类突发事件的危机处理方案。

(6)负责制订本部培训计划并组织实施，搞好本部员工的业务技术培训与考核，提高员工队伍素质。

(7)负责日常的经营管理，亲自检查本部各岗位工作，以了解本部各方面情况，并督导下属提高管理工作。

(8)协调与饭店其他部门的关系，做好配合工作。

(9)参加总经理例会，并向总经理汇报工作。

(二)餐饮部经理的专业素质

对一般管理者基本素质及基本管理技能的要求，如思想品质、心理素质、计划组织能力等都是一样的，不同的主要是专业素质要求，故这里主要就餐饮部经理的专业素质要求作讲解。

1. 专业知识要求

(1)了解各类食品原料、酒水知识。熟知原料的产地和季节特点，能鉴别其品质；能够识别中外名酒，能鉴别其质量等。

(2)了解烹饪知识。熟知中、西餐的基本烹饪方法、工作流程；了解中、西餐菜点的特色，善于鉴别菜点品质和口味；熟悉现代厨房设备的性能与配置等。

(3)了解食品营养卫生知识。懂得食品营养的搭配组合，具有食物中毒的预防和食品卫生知识。

(4)具备实用美学知识。这类知识包括室内装潢设计、环境布局、色彩搭配等知识，以及食物造型艺术和美的鉴赏能力。

(5)了解各国风俗习惯、宗教信仰等，特别是民俗、礼仪、饮食习惯及禁忌等。

(6)财务知识。财务报表的分析、成本控制与核算方法、国际货币知识等。

(7)社会科学知识。如企业法、经济法、领导科学、饭店管理、饭店营销、旅游心理学等。

2. 专业技能

(1)具有服务员服务基本技能的能力，及一般对客服务流程操作的能力。

(2)具有一定的切配能力及上灶烹制菜品的能力。

(3)具有美食节策划并组织实施的能力。

(三)餐饮部经理的日常工作安排

餐饮部的工作头绪多，员工多，接触客人的面广、量大，餐饮部经理常常会忙得焦头烂额，应接不暇。这里将餐饮部经理的日常主要工作罗列如下，以便于餐饮部经理分清具体工作的轻重缓急，合理地安排自己的工作日程，按部就班地逐项处理各种繁杂的事务，做到忙而不乱，有条不紊。其日常主要工作有：

1. 巡　视

巡视包括服务现场、厨房、仓储供货部门、餐饮部门的后台等，用敏锐的职业眼光及时发现问题，并对下属进行适时指导。

客人方面：餐厅客人数、对菜肴的评价、对服务的评价、有何特殊的要求等。

员工方面：员工的精神状态、服务态度、礼貌程序、服务技能和仪容仪表、纪律。

菜肴出品方面：装盘效果、菜肴温度要求、分量、品种是否齐全、餐具的完好程度和食品卫生状况等。

厨房生产状况：原料的供应和质量、厨房设备的效率、员工的技术状况、生产中的协调情况和菜肴的制作质量等。

2. 监督管理

通过询问、会议和现场检查的方法，了解各项事务的落实情况，了解其进度及存在的问题，给予必要的压力和指导，使下属及时保质保量地完成任务。

3. 汇　报

出席总经理例会和有关业务会议，报告餐饮部的各项工作实施及需要总经理出面解决和协调的问题。另外，重大突发事件要随时向总经理汇报。

4. 主持会议

主持召开部门例会：

(1)传达总经理例会上有关餐饮部门的指示，布置、落实具体实施方法；

(2)检查当日接待计划的落实，布置明、后天的工作计划；

(3)营业情况和改进措施；

(4)听取汇报，进行内部协调，检查总结上次例会布置的工作的实施情况。

5. 沟　通

(1)与相关的业务部门沟通；

(2)与社会各界沟通相关事宜；

(3)与下属沟通，交流思想，互通信息，建立感情，处理人际关系。

6. 计　划

做各种计划是餐饮部经理一项重要工作，如制订餐饮部各餐厅经营或工作的目标与计划、拟订自己当日或明后日的工作安排计划、编制采购计划、制订日常推销的促销计划、制订菜单更新计划、制订员工培训计划等。

五、厨房部岗位职责

厨房部是负责菜肴、点心烹制加工的部门，由于其工种多、岗位多、人多，是餐饮部中最难管理的地方。

(一)行政总厨岗位职责

(1)根据酒店各餐厅的特点和要求，制定各餐厅的菜单和厨房菜谱。

(2)制定各厨房的操作规程及岗位责任制。确保厨房工作正常进行。

(3)根据各厨房原料使用情况和库房存货数量，制订原料订购计划，控制原料的进货质量。

(4)负责签批原料出库单及填写厨房原料使用报表。经常检查原材料库存情况，防止变质、短缺。

(5)确保合理使用原材料，控制菜的式样、规格和数量，把好质量关，减少损耗，降低成本。

(6)巡视检查各厨房工作情况，合理安排人力及技术力量，统筹各个工作环节。

(7)检查各厨房设备运转情况和厨具、用具的使用情况，制订年度订购计划。

(8)根据不同季节和重大节日，组织特色食品节，推出时令菜式，增加花式品种，以促进销售。

(9)听取客人意见，了解销售情况，不断改进和提高食品质量。

(10)每日检查厨房卫生，把好食品卫生关，贯彻执行食品卫生法规和厨房卫生制度。

(11)定期实施厨师技术培训。组织厨师学习新技术和先进经验。定期或不定期对厨师的技术进行考核，制订值班表，评估厨师，对厨师的晋升调动提出意见。

(二)中餐厨房各岗位职责

中餐厨房的组织结构如图 2.7 所示。

1. 中餐厨师长岗位职责

(1)每日参加餐饮部的早例会，记录内容，递交本部门的工作报告，汇报有关食品情况及客人的投诉和要求。

(2)协助行政总厨师长制作菜单及菜谱。根据季节变化，不断推出创新菜及每月(周、日)的特色菜。

(3)协商本部门的内部工作，调动厨师积极性。监督食品质量，充分满足顾客对食品方面的要求。

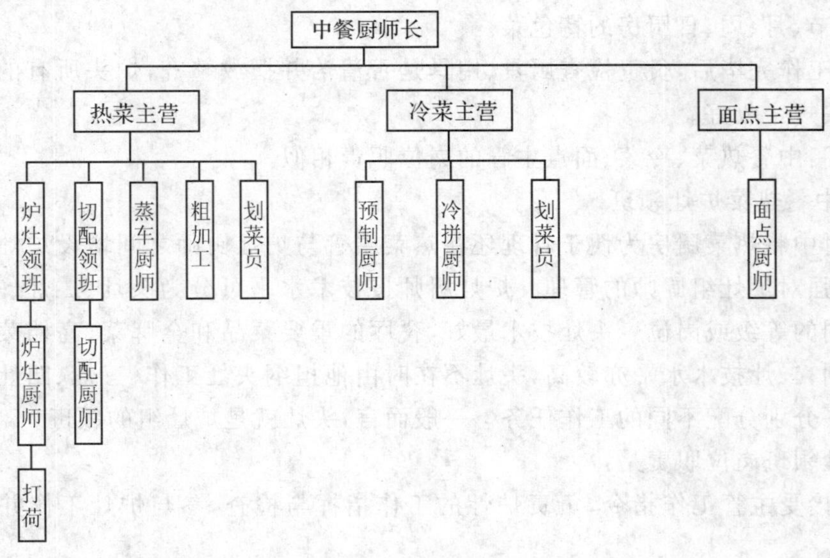

图 2.7　中餐厨房组织结构图

(4)分配并监督下级的工作，为其提供一个良好的工作环境。检查下属厨师的仪容、仪表及卫生状况，并负责考勤。

(5)监督宴会、自助餐、冷餐会、酒会、团体包餐的准备工作和起菜的全过程。

(6)制订和实施厨师培训计划。

(7)使用、管理与维护整个厨房设备。下班前检查所有的水、电、气、油开关，确保设备的安全。

(8)同采购部门保持密切的联系，制订采购计划，及时提供采购单。签署厨房每日提货单。完成上级交给的其他工作。

2. 中餐热菜主管

(1)全面掌握本地菜的烹饪技术，对其他地方菜有一定的了解。

(2)协助中餐厨师长制作菜单，懂得成本核算和菜肴的销售价。

(3)检查厨房内所有厨师的仪容、仪表及工作服。协助中餐厨师长培训厨师，指导新厨师按厨房的程序工作。

(4)开餐前检查所有烹饪调料是否准备妥当，检查炉头各个岗位的准备工作。

(5)负责宴会、自助餐及团体包餐的出菜工作，与冷菜厨房及面点厨房搞好协作。

(6)掌握各种原材料的名称、产地、出菜使用率、用法和制作方法。分派下属领取当日厨房所需的食品原料。

(7)向中餐厨师长汇报厨房工作并提出建议，如厨房人员问题，厨房食品卫生质量问题，当天厨房所不能提供的菜式、食品原料采购问题，客人对食品的投诉及要求,季节、月、周、日厨房的特色菜。

(8)工作完毕后,负责检查厨具、用具是否清洁并摆放整齐,炉头所有的烹饪调料是否按规定收好。

说明:中餐热菜、冷菜、面点主管的岗位职责相似。

3. 中餐热菜炉灶领班

有时中餐热菜厨房为便于管理还在热菜主管与炉灶厨师之间增设炉灶领班岗位,以加强对炉灶组厨师的管理。炉灶厨师按技术水平可分为头灶、二灶、三灶、四灶等不同的等级或岗位。头灶技术最好,餐厅的重要菜品和金牌菜、高档菜一般都由他烹制;二灶技术水平亦较高,头灶不在时由他担纲头灶工作;三灶、四灶等按其技术水平分别分配不同的工作任务。一般而言,头灶就是炉灶组的领班。

炉灶领班岗位职责是:

(1)接受主管工作指令,负责炉灶的工作指挥与检查,参与炉灶工作并承担工作职责。

(2)根据厨师技术高低,具体分派烹制菜肴的工作,严格遵守操作规程,把好质量关。

(3)协助主管研制和开发新品种,加强时令菜等推销。

(4)检查和监督本岗位各种设备的安全使用和保养。

(5)负责检查本班组员工的仪容、仪表及个人卫生。

(6)负责检查本班组员工的考核工作。

4. 中餐炉灶厨师岗位职责

(1)服从炉灶领班的工作安排。

(2)做好调味品、油的准备工作,达到品种齐全、保证使用,同时做好工具、用具的准备工作。

(3)餐前,做好原料加工工作(生货制品、水锅制品、油锅制品)。

(4)餐中,服从排菜厨师安排,按序操作,及时烹制,保证质量。

(5)注意对水、电、煤的节约,降低调料、原料的损耗。

(6)做好灶面清洁工作,保持环境整洁。

(7)烹饪工作完成后,清洗调味罐、油桶、汤桶等工具用具,调味罐加盖,剩油要过滤。

(8)牢记宾馆宗旨,积极参加培训,不断提高业务水平。

(9)发挥工作主动性,搞好员工之间的团结合作,完成上级交办的其他任务。

5. 中餐热菜切配领班岗位职责

与炉灶厨师相似,切配厨师按其技术水平可分为头砧、二砧、三砧等,头砧切配技术最高，一般而言，头砧为切配组领班。其岗位职责是：

(1)接受主管的工作指令，负责切配组的工作指挥和检查，并承担工作职责。

(2)根据客情，负责当日或隔日原料的预订、调拨和领用。

(3)协助主管搞好成本控制，制订配份标准。

(4)定期检查厨房的冰箱、小仓库的库存原料，对剩余原料或将过期的原料要及时处理并报告主管。

(5)负责检查和监督本班组做好各种工具、用具、设备及地面的清洁卫生和保养工作。

(6)负责检查本班组员工的仪容仪表及个人卫生。

(7)负责对本班组员工的考核工作。

6. 中餐热菜切配厨师岗位职责

(1)服从切配领班的工作安排。

(2)整理冰箱内各类原料，保证原料的新鲜，防止原料变质。

(3)清洗配菜盘、台秤，做好配菜前的准备。

(4)严格按照切配烹调要求操作，主副原料要过秤，减少浪费。

(5)宴会、酒席的配菜要掌握时间，操作中合理使用原料，减少浪费。

(6)与切配厨师、炉灶厨师密切配合，按序配菜，防止漏配现象。

(7)餐后剩余原料分类保管、贮藏、水发原料换水、清洗配菜盘、盛器、台秤、砧板、箱。

7. 打荷厨师岗位职责

(1)协助热菜及切配组提取当日厨房所需的食品原料。

(2)熟悉自己所服务的炉灶厨师所烹制菜品的基本烹饪方法。

(3)与配菜和热菜厨师搞好配合，掌握菜肴的上粉、酿、穿、挤及炸制食品的初步调味，以便于热菜厨师能够随时烹制食品。

(4)掌握各种零点及宴会菜肴的装盘及装饰技巧，使菜肴能够达到美观诱人的程度。

(5)检查每日宴会和零点的配菜原料的斤两及数量，检查提前装饰的菜盘，并将宴会所用餐盘全部准备妥当。如与宴会要求不符，及时通知切配组调整。

(6)检查每日餐厅供应菜肴所需餐盘的数量，及时通知管事部所需餐盘的数量及规格大小，以便能够缩短出菜时间，并按要求将餐具分类摆放整齐。

(7)负责准备炉头每日所需的汁、酱、汤，并添加烹饪调味品。

(8)灵活掌握零点菜肴的出菜顺序，以先到先制和先食先做为原则，对餐厅不同的菜肴应灵活交叉地分派给热菜厨师进行烹制。

(9)与传菜服务员搞好配合,以便能够正确地将菜肴传向正确的地点。

(10)开餐结束后,负责收拾全部所用汁、酱等,将脏餐盘、厨房配菜盘、塑料筐等送管事部,由管事部负责清洗;协助热菜厨师搞好卫生并关闭本区域内全部的水、电、气、油等开关。

8. 蒸车厨师岗位职责

(1)负责从粗加工处领取吊汤用的原材料,并负责调制。开餐前,准备好各炉灶所需的上汤和二汤。

(2)负责厨房各种半成品的蒸制加工。

(3)负责客人所点的各式靓汤、各式蒸菜的烹制工作,保证质量。

(4)负责蒸车保养与本区域卫生。

9. 冷菜预制厨师岗位职责

(1)接受冷菜主管的工作指令,按要求完成冷菜厨房所需的各种半成品的烹制加工工作,如原料的烧烤、卤制、炒制、油炸等。

(2)妥善做好半成品的储藏工作,经常检查冰箱中半成品的质量和数量,保证半成品的安全使用。

(3)负责本岗位各种设备的保养,特别应做好本区域的卫生。

(4)做好个人卫生。

10. 冷菜冷拼厨师岗位职责

(1)接受冷菜主管的工作指令。

(2)严格执行卫生法规及相关政策,如做好个人卫生和厨房卫生,生刀熟刀与生墩熟墩等一定要分开,做好手、刀、墩等的消毒工作。

(3)准备冷菜盘饰用料及一些高规格宴席的看盘。有的冷菜厨房为加强这方面工作,往往专设食雕厨师岗位。

(4)按照当餐宴会预订和对零点销售预测的情况,在开餐前事先准备一定数量的冷菜成品,以保证服务效率。

(5)负责本岗位设备各用具的保养工作。

11. 面点厨师岗位职责

(1)服从中点主管的工作安排。

(2)做好调味品的准备工作,品种齐全、保证使用。

(3)餐前做好原料加工工作。

(4)分档清点各类工具用具及机械设备。

(5)负责中点间的环境卫生工作。

(6)操作时馅心要求配方化,品味保持一致。

(7)严格按照点心质量来制作。

(8)及时制作点心,不断档,满足餐厅供应。

(9)操作中注意对原料、调味品的使用,力求合理、节约。

(10)餐后将剩余点心成品分类保存,餐台、工具用具、机械设备、灶面分别清洁,关掉水、电、煤气的开关。

12. 粗加工厨师岗位职责

(1)负责飞禽走兽、海(河)鲜等的初步宰杀加工。

(2)按提货单提取当日厨房所需的冷冻食品原料及蔬菜等。

(3)向领班汇报每日新鲜原料进货数量(如活鱼、活虾、海鲜等)。

(4)负责蔬菜的清洗和加工。蔬菜要按要求加工,筋和老皮要剔除干净,清洗后菜叶和菜心中不得掺有泥沙。加工好的蔬菜不得混有杂菜、草、黄叶及烂叶等。

(5)负责料头原料的初步加工。蒜头、洋葱、鲜姜要去皮,大葱要去根,清洗初步加工好的料头原料。

(6)定期喂养活物,定时给水产动物换水和加氧,提高水产品的成活率。

(7)工作完毕,将自己所用的刀、盘等洗净、放好,并将原料按要求放在指定地点。

(8)负责本部区域的卫生。下班后关闭本部位所有的水、电、气等开关。

(三)西餐厨房各岗位简介

西餐厨师长岗位职责与中餐厨师长岗位职责大致相同,此不赘言。不过西餐厨师长各下属岗位应给予必要的介绍。

热菜厨房主要负责西式热菜烹制。冷菜厨房负责制作各种冷菜,如冷鱼、冷肉、三明治和沙拉等。少司厨师主要负责各种热菜少司、冷菜少司的研发和制备,保证热菜、冷菜厨房的使用,其中少司是一种使用各种调料、原料调制而成的一种液状或膏状的复合调味料。肉类加工厨房主要负责肉类及蔬菜的刀工处理工作,当然加工处理要按照热菜、冷菜烹制的要求。面点厨房主要负责各种面包、甜咸糕点的制作。

(四)管事部经理岗位职责

另外,在行政总厨之下往往还设有管事部经理,其职责是:

(1)保持愉快和整洁的职业形象。

(2)监督和指导领班以及洗碗工的清洁与清洗工作。

(3)负责雇用和建议解雇员工,招聘培训新员工,记录员工的工作表现。

(4)监督机器设备的洗刷、擦亮、抛光、保养工作,确保所有的设备、机器、器皿整洁和摆放有序。检查工作质量，以保持管理层所制定的标准，确保设备及工作区域的清洁和井然有序。

(5)申购必需的用品，如钢丝球、抛光器、肥皂和用作清洗溶液的酸、碱以及用于银器一般保养所需材料。

(6)指导、协助搞好混合肥皂，确定清洗液的配制和稀释程度，以取得最令人满意的清洁效果。

(7)与宴会部经理和厨师长研讨所有服务中需用的宴会用品和其他通常需由总务部提供的用品(如瓷器、玻璃器皿、银器等)，检查服务区域的所有用品是否充足，搞好协调。

(8)督导和检查厨房区域的清洁卫生。

(9)定期盘点瓷器、银器和玻璃器皿，防范损坏和偷窃，及时补充规定餐具。

六、餐厅部各岗位职责

(一)餐厅部经理岗位职责

(1)巡视各餐厅、宴会厅、酒吧的营业及服务情况，监督日常经营活动，提出有关建议。

(2)检查各餐厅的卫生、摆台标准、所需物品，确保工作效率。

(3)参加餐饮部例会，提出合理化建议，听取工作指示。

(4)每周做好各餐厅主管(经理)的排班表，监督各餐厅制订排班表，招聘新员工，实施员工在职培训计划，评估员工表现，执行酒店各项规章，解决有关问题。

(5)发展良好的客人关系，满足客人的特殊服务，处理客人投诉。

(6)与有关部门密切联系和合作，向厨房提出有关食品销售建议，共同向客人提供优质餐饮服务。

(7)完成餐饮部经理交给的其他任务。

(二)各餐厅经理岗位职责

(1)督导完成餐厅日常经营工作。编制员工出勤表，检查员工的出勤状况；检查员工的仪表及个人卫生、制服、头发、指甲、鞋子等是否符合要求。

(2)检查餐厅各工作的具体实施情况，及时纠正员工不符合规范的表现和行为。开餐前半小时(大型宴会在开餐前一小时)，检查当日预订和特别宴会的各项准备工作。

(3)检查、指导员工摆台；检查餐厅内的卫生状况。

(4)召开餐前会，小结前一天的工作，指出当日工作重点，明确分工。

(5)安排每月、每周的员工培训，提高服务员的业务素质。

(6)搞好客人关系，主动与客人沟通；处理客人投诉，并立即采取行动予以解决，必要时报告餐饮部经理。

(7)实施餐饮部各项促销活动。

(三)各餐厅领班岗位职责

(1)检查服务员的仪表仪态，凡达不到标准和规范要求的不能上岗；监督服务员的具体操作，发现问题及时纠正，保证服务工作符合酒店标准。

(2)明确餐厅主管所分配的工作，领导本班服务员做好开餐前的准备工作，着重检查用品物品是否齐备、清洁和无破损；检查桌椅的摆放是否规范，菜单、酒具是否卫生并无破损；按照领班检查表逐项检查，发现问题，及时报告主管。

(3)开餐后注意观察客人用餐情况。随时满足客人的各种用餐需求。遇有重要客人和服务员人手不够时，要亲自服务。督导服务员向客人推荐特别菜点、饮料，主动介绍菜单。

(四)各餐厅服务员岗位职责

餐厅服务员包括领位员、值台员、传菜员、酒水员、收银员和宴会预订员等。这里只介绍前三者。

1. 领位员岗位职责

领位员又称接待员、应接员、迎宾员、引宾员，是餐厅的“门面”。其主要工作是迎接宾客入门、安排就座、送别客人，这项工作的质量效果直接影响到餐厅的经营情况。

(1)负责接受宾客的订餐(包括电话预定和当面预定)，接受客人预定时间时应问清宾客的姓名、房号或单位、联系电话、订餐人数、就餐时间和其他要求，做好记录，负责落实。

(2)开餐前，守候于餐厅进口处迎接宾客，使用礼貌用语，合理迎宾入厅。

(3)掌握餐厅内所有座位的位置及容量，掌握当天宴席预定、客人用餐和餐桌安排情况，准确地把宾客引领到适当的位置，并协助拉椅，以方便宾客入坐。若餐厅座位全满，应以诚恳的态度向宾客解释、热情地请宾客稍等，有位子时立即作安排。若宾客不愿意等候，则应主动替宾客介绍或联系其他餐厅。

(4)耐心解答宾客的询问，注意收集宾客对本餐厅的意见，并将意见及时进行反馈。

(5)宾客离开餐厅时应微笑送别客人，感谢宾客光临，协助宾客拉门、接电梯、叫出租等。

(6)负责替宾客存放衣帽、雨伞等物品。

(7)参加餐厅的餐前准备和餐后结束工作，搞好区域环境卫生。

2. 值台员岗位职责

(1)负责备齐、备足餐具和用具,确保餐具、用具的洁净和完好,搞好餐厅的卫生工作。

(2)了解当日宴会预订、客人用餐情况,按照要求布置餐厅,安排餐桌,摆放餐具,补充工作台的各类物品,做好服务前的一切准备工作。

(3)熟悉菜肴、酒水知识,了解供餐菜单和货源情况,掌握菜肴服务方式,主动做好介绍和推销菜点、酒水的工作。

(4)细心留意客人用餐情况,按照服务的要求和程序,及时地提供优质服务。

(5)负责收台工作,分类送洗脏餐具和脏棉织品。

(6)做好餐厅清洁、安全等结束工作。

3. 传菜员

(1)负责传菜间的清洁卫生工作,每日清洗送餐车、托盘等用具。

(2)准备好开餐前的菜肴的调配料以及传菜工具,主动配合厨师做好出菜前的一切准备工作。

(3)负责将订餐单送至厨房,将厨房烹制成品按出菜要求快速、准确地送至值台员,由值台员端菜上台。

(4)传菜过程中应检查菜肴质量和数量,控制传菜速度,及时传达餐厅用餐宾客对菜肴烹饪的各种要求,保证前后台信息的沟通。

(5)协助餐厅值台员将工作台及餐台上的脏餐具、空菜盘撤回洗碗间。

(6)负责保养各种传菜工具,掌握特色菜使用的器具。

(五)酒吧经理岗位职责

(1)制订含酒精和不含酒精饮料的配制标准。

(2)检查并批准调酒员填写的饮料申领单,检查每日饮料消费,及时补充酒吧已消费的饮料。

(3)组织员工为各种宴会、会议提供酒吧服务。

(4)检查员工仪容仪表、场地卫生及工作质量,对员工进行考核。

(5)加强员工培训,提高员工素质。

(六)送餐部经理岗位职责

(1)指导、监督送餐部领班、服务员及订餐员的服务工作。

(2)巡视和督导重要宾客房间的送餐服务工作。

(3)送餐前,检查送餐车、托盘及赠品,确保一切准备就绪,一旦需要,即可送出。

(4)控制营业所需的餐具,定期参加盘点。

(5)编制员工排班表,监督员工考勤记录,评估员工,培训员工,解决各方面的服务问题和客人投诉。

第三节　餐饮人员编制

一、影响餐饮人员编制的因素

人是生产力中最积极、最活跃的因素。确定人员编制、合理选配人员是做好餐饮管理的前提和基础,也是搞好餐饮管理最重要的条件之一。在实际工作中,影响餐饮人员编制的主要因素包括以下各项:

(一)餐厅档次和座位数量

餐厅档次越高,座位越多,服务质量要求越高,分工越细致,必然用人越多;反之亦然。因此,餐厅档次高低和座位多少是影响餐饮人员编制的重要因素。

(二)市场状况和座位利用率

市场环境越好,用餐客人越多,必然能提高餐厅座位利用率,这样服务员的劳动定额即能够看管的座位必然相对减少,用人相对增加;反之,市场环境不好,或市场大环境较好,而本餐厅的座位利用率较低,也会影响人员编制。

(三)员工技术熟练程度、厨房生产能力及设备的技术含量

餐厅员工素质越高,操作技术越熟练,每个服务员能接待的客人数量可以相对提高;反之亦然。厨房生产能力以炉灶多少为主标志,它与餐厅接待能力是相适应的。厨房生产能力越强,炉灶数量越多,用人必然越多。同时,厨房技术设备越先进、越科学合理,越能提高劳动效率,从而影响厨房的人员编制。

(四)餐饮经营的季节波动性

餐饮业务经营有一定的季节波动性,但比客房波动程度低。季节不同,餐厅座位利用率的高低也不同,从节约人事成本、降低人员编制、合理使用劳动力的要求来看,餐饮人员编制应以平季为基础。旺季人员不足时,可以利用短期合同工或利用淡季安排员工休假、旺季不休假来调节,淡季人员富余时又可多安排休假或开展员工培训,从而减少人员编制。

(五)班次安排和出勤率

在餐饮经营中,员工上班一般执行两班制,即早、晚班。而 24 小时餐厅则采用三班倒,必然增加用人。此外,每周工作天数和员工出勤率也是影响餐厅人员编制

的重要因素。

二、餐饮人员编制的方法

(一)按劳动效率定员

对那些劳动定额相对稳定的岗位,如餐厅值台员,用这种方法比较精确,其计算公式如下:

$$\text{定员人数}=\frac{\text{高峰时段应完成的工作量}}{\text{劳动定额}\times\text{出勤率}}$$

如咖啡厅高峰时段一小时内就餐客人数为 100 人,值台服务员的劳动定额为 20 人/小时,服务员实行一周五天工作制,则咖啡厅值台员的劳动定员为:

$$100\div(20\times5\div7)=7(\text{人})$$

(二)按岗位定员

这种定员方法主要适用员工需要量与营业量变化关系不大的岗位,如行政总厨、热菜主管、餐厅部经理、餐厅主管、迎宾员、仓库保管员等。它按餐饮部组织机构设置,确定需要定员的岗位,再考虑各个岗位的工作量、劳动效率、班次安排及出勤率等因素来确定人员。

(三)按比例定员

甲岗位与乙岗位有紧密的工作联系,所需人员数量之间存在着一定的比例关系,当乙岗位的人员确定后,可以通过一定的比例关系推算出甲岗位所需人员。如厨房中炉灶厨师定员 10 人,而切配厨师与炉灶厨师的比例为 1.1∶1,则切配厨师需 11 人。

还有一种比例定员指根据某岗位人数占职工总数的比例推算出该岗位所需的人数。

(四)按设备定员

这是按设备数量、设备看管定额来确定工作人员数量的方法,适用于有设备看管定额的工作岗位,如炉灶厨师、供气室、电梯工、电工等。以炉灶厨师定员为例,一般一个灶头配一位炉灶厨师。

三、合理排班

餐饮企业员工的服务必须与客人的需要和活动规律相适应,因此管理人员要按照客人的流动规律合理组织人员、安排营业时间,对于节省人力资源成本、避免人浮于事、提高服务质量和劳动效率都有着重要的意义。

(一)餐饮企业员工的班次

餐饮企业一般有以下几种上班形式。

1. 一班制

即一天内员工同时上班,同时下班。它的优点是营业时间内没有交接班,缺点是营业时间短,因而对前台人员不合适,只能用于后台服务的行政、后勤人员。

2. 两班制或三班制

在服务一线的人员,营业时间往往超过8小时,为了保证服务的需要,可把员工分成先后两班,每班工作8小时,中间有个交接班的过程。同时,考虑到餐饮服务的间隙性,大部分餐厅部设一个跳班(机动班),即该班次的工作时间安排在餐厅的营业高峰时间,如10∶00～14∶00,17∶00～21∶00。

实行这种排班方式可以延长营业时间并方便客人,缺点是班次增多,排班难度增大,容易出现职责不清的现象。

3. 平衡式上班制

这种形式下的员工每天的工作时间根据实际需要有长有短,在一周或一个月内达到平衡,平衡后平均每天仍为8小时。它的优点是人力配备能与工作量相匹配,保证在营业时间内有充足的人力,缺点是管理上较复杂,员工上下班时间无规律性,容易引起员工反感。

近年来,弹性工作制在不少餐饮企业内实行,弹性工作制把员工上班时间分为两部分:一部分为核心工作时间,在这段时间内员工必须到岗,一般为3～4小时;二是弹性时间,员工在这部分时间内在管理人员协调的情况下自由选择上下班时间,两部分时间相加为规定的制度工作时间(如8小时)。它的优点是员工可以有较多的自由支配时间,缺点同样是管理协调工作量较大。

(二)节约人工费开支的主要措施

1. 采用分班制

安排员工在上午工作几个小时,下午工作几个小时,在餐厅不营业或生意清淡时可以不安排或少安排职工上班,这样可以节省用工数。

2. 使用半职临时工作为正式工的补充。

餐饮企业在每日各时段对服务的需求量变化很大,如果全部使用正式工,生意清淡时也要照付工资,并且正式工还享受各种劳保、福利待遇,对企业负担较大,所以许多非技术性或半技术性的工种可以雇佣半职临时工(每天工作3～4小时)。

在使用半职临时工时要注意以下几点:

(1)尽量稳定。长期使用一些稳定的半职临时工,可使这些人员积累工作经验，提高服务技术，餐厅也可减少招聘费用。

(2)注意对半职临时工的技术培训。这是保障服务质量所必需的。

(3)每天雇用时间合适。要保证在雇佣时间内使半职临时工满负荷工作。

3. 兼　职

对按岗位定员和按设备定员的员工，有时会出现工作量不满的情况，这时可以考虑互相兼职，如库房管理员可兼职做验收工作。

4. 增加工作负荷

通过技术培训及适当的奖励措施，提高员工的劳动定额，从而使同样的工作量由较少的人员去完成。但要注意增加工作负荷不能是无止境的，要充分考虑员工的心理、生理承受能力，不搞疲劳战，否则必然影响餐饮服务质量。

思考题二

1. 餐饮组织结构设计原则是什么？
2. 餐饮部在饭店中的地位如何？
3. 中心厨房的意义是什么？
4. 餐饮部经理的岗位职责有哪些？
5. 影响餐饮人员编制的因素有哪些？
6. 餐饮定员一般方法有哪些？

案例三　某饭店餐饮部经理自制日常工作计划示例

某饭店餐饮部经理自制日常工作计划如表 2.1 所示。

表 2.1　餐饮部经理日常工作计划表

	结束时间	总时间	活　动	参与者	重要程度（等级 1～6）
7∶45	7∶52	7′	PL(计划)	自己	1
7∶52	8∶30	38′	RO(巡视)	自己	1～2
			Int(询问经营情况)	下属主管	3
			Pro(生产情况)	主厨	3
8∶30	9∶00	30′	R(总经理晨会、汇报)	总经理	1
9∶00	9∶30	30′	M(部门晨会)	下属部门主管	1
9∶30	9∶50	20′	Dis(个别谈话)	与×××	4
9∶50	10∶30	40′	SOL(处理具体问题)	下属部门主管	2
10∶30	11∶00	30′	Dir(指导经营)	下属部门主管	2
			Q(咨询、询问)	下属部门主管	4

续　表

			Ro(巡视开餐营业)	自己	3
11:00	11:30	30′	Cus(与客人沟通)	与客人	1
(包括午餐就餐时间)			Ro(巡视午餐营业)	自己	3
			Sol(现场解决问题)	与部属	3
	结束时间	总时间	活　动	参与者	重要程度(等级1～6)
1:30	2:30	60′	Q(咨询、询问)	与部属	2
			Dec(决策、签发单据)	自己	1
2:30	3:30	60′	Int(会见下属、客户)	下属、客户	1
			R(汇报工作)	总经理	3
3:30	4:30	60′	Pl(经营计划)	自己	2
			Tr(培训)	部属	2
4:30			Dir或Sol	部属	3

注:表中中英文符号缩写的含义

①Pl—Planning 计划
②Int—interviewing 会见
③Pro—Production 生产
④R—Report 汇报
⑤M—Meeting 会议
⑥Dis—Discipline 个别训话、谈话
⑦Sol—Solving Probems 解决问题
⑧Dir—Directing 指挥
⑨Q—Qneztnms & Answers 问题解答
⑩Ro—Round 巡视
⑪Cus—Custoner 客人
⑫Dec—Decision 决策
⑬Tr—Training 培训

思考题

餐饮部经理为什么要编制日常工作计划？有什么作用？

第三章

菜单设计

第一节　菜单的作用和种类

一、菜单的作用

菜单是餐饮经营者为就餐客人提供点菜服务的菜点目录。菜单与菜谱是有区别的，菜谱主要介绍菜点的制作，如我们平时看到的介绍烹饪的图书多数就是菜谱书。菜单的作用有以下几点。

（一）菜单是连接顾客与餐厅的桥梁，起媒介作用

客人通过菜单可以了解餐厅菜点特色、品种和价格等，并凭借菜单选择自己需要的菜点。同时，菜单亦是餐厅服务员向客人推介菜点的一种工具。所以菜单既是顾客消费的凭借，亦是餐厅菜点的推销工具。但这还只是菜单最基本的作用，菜单还具有更深层次的重要作用，它对餐饮经营的许多方面都有深刻影响。

（二）菜单是餐饮市场定位的集中体现

市场定位是企业开展营销活动的关键环节，是企业获得成功的第一步。在餐饮管理中，菜单就是餐饮市场定位的集中体现。因为菜单一经确定，其目标客源

(即餐饮企业的主要目标市场)就确定了,因为菜点品种、风味、数量等都是针对目标客源的需求来设计的。

(三)菜单是餐饮业开展经营管理活动的起点

菜单一经确定,目标客源就确定了,这为餐饮业市场的拓展或者说是对客源的组织指明了方向。菜单一经确定,菜点品种、类型、数量及具体的菜点、风味等就确定了,而这对餐饮业设备的配置与选购起着重要决定作用,如菜单上有烧烤类菜,则必须配烧烤厨具,而有些不同的烧烤菜也需配不同的厨具,如烤鸭需配烤鸭炉、西式扒房需扒炉等。菜单一经确定,菜点的档次及其制作技术要求的高低也将影响员工的招聘与数量配备,因为菜点的档次决定了餐厅的档次,试想高档餐厅与低档餐厅对服务员、厨师技能与数量的要求能一样吗?菜单一经确定,菜点风味特色就确定了,而这对餐厅的环境装饰也将产生影响。菜单一经确定,价格就确定了,这对餐厅成本管理与控制将产生重要影响。另外,菜单的确定,亦将对原料的采购与储藏工作产生影响。可见,菜单对餐饮经营管理的许多方面都起着决定性作用。

(四)菜单是餐厅推销的广告

菜单在餐厅进行广告宣传中起着较大的作用,在店内店外都是一种不可或缺的推销工具。在店内,菜单与客人面对面,为吸引客人、增加客人的消费欲望,菜单设计应吸取广告设计的许多技巧,如精美的装饰、字形选择、重点内容的位置、菜点命名的设计等。而许多快餐厅五颜六色、图文并茂的灯箱式菜单设计更充分体现了这些特点。可以认为菜单设计已成为广告设计的一个子类或分支。在店外,菜单特别是节日菜单或美食节菜单或特别宴席菜单(如婚宴菜单等),或印成传单散发或在报刊电视上做广告。

二、菜单的种类

菜单因不同的标准可分为不同的种类。

(一)按餐饮业或餐厅类型的不同分类

这种分类可分为零点餐厅菜单、宴会餐厅菜单、自助餐厅菜单、酒吧厅菜单、咖啡厅菜单、快餐厅菜单、烧烤店菜单、火锅店菜单等。

(二)按菜点不同的组合方式划分

按菜点不同的组合方式划分可分为零点菜单、套菜菜单、混合菜单等。

1. 零点菜单

零点菜单是将餐厅提供的所有菜点按品种进行分类罗列,方便客人点选的一种菜单。它具有以下一些特色和要求:

(1)所有菜点必须分类罗列,并且按一定的顺序排列。如中式零点菜单中各类菜点及顺序安排是:冷菜类、热菜类、羹汤类、主食类等。西式零点菜单各类菜点及其顺序安排是:开胃菜、头盆、主菜、甜食等。

(2)每道菜点都应标明分量与价格,有的甚至给主要菜点配上彩照,标明主配料及口味、特点等。以便客人根据人数、饮食习惯和消费水平进行点选。

(3)需要特别注意,零点菜单不要与零点餐厅菜单混淆,因零点餐厅菜单可以有零点菜单,亦可以有套菜菜单。

2. 套菜菜单

套菜菜单是餐厅根据自己的经营特色和客人的饮食习惯,将各类菜点进行组合设计,以包价的形式销售的菜单。一般可分为普通套菜菜单和团体套菜菜单。其主要特点是:

(1)套菜菜单以包价形式销售,一般可根据客人的消费水平设计出多档次的套菜菜单,如400元/席、800元/席、1200元/席等;有的还根据每桌人数的多少,进行设计,如120元/2人、999元/2人、600元/6～8人、600元/8～10人等。甚至一些餐厅,特别是快餐厅推出的个人套餐菜单亦属此类。

(2)套菜菜单中菜点按照冷菜、热菜、面点等进行科学组合设计,讲究三者比例适当、荤素搭配合理、口味丰富等。

(3)套菜菜单是餐厅节日推销的一个重要产品,如中秋团圆宴、情人节套餐、圣诞套餐等,以其应节日的特别菜点组合设计来吸引客人。

(4)普通套菜菜单,一般针对少至1桌或多至两三桌的宴会菜单设计。菜点都是小锅小炒,讲究盘饰,故菜点精致。

(5)团体套菜菜单,顾名思义是针对团体就餐服务的菜单,一般向旅游团队和各类会议等大规模团体提供。其菜品都是大锅烹制,口味及装盘一般较差。

(6)套菜菜单与宴会餐厅菜单不能混为一谈,因为宴会餐厅亦同时可以有零点菜单及套菜菜单。

3. 混合菜单

这种菜单是把零点菜单和套菜菜单相结合,综合了两种菜单的优点。许多零点餐厅、宴会餐厅采取混合菜单的形式,这样客人不管是在零点餐厅还是在宴会餐厅,都可以根据自己的情况或零点或点套菜,客人会更加满意。

(三)按餐别的不同进行划分

按餐别的不同进行划分可分为早餐菜单、正餐菜单、下午茶菜单、夜宵菜单等。

(四)按菜单成形设计来划分

按菜单成形设计来划分可分为纸质菜单、竹简式菜单、灯箱式菜单等,其中纸质菜单使用最广泛，而竹简式菜单等往往用于特别高档的套菜菜单，灯箱式菜单常常为一些快餐厅所使用。

（五）按菜单实施的策略来划分

按菜单实施的策略来划分可分为固定菜单、即时性菜单、循环菜单等。

1. 固定菜单

固定菜单是不常变换的菜单，常用于顾客流动性大的餐饮店中。由于菜单上的品种比较固定，容易使餐饮生产和管理标准化。这种标准化包括：

（1）采购保管标准化。由于品种固定，可以对这些品种的购买和保管制定标准的规格、价格和程序。因此，重复性的采购就不需经常做决策，库存的分类和盘点也比较简单，价格亦较易控制，有利于节约餐饮产品成本，也有利于采购的管理。

（2）加工烹调标准化。由于重复制作同样的菜品，因而便于对各种菜品的加工、烹调确定标准的方法和程序，便于规定标准的成本控制方法，同时有利于锻炼、提高厨师的烹调水平，达到“熟能生巧”的效果。

（3）产品质量标准化。生产固定的菜品，使用标准的方法和程序、标准的原料和设备，因而容易得到质量标准化的产品，容易创造名牌菜，产生回头客。

使用固定菜单，除通过标准化的生产和管理降低成本之外，还可以将一天内没有被正常消费的原料及饮料贮存到以后几天内使用，不致造成浪费。此外，印刷固定菜单的成本也相对较低。

但使用固定菜单也有一定的缺点：

（1）由于菜单的固定性强，总是以一副“老面孔”出现，会使客人感到厌倦而选择去其他餐厅就餐。

（2）菜单的灵活性小。首先表现在品种不能随季节变换而更换，难以适应市场时尚和潮流；其次不能随原料价格变化而更换品种或价格，使菜品成本波动大。固定菜单上的菜品即使其原料价格上涨也必须购买，这样，有时会造成亏本经营。

（3）重复性操作使员工感到厌倦疲劳，这样会影响到员工的工作积极性和劳动效率。

2. 即时性菜单

即时性菜单是指根据某一时期内原料的供应情况而制定的菜单。其编制的依据是菜品原料的可得性、合适原料的质量和价格以及厨师的烹调能力。即时性菜单一般没有固定模式，使用时间较短甚至每天更换，它较多地应用于企事业单位的餐厅，也常与固定菜单及循环菜单配合使用。

即时性菜单的优点是：

（1）灵活性强，能迅速适应顾客的需求、口味和饮食习惯的变化，并能根据季节和原料供应的变化及时更换，既能反映时令特色，又能及时取消原料价格上涨的菜品而降低成本；另外，一旦餐厅某项设备发生故障或相关员工因故休假，可随时更换其他菜单，不受设备和人员限制。

(2)可充分利用库存原料和过剩的食品。

(3)可充分发挥厨师的烹调能力和创造力，生产出更多的创新菜，减少员工工作的单调性。

即时性菜单的缺点是：

(1)菜单菜品更换频繁，会使原料的采购和保管、菜品的生产和管理难以形成标准。

(2)为及时提供不同的菜品，必然会加大库存；菜单制作频繁，不仅耗费时间，印刷费用也会相应提高，从而加大了成本。

3. 循环菜单

每天采用不同的菜单，一定时期内（如每周一循环）循环使用即为循环菜单。循环菜单因地制宜，因人而异。由于循环菜单介于固定菜单与即时菜单之间，因此兼具两者的优点和缺点。

循环菜单的优点是：

(1)由于确定几套菜单循环使用，餐厅提供的菜肴品种限制于几套菜单内，这样便于对食品的采购、保管、生产和销售进行标准化管理，员工能较快地熟悉每道菜的生产和服务。

(2)由于菜单常有变化，顾客不易对菜单感到厌烦，员工不易对工作感到单调。

(3)使用循环菜单，其原料库存额虽多于固定型菜单，但有一定的限度。

循环菜单的缺点是：

(1)仍然不能迅速适应市场需求的变化和反映原料供应的季节性变化，不能根据各种时令菜的上市和下市而迅速变换菜单。

(2)在餐饮生产和劳动力安排方面不如固定型菜单容易计划，库存原料的品种也较多。

(3)过剩的食品不好处理。

(4)菜单的编制和印刷费用相对较高。

通常一些餐饮企业会综合使用三种菜单，取长补短，将最受欢迎的菜品作为固定项目列在每日固定菜单上，而有一些项目则每天变化以利用市场优势降低成本。这样既可以适应不同需求，又可以减少员工及设备的负担。变动项目与固定项目的比例可由不同的经营环境来决定。

第二节　菜单内容设计

一、菜单内容设计依据

(一)菜点选择与设计要满足目标客源需求

任何一家饭店或餐厅的餐饮经营都不可能满足市场所有客人的消费需求。它只能针对一部分具有相似消费特点和消费能力的客源。因此,各种餐厅的菜单设计都必须以目标市场的客人需求为首要依据。同时,目标市场仍然是一个消费群体,要成功地设计出菜单,还要进一步分析餐厅的主要客源,了解他们的所属阶层、旅游目的、消费水平、职业特点、年龄结构、风俗习惯、饮食嗜好等特点及他们对餐厅环境、花色品种、产品质量、产品价格的具体要求。只有对目标市场各类客人进行深入细致的调查,掌握其相似特点,才能正确掌握菜单设计原则与方向。就一家具体的餐厅来说,目标市场的客人需求主要表现在八个方面:一是客源档次。客人档次越高,菜单设计要求越高,菜点规格越高。二是客人消费方式。零点消费、团体消费、宴会享受方式不同,菜单设计的内容和要求也不同。三是客人用餐目的。根据客人结婚祝寿、社交宴请等不同目的,菜单设计要求也不同。四是客人年龄结构。年轻人喜欢高热量食品,乐意尝试新奇食品,老年人喜欢清淡食品,这些必然影响菜单设计的品种安排。五是客人性别结构。不同性别的客人对菜点的品种和热量要求不同,成为菜单品种搭配的依据。六是客人宗教信仰。不同宗教信仰的客人对食品的种类和加工制作方法往往有不同的要求和禁忌。伊斯兰教徒不食猪肉,印度教徒不食牛肉,犹太教徒只食符合教规的食物,这也是影响菜单花色品种安排的重要依据。七是客人的饮食习惯。不同国家和地区的客人都有自己的饮食习惯。国内不同省份、不同职业的客人,其饮食爱好也不完全相同,菜单设计必须在品种选择、品种安排、菜点搭配上同目标市场客人的习惯结合起来。八是客人的支付能力。它主要对菜单设计的价格结构产生影响。

(二)菜点选择与设计要考虑食品原料的供应情况

原料供应是餐饮产品生产的先决条件。菜单设计再好,如果原料供应没有保证,造成缺菜率很高,也会影响销售额和该餐饮企业的声誉。因此,凡是列入菜单的产品,必须无条件地保证原料供应。它要求菜单设计人员必须根据企业的地理位置、交通条件认真分析、研究食品原料的市场供应情况、采购和运输条件、原料供应的季节变化等信息,然后利用这些信息来设计、制作菜单。这里要掌握四条原则:一是尽量使用当地生产、供应充足的食品原料。二是需要从外埠或国外购进的原料,必须事先签订保证及时供应的合同。三是需要库存的食品原料,要能够保证库存供应和厨房使用,才能列入菜单。四是季节性食品原材料,在菜单设计中只能作为季节菜、时令菜处理。这样,凡是列入菜单的各种产品,都能保证原材料供应,满足客人消费需求,预防因缺菜而造成客人不满。

(三)菜点选择与设计要考虑厨房设备和厨师技术水平

菜点的选择与设计直接受厨师技术水平和厨房设备质量的限制。没有高水平厨师的饭店,即使设计出规格较高的名点名菜,厨房也无法烹制出名实相符的产品,反而让客人感到失望。菜单的品种、规格和水平超越了厨师技术水平和设备生产能力,菜单设计得再好,也无异于空中楼阁。因此,设计制作菜单要从饭店各餐厅的厨师技术力量、技术水平和厨房设备条件等实际出发,量力而行,实事求是,防止凭空想象造成的名不副实的情况,影响客人需求和餐厅形象。

(四)菜单选择与设计要考虑操作速度

操作速度并不是厨师的技术不熟练,而是指厨房的生产能力。一个大型宴会要求众多的菜品同时上齐,或者在最短的时间内上齐,这对于厨房的生产能力和操作速度是一个考验。因此在设计这种菜单时,一定要考虑这些菜品能不能做到同时服务。

(五)菜单上各类菜式的比例要合理,以免造成厨房中某些设备使用过度,而某些设备又得不到充分利用

这种情况在西餐中较易出现,因为西餐设备功能相对单一。烤箱只能用于烤制食品,而不像中餐的炒勺那样功能多,无论是煎、炒、烹、炸,还是煮、煨、焖、炖,都可以用炒勺完成。除了考虑设备的利用情况外,合理的菜式比例应能避免造成某些厨师负担过重,而另一些厨师闲着无事的情况。

(六)菜点数量要与餐厅规模相适应

菜点数量的多少,不仅仅与零点菜单有关,而且与套菜菜单亦有关系,因为一个宴会餐厅提供了许多套宴菜单,但这些宴会菜单都是由宴会餐厅有限的菜点中进行选择组合设计而成的。

一般而言,同等规模的零点餐厅与宴会餐厅相比,零点餐厅的菜点数量要多,能给客人更多自由选择的余地,因为零点餐厅客人较为繁杂,以便最大限度满足他们的不同需求。另外,零点餐厅菜点数量多,能给客人一种菜点丰富的感觉,对老客户是一种吸引力。

值得一提的是,同等规格的快餐厅与零点餐厅相比,快餐厅菜点数量要比后者

少得多,因为快餐追求快速服务,太多的菜点品种将大大影响厨房加工的工作效率。而且快餐厅大多选择制作简单的适于机械化标准化生产的菜点,主要目的就是提高工作效率。

(七)菜点选择与设计还要考虑成本和获利能力

设计菜单时,应适当降低高成本菜点的毛利而提高低成本菜点的毛利,以保证在总体上达到规定的标准毛利率。其因素有三:一为菜点的成本与销售价格;二为菜点的畅销程度(即可能的销售量);三为某一菜点的销售对其他菜点销售的影响。

(八)菜点花色品种设计

在一份菜单上,应注意各种花色品种的搭配,既要保持传统风味及地方特色,又要不断推陈出新研制新的菜点,在菜点的色、香、味、形、器等诸多方面下工夫,以增强菜点的吸引能力。同时,还应根据季节来确定时令菜点以满足宾客的需要。

二、菜单内容设计基本要求

菜单内容主要包括菜点种类、菜点数量、菜点名称、盘菜分量、价格、菜点介绍等。对于这些内容的基本要求是:

(一)菜点种类要齐全,比例要适当

不管是零点菜单和套菜菜单,其菜点种类要齐全,如中式的一般都要包括冷菜、热菜、汤羹、面点等。而且各类菜点数量比例亦要适当,如中式零点菜单中,冷菜、热菜、面点、汤羹的数量比一般为 5∶15∶4∶3,而且高档菜、中档菜、低档菜亦要求掌握一定的比例,一般应控制在 1∶2∶1 的范围。而中式套菜菜单在各类菜点数量搭配上较灵活,但一般仍是热菜最多、冷菜次之,面点最少,往往有四冷八热一点、六冷十热二点、八冷十二热四点等设计。

(二)菜点数量要适当

菜点数量要根据餐厅规模和餐厅性质来确定,这一点前已述及,在此不赘言。

(三)菜点命名要特别重视

餐厅的每一个菜点就仿佛父母生的一个孩子,给菜点命名与给孩子取名其意义是同等重要的,好的菜名能吸引客人并激发客人的喜爱之情。

菜点命名方法很多,有直白法、比喻法、拟人法、夸张法、趋雅法、寓意法、冠名法及典故法等。但不管使用何种命名方法,必须要求做到:

1. 要名实相符,不可牵强附会

所谓名实相符,有很多种情况,一是菜的用料、烹饪方法与口味等与菜名相符,如青椒肉丝、红烧鮰鱼、酸辣牛蹄、甜蜜蜜(即甜羹)等。二是菜的形色与菜名相符,如杭州名菜干炸响铃、山东名菜鲤鱼跳龙门(即糖醋黄河鲤鱼,成菜后鱼在盘中作跃起状)等。三是综合菜点用料、形色与食雕与菜名相符,如龙凤呈祥一菜,既可以龙食雕配芙蓉鸡片,又可以凤食雕配干炸蛇碌或烤大虾,也可以芙蓉鸡片配干炸蛇碌或烤大虾,但后者不如前者生动贴切有气氛。

取菜名切不可太牵强附会,让人一看菜名不知所云,莫名其妙。有人把海带、粉丝、肉片、洋芋等五种原料一锅煮,便称之为五湖四海。有人创制"水浒宴",其中一菜是辣椒水煮白菜帮,取名为"浪里白条"。还有创制"唐诗宴",菜名都是唐诗。如"一行白鹭上青天"即蓝色盘子里放上切条的咸蛋白;"窗含西岭千秋雪"即满碗冒尖的炒豆渣;"门泊东吴万里船"即鲜菇汤上漂两个咸蛋壳。牵强附会最坏的影响就是依菜名来做菜,完全违背了菜点创制的科学规律。

2. 菜名雅俗共赏,不可低级庸俗

菜名雅一点不是不好,如南京名店绿柳居素菜馆有一道仿鸭子形状的象形素菜叫"春江水暖",就很有诗情画意。菜名俗一点也不是不好,如众所周知的麻婆豆腐、狗不理包子,虽然俗却让人感到亲切。但取菜名的最高境界还是雅俗共赏,如"八仙宴"中有一道葱烧海参,海参整个烧,每条海参上打了 6 个眼仿似笛孔,而做成笛形的海参也更易于入味,成菜装盘中间摆韩湘子吹笛食雕,四周摆 12 个海参,名曰"韩湘子玉笛奏霄乐",八仙文化是一种俗文化,人人皆知,但一经改造,俗中带雅,雅中带俗,达到了雅俗共赏的效果。

菜品不可太雅,太雅了曲高和寡,太俗则可能流于低级庸俗。有人将"红烧猪爪"取名"发财就手",将"荷包鲫鱼"取名"鲫鱼怀春",将"烤乳猪"取名"妙龄乳猪"等都俗不可耐。最要加以批判的是那些带色的菜名,如"金屋藏娇"、"如胶似漆"等庸俗到极点的菜名,应坚决摒弃。

(四)菜点盘菜分量与价格标示要准确明白

有的菜单中有的菜分大盘、中盘、小盘或例盘等不同的分量和不同的价格进行标示。有的菜单中有的菜,如燕窝汤按每人份的"盅"进行标价销售,如果客人不了解"盅"的含义很可能出问题,一小盅价值不靡的燕窝汤,10 个人怎么够喝呢?再补点几盅吗?还有一些海鲜分量与价格的标示,或是一条多少元,或是一斤多少元,或是一两多少元都应标示清楚,以免造成客人点菜失误,甚至使服务员和客人之间产生误会引发不必要的麻烦。

另外,某些菜点价格变动应立即作出相应的处理。加收服务费的餐厅,应明确标示加收额等。

（五）菜点介绍必不可少

菜单中菜点特别是特色菜、典故菜及客人不了解的菜点等，都要尽量加以适当的或全面的介绍。特色菜的重点介绍起到向顾客推销的作用，对典故菜点的介绍可增加客人的就餐情趣，对一些客人陌生的菜点加以介绍，是为了推销亦是为了防止客人误点，如水煮牛肉，客人事先若不知道这菜很麻很辣，上菜后客人就无法下箸。

另外，还应注意：

(1)主要配料以及一些独特的浇汁和调料有必要加以说明。

(2)有些采用“讨口彩”等方法命名的菜肴，应说明其主料、辅料的确切名称，便于客人点选。

(3)菜肴的烹调和服务方法。某些具有独特烹调和服务方法的菜肴有必要予以说明。

(4)菜肴的烹调等候时间。某些特殊菜肴，由于加工时间长，应在菜单上注明烹调等候时间，以免服务员与客人之间产生矛盾。

三、一些类型菜单内容设计简介

下面就一些大家稍陌生的类型菜单内容设计作一简介，如自助餐厅菜单、鸡尾酒会菜单、客房送餐菜单等。

（一）自助餐厅菜单内容设计

自助餐按餐别可分为早餐自助餐、正餐自助餐；按风味不同，可分为中式自助餐、西式自助餐、中西混合自助餐；按烹调方法可分为烧烤自助餐、火锅自助餐、综合性自助餐等。

下面就中西混合式自助餐菜单内容设计为例作一简介。这类菜单内容设计应注意：

(1)菜点类型一般安排冷菜、小吃、沙律、热菜、客前烹调类、面食类、汤、甜羹、水果、饮料等。

(2)菜点的选择与设计，一般均选用能大批量生产，且放置时间较长的菜点，其菜点的色、香、味、形变化较小的菜点。热菜要尽量选用能加热保温，且可反复加热的菜点。所有菜点尽量选用较大众化、大家均能够接受和喜爱的品种，避免选用口味过于辛辣刺激、太酸太甜、造型很怪异的菜点。

某酒店中西混合自助餐菜单

（400人，每位150元，含酒水15元）

冷菜类：

酱鸭、白斩鸡、五香牛肉、肴肉、油爆虾、蝴蝶鱼片、葱油海蜇、茶叶蛋、羊糕、冻烧西冷牛排、巴玛腿密瓜卷、泡藕、蒜泥黄瓜、辣白菜、酸辣莴苣、油焖冬笋、脆鳝、卤冬菇、麻辣毛豆

小吃类：

酸黄瓜、山楂片、桂皮花生、梅子、炸臭干、蒸芋仔

沙律类：

龙虾沙律、田园沙律、杂肉沙律、意面沙律、什菌沙律、苹果鸡沙律

热菜类：

香炸虾球、烤鸭、铁扒牛肉、京都排骨、咕咾肉、脆皮鱼条、咖喱鸡块、烤羊肉串、干烧鲳鱼、炸鹌鹑、草菇菜心、椒盐土豆条、开洋花菜、麻辣兔肉、大煮干丝、干贝西兰花、蒜茸沙丁鱼、豉油乳鸽

客前烹调类：

烤乳猪、扒鲜大虾、片皮烤鸭

面食类：

荠菜肉包、糯米烧卖、方糕、窝窝头、藕粉圆子、泡芙、巧克力莫士饼、水果挞、苹果排、水饺

汤　类：

冬瓜排骨汤、酸辣汤、枸杞牛腱汤、法式洋葱汤

甜羹类：

冰糖银耳、桂花糖芋艿、桂圆金桂羹、橘子西米羹

水果类：

香蕉、哈密瓜、西瓜、芦柑、葡萄、苹果

饮料类：

啤酒、咖啡、酸奶、绿茶、西瓜汁、黄瓜汁

（二）鸡尾酒会菜单内容设计

这类菜单应归于套菜菜单之列，因鸡尾酒会一般以包价形式进行销售。此类菜单内容设计应注意：

(1)菜点的类型，一般有冷菜、干果、点心及简易热菜等。

(2)菜点的选择与设计方面要注意，由于客人往往一手持酒杯，只有一只手可

以取用菜点，故应选用那些无骨、无筋、无壳的菜点，而且这些菜点中原料块形要小，以方便客人取食和相互交流。另外，为方便客人取食，选用的菜品还必须无汤水，烹调时不用勾芡的菜品，而太油腻、太辣、太酸、太甜的亦是不宜的。

(3)菜点数量不宜太多，因为鸡尾酒会均是在正餐前举行，主要是为了增加气氛，达到相互交流加深友谊的目的，而不是让客人吃饱。

某酒店高档鸡尾酒会菜单

(80元/位，另收酒水每位20元，人数200人)

冷菜类：

鸡卷、盐水鸭肉、叉烧肉、酒醉鸽蛋、橙汁虾球、熏鱼、五香牛肉、葱油黄瓜、咖喱冬笋、樱桃番茄

干果类：

炸腰果、甜咸青果、葡萄干、糖核桃仁、挂霜松子仁、金橘饼

小吃类：

炸龙虾片、炸土豆片、牛肉干、鱼脯干

点心类：

巧克力蛋糕、泡芙、水果挞、薄荷莫士饼、虾饺、小烧卖、小馒头、炸春卷、三明治、面包托

简易热菜类：

香炸虾球、脆皮银鱼、椒盐里脊、牙签羊肉串、炸花菜、炸藕夹

肉车表演类：

烤牛腿、片皮烤鸭、片皮乳猪

鸡尾酒：

配置4～6色

(三)客房送餐菜单内容设计

客房送餐菜单有三种形式，即早餐零点菜单、早餐套餐菜单和全日送餐菜单。这类菜单内容设计应注意：

(1)菜点较少，早餐零点菜单一般有果汁与鲜果、谷麦类、面包类、蛋类、地方风味、饮品等。

(2)菜点品种不宜多，宜少而精，否则过多的品种会增加人工成本，亦难保证菜点的供给。

(3)菜点的选择与设计，应选用那些制作简单且品质优良的菜点。

(4)早餐套餐菜单一般有欧陆式、美式、地方式三种。欧陆式一般以果汁、麦

片、面包类、饮品为主；美式一般以果汁、麦片、蛋类、饮品为主；地方式一般以有地方特色的菜点、饮品为主。

某酒店客房送餐菜单和早餐菜单

● 早餐零点菜单

（如果您需要早餐零点，请在下列品种中选择，并在□中打“√”）

果汁与鲜果

果汁： 32.00

□橙汁

□番茄汁

□西柚汁

□菠萝汁

鲜榨果汁： 36.00

□橙汁

□西瓜汁

□胡萝卜汁

□黄瓜汁

鲜果拼盘：

□小盘 36.00

□大盘 72.00

谷类：

□热麦片 30.00

□糖霜玉米片 30.00

□全麦片 30.00

□玉米片 30.00

面包类：

□早餐面包篮 30.00

□牛角包 20.00

□丹麦包 20.00

□法式吐司配黄油、果酱 26.00

□吐司配黄油、果酱 20.00

蛋类

□自选鲜蛋 2 只 40.00

□煎蛋

□单面或双面

□炒蛋

□水波蛋

□煮蛋

加配

□火腿

□培根

□香肠

（所有麦片均配鲜奶）

地方风味：

□豆奶 18.00

□白米粥 18.00

□什锦酱菜 8.00

□豆腐乳 8.00

□油条 14.00

□素菜包子 14.00

□五香蛋 12.00

饮品

□咖啡 38.00

□美国红茶 38.00

□中国名茶 38.00

□鲜牛奶 30.00

□热巧克力 38.00

□意大利特浓咖啡 38.00

□咖啡拿提 48.00

●早餐套餐

（如果您需要哪种套餐，请在下列品种中选择，并在□中打“√”）

□欧陆式早餐　88.00

请从早餐零点中选择一款水果（或果汁）、麦片、面包和饮品

□美式早餐　118.00

请从早餐零点中选择一款水果（或果汁）、麦片、面包、蛋类和饮品

□地方风味早餐　68.00

□白米粥或豆浆、油条和蔬菜包

□绿茶或茉莉花茶

（注：上述各菜名各标有英文，各菜品另加15%服务费）

某五星级酒店客房全日送餐菜单

（如果您需要哪种零点菜肴，请在下列品种中选择，并在□中打“√”）

冷菜类		面食类	
□盐水鸭	30.00	□什锦炒饭	28.00
□五香牛肉	28.00	□三鲜炒面	28.00
□朝鲜泡菜	18.00	□肉丝面条	28.00
□卤冬菇	26.00	□素浇面	18.00
□皮蛋	20.00	□炸春卷	10.00
□蒜泥黄瓜	20.00	□豆沙包子	8.00
□什锦沙律	28.00	□虾肉馄饨	25.00

第三节　菜单成形设计

菜单内容设计完毕，接下来便是菜单制作，即菜单的成形设计。

一、菜单成形设计概念和任务

菜单的成形设计和制作质量，也是餐饮管理水平和服务质量的主要体现。

菜单设计是在完成菜单内容设计后，在菜单制作之前，对菜单的内容进行包装。这种对菜单内容的包装工作，我们称之为成形设计。

菜单设计工作可分为两个主要方面；一是菜单的内容设计；二是菜单的成形设计。菜单的内容设计又称菜单实质性设计，通过内容设计来保证菜单上所展示的食品能够体现目标客源对餐饮食品需求的规格水平和风格特点。菜单的成形设计又称菜单的形式设计或菜单的包装，通过成形设计来保证菜单上所展示的食品对

宾客的吸引力和诱惑力，并通过菜单来诱导客人选择自己喜欢的餐饮食品。只有通过菜单的成形设计，把菜单内容进行包装，才能使菜单成为餐厅推销餐饮产品的最重要工具。因此，菜单成形的任务是：运用心理学、广告学等的基本原理，具体考虑采用什么样的形式、结构、图案、字体、色彩、物料，按着什么样的规格水平，经过印刷、装订等制作过程，把包装和内容完美地统一起来，使菜单成为诱导宾客选择餐饮食品及餐厅推销餐饮产品的工具。

二、菜单成形设计主要因素

菜单成形设计主要因素包括材料选择、字体选择、规格尺寸、版式设计及封面设计等。

（一）菜单程式

所谓菜单程式，是指菜单上各类菜式的排列次序。一顿餐饮如一首乐曲，有前奏、有高潮、也有尾声；乐曲的各个组成部分位置不可互逆，进餐次序也同样不能颠倒。因此，进餐次序是菜单编排必须遵循的原则。中餐进餐通常是按照冷菜→热菜→汤→点心的次序依次进行，设计中餐菜单的程式必须遵循这一次序，然后将各类菜式按原料分类进行排列，比如冷菜类，鸡鸭类，猪、牛肉类，海鲜类，鱼虾类，蔬菜类，汤类，面饭类，点心类等。西餐进餐次序稍有不同，一般按照开胃菜→汤→主菜→甜点的次序先后进行，因此西餐午餐菜单通常是按开胃菜类、汤类、主菜类（海鲜、鱼虾、牛猪羊肉、禽）、蔬菜类、甜点、餐后饮料等依次排列。

菜单的大小尺寸、插页的多少、纸张的折叠方法等各有各的利弊，倘若菜单的编排能按照上菜的先后顺序，那一般来说就比较对路了。菜单的编排还应考虑到宾客的阅读习惯，菜单一般是按照先外页后内页、先上端后下端、先左侧后右侧的顺序读的。另外，应尽可能使菜单上的价格参差不齐。若依照菜价高低的顺序排列，会使宾客的注意力倾向于低价格。

（二）材料与尺寸

菜单制作材料以纸张居多，而纸张的类型很多，如仿古纸、证券纸、书报纸、优质报纸、封面纸、光面纸、抛光纸、胶印印刷纸等。不同类型的纸其质量和价格不一，菜单制作应根据需要进行正确选择。

由于纸张的成本要占印刷一份菜单成本的1/3，故餐饮经营者和菜单设计人员应重视纸的选择。但一般而言，菜单纸张的选择主要考虑菜单使用期限，是长期使用，还是一次性使用。一次性菜单可印在轻型的、无涂层的纸上，这种轻型的、便宜的纸有不同的颜色及不同的形状，具有浑厚、坚实的质感，这些都能增强菜单的美观。较长久使用的菜单须印在重磅的涂膜纸上，这种纸经久耐用，经得起宾客频繁使用。长期使用的菜单还可印刷在防水纸上，脏了可用湿布擦净，这种纸一般都是厚实的封面纸、优质纸等。

在实际菜单用纸上，上述因素往往是结合在一起考虑的，即封面采用重磅涂膜纸，插页采用价格较低廉的轻磅纸。在同一份菜单上使用不同类的纸张可起到强化功能的作用，纸张薄厚和颜色的不同可以突出显示菜单的某一部分是餐厅推销的重点。

菜单的尺寸，应与餐厅的大小及餐桌的大小相适应。试想，豪华大餐厅使用书本大小菜单就显得小气，而小餐桌上放一本大尺寸的菜单肯定也很不协调。我们常见的菜单尺寸有单页菜单 25cm×35cm、对折菜单 20cm×35cm 和三折菜单 18cm×30cm。

(三)字体与字形

字体有宋体、黑体、隶书、楷书、行书、行草等多种，菜单中字体的选择应遵循以下一些规则：

选择字体应与餐厅特点相协调。字体与餐厅都有不同的风格和特征，两者要协调，如餐厅是现代风格，而字体却选用古朴的隶书；餐厅是古典风格，而字体却选用现代风格的艺术字体等都是不适宜的。

在一份菜单中，不能只选用单一字体，否则给人一种单调乏味之感；但又不能同时使用较多的字体，否则给人一种烦乱之感。一般而言，同一份菜单上字体选用不应超过三种字体，如每页菜单的标题最好与菜名等字形不同以示区别。

应尽量少使用陌生的、怪异的字体。因为菜单字体选择，最首要的就是要方便客人阅读。

字形，即字体的大小应方便客人阅读，字体太小会给客人带来困难，字体太大又占菜单版面。中文字体大小用号码表示，如1～5号，一般菜单都采用3号或4号字体，而菜点介绍等宜用比菜点名称更小的字体。

(四)版式设计

菜单有单页的、对折的、三折的、活页式和书刊式等不同形式，其版式设计也各不相同，如重点内容的布局就不同，单页菜单中，重要菜点应排在页的中上部；对折菜单中，重要菜点应排在第二页的中上部；三折菜单中，重要菜单应安排在中间一页；而活页式或书刊式菜单，重要菜点应安排在每页上半部，并且尽量放在菜单的前几页，餐厅特色菜点往往集中起来单独成一页或放于菜单最前部或菜单的结尾处，因为这两个位置往往最能吸引客人阅读的注意力，并在他们的头脑中留下深刻印象。

不管何种类型菜单，其每页的版式设计都应遵循一定的规则：

(1)菜单在篇幅上应保持一定的空白，篇幅上的空白会使字体突出，易于客人轻松阅读，否则菜单上文字所占篇幅多于50%，使文字内容过多，给客人阅读与点选造成麻烦。另外，菜单四边的空白应宽度相等，给人以均衡之感。

(2)菜单上每列字的字首应对齐，给人整齐划一的美感，否则给人杂乱无章的不好印象。

(3)菜单上字间距与行间距不宜过小，使文字显得非常拥挤，不便于客人阅读和点选菜点，当然也缺乏美感。

(五)封面设计

(1)菜单封面的内容主要有餐厅名称、餐厅营业时间、餐厅地址和订餐电话，经CIS设计的餐饮企业或经过商标注册的餐饮企业还必须有企业徽标。但是这些重要的、能促进餐厅宣传或推销的告示性信息，往往被许多餐饮企业忽视，菜单封面只有两个字“菜单”。有条件的餐饮企业必须重视这一点。

(2)菜单封面颜色和字体。经过CIS设计的餐饮企业，菜单封面设计必须遵循其统一的视觉设计规则，即封面上餐厅名称必须使用标准字，封面颜色必须使用标准色。而没有进行CIS设计的餐饮企业，餐厅名称字体和封面颜色的设计或选择主要应注意与餐厅气氛相协调。

(3)菜单封面材料的选择，应尽量避免使用塑料、绸、绢类材料，上档次的餐饮企业应尽量避免使用塑料作菜单封面，这就像餐桌上应避免使用塑料花一样，因为塑料制品在现代人看来是极其低廉的东西，使用塑料菜单有贬损餐厅形象的危险。绸、绢类固然清雅，但极易污损，也不宜做菜单封面。其他材料如漆纸、漆布，虽不易弄脏，但因油漆常发生龟裂、剥落而有碍观瞻，也不宜做封面。

三、菜单在设计和使用中存在的常见问题

(一)制作材料选择不当

许多菜单采用各色簿册制品，其中有文件夹、讲义夹，也有集邮册和影集本，这些非专门设计的菜单不但不能起到点缀餐厅环境，烘托气氛的效果，反而与餐厅的风格格格不入，显得不伦不类。

(二)菜单偏小，装帧过于简陋

许多菜单内芯以16开普通纸张制作，这个尺寸无疑过小，从而造成菜单上菜肴名称等内容排列过于紧密、主次难分，有的菜单甚至只有32开大小，但页数竟有十多张，无异于一本小杂志。绝大部分菜单纸张单薄，印刷质量差，无插图，色彩单

调，加上保管使用不善，显得极其简陋，肮脏不堪，毫无吸引人之处。

(三)字形小，字体单调

不少菜单为打字油印本，即使是铅印本，也大都使用1号铅字。坐在餐厅不甚明亮的灯光下，阅读由3毫米大小的铅字印就的菜单，其感觉绝对不能算轻松，况且油印本的字迹往往已被擦得模糊不清。同时，大多数菜单字体单一、缺乏字形。

(四)涂改菜单

随意涂改菜单已成为国内餐饮企业的通病，上至五星级的豪华饭店，下到大众化的普通餐饮店，比比皆是。涂改的方法主要有：用钢笔、圆珠笔直接涂改菜名、价格及其他信息；胶布遮贴等。菜单上被涂改最多的部分是价格。所有这些，使菜单显得极不严肃，很不雅观，会引起就餐客人的极大反感。

(五)不标示价格

有些菜单，居然未列价格，读起来就像一本汉英对照的菜肴名称集。有的菜单未把应列的菜肴印上，而代之以“请询问餐厅服务员”。

(六)菜单上有名，厨房里无菜

凡列入菜单的菜肴品种，厨房必须无条件地保证供应，这是一条相当重要但易被忽视的餐饮管理规则。不少菜单表面上看起来可谓名菜荟萃、应有尽有，但实际上往往缺少很多菜品。

(七)菜品缺少描述性说明

每一位厨师或餐饮经理都能把菜肴的配料、烹调方法、风味特点、有关菜肴的掌故说得头头是道，然而一旦用菜单形式介绍就大为逊色。尤其是中餐中的那些传统经典菜和创新菜，不少菜名虽然雅致形象、引人入胜，但绝大多数就餐者少有能解其意的，更不用说来自异国他乡的国际旅游者。既使许多菜单附有英译菜名，但由于缺少描述性说明，外国游客在点菜时仍觉不便。

(八)缺少促销信息

许多菜单上没有注明饭店地址、电话号码、餐厅营业时间、餐厅经营特色、服务内容、预订方法等内容。显而易见，为使菜单更好地发挥宣传广告作用和媒介作用，许多重要信息不应当省略遗漏。

(九)菜单脏污破损，不及时更换

菜单使用亦有其寿命周期，要及时报废。如由于保养不当造成的污损亦应提前报废。污损的菜单不仅有损客人的食欲，亦损坏餐厅形象。

思考题三

1. 菜单的作用及种类有哪些？
2. 菜单内容设计的依据是什么？
3. 菜单内容设计的基本要求是什么？
4. 菜单成形设计概念和任务是什么？
5. 菜单成形设计的主要因素有哪些？
6. 菜单设计与使用中存在的问题主要有哪些？

案例四　某四星级酒店中式正餐零点菜单

●冷菜类	小	中	大
白斩鸡	15.00	30.00	45.00
盐水鸡	18.00	36.00	54.00
五香牛肉	20.00	40.00	60.00
拌双脆	25.00	50.00	75.00
糖醋时蔬	10.00	20.00	30.00
卤冬菇	20.00	40.00	60.00
皮蛋拌豆腐	15.00	20.00	45.00
双黄腐皮	16.00	32.00	48.00
三色拼盘	30.00		
四色小碟	80.00		
八色小碟	160.00		

●海味类	小	中	大
鱼翅捞饭	320.00		
菜胆扒鲍脯	380.00		
香炸虾球	40.00	80.00	120.00
虾子海参	120.00	240.00	360.00
锅贴干贝	80.00	160.00	240.00
鸡粥鲍翅	120.00	240.00	360.00
双味大虾	260.00/斤		

清蒸黄鱼	120.00/斤		
豆豉鲳鱼	80.00/斤		

●河鲜类	小	中	大
清炒虾仁	40.00	80.00	120.00
虾仁炒蛋	38.00	70.00	110.00
炒软兜	38.00	70.00	110.00
香炸银鱼排	48.00	90.00	150.00
脆皮鱼条	50.00	100.00	150.00
鼓汁蒸鲩鱼	30.00	60.00	110.00
葱油鲜鱼	28.00	55.00	110.00
红烧划水	28.00	55.00	110.00
糖醋鳜鱼	58.00	110.00	170.00
生炒甲鱼	30.00	60.00	90.00

●畜肉类	小	中	大
无锡排骨	28.00	50.00	75.00
黑椒牛柳	38.00	75.00	110.00
冬笋肉丝	28.00	50.00	75.00
冰糖扒蹄	18.00	36.00	48.00
清炖狮子头	18.00	36.00	48.00
椒盐排骨	15.00	30.00	45.00
砂锅羊肉	20.00	40.00	60.00
香酥羊肉	18.00	36.00	54.00

●禽蛋类	小	中	大
八宝鸡翅	18.00	36.00	54.00
酱爆鸡丁	30.00	60.00	90.00
香酥鸭子	38.00	76.00	115.00
西芹烧鸭片	38.00	76.00	115.00
金陵乳鸽	18.00	36.00	48.00
双冬鹌鹑	18.00	36.00	48.00
宫保鸡丁	30.00	60.00	90.00

海鲜蒸蛋	12.00	24.00	36.00
●蔬菜类	小	中	大
蘑菇时蔬	20.00	40.00	60.00
雪菜冬笋	18.00	36.00	48.00
肉末粉丝	16.00	32.00	48.00
虾仁豆腐	30.00	60.00	90.00
红烧豆腐	20.00	40.00	60.00
冬菇面筋	20.00	40.00	60.00
椒盐土豆条	18.00	36.00	48.00
麻椒豆腐	20.00	40.00	60.00
清炒时蔬	18.00	36.00	48.00
开洋萝卜条	16.00	32.00	42.00
●汤、羹类	小	中	大
榨菜肉丝汤	18.00	36.00	48.00
木耳鱼圆汤	36.00	72.00	108.00
鸡茸粟米羹	36.00	72.00	108.00
芙蓉烧鸭羹	36.00	70.00	108.00
干贝鱼茸羹	40.00	80.00	120.00
素菜豆腐汤	20.00	40.00	60.00
酸菜鱼汤	30.00	60.00	90.00
酸辣汤	26.00	50.00	100.00
鸡火炖甲鱼	80.00	160.00	240.00
鸡汁菌菇汤	48.00	96.00	140.00
●主食(点心)类	小	中	大
什锦炒饭	28.00	56.00	90.00
海鲜焗饭	48.00	96.00	120.00
素三鲜炒面	28.00	56.00	80.00
鱼汤小刀面	12.00/碗		
豆沙春卷	10.00		
素菜包子	4.00/两只		

三丁包子	4.00/两只		
三鲜水饺	12.00	24.00	36.00
菜肉水饺	10.00	20.00	30.00

●甜品类

八宝甜饭	10.00/碗
红枣泥	6.00/碗
冰糖银耳	10.00/碗
冰糖哈土蟆	60.00/碗

●瓜果类	小	中	大
三色水果拼盘	10.00	20.00	30.00
四色水果拼盘	12.00	24.00	36.00
什锦水果拼盘	15.00	45.00	60.00

●预订菜

叉烧桂花鸡	100.00/只
什香煨鸡	80.00/只
酥皮海味	50.00/罐

思考题

1. 中式正餐零点菜单其菜点一般有哪些类型？
2. 通过前面的学习，你能为这个零点菜单在内容设计与成形设计提出一些建议吗？

案例五　某酒店设计的“香港回归宴”套菜菜单

1. 看　盘

紫荆花开（由白萝卜、红萝卜、青菜制作）。

2. 凉　菜

(1)普天同庆，由白炖鸡、五香肘肉、酱牛肉、熟猪肚、松花蛋、咸鸡蛋拼成。

(2)和平发展，由烤猪肚、盐水鸡脯、广式香肠、鱼糕、蛋黄糕、胡萝卜、炝黄瓜拼成和平鸽状，象征中国与世界和平发展。

(3)风光无限，由猴头菇、黄白蛋糕、松花蛋、黄瓜、青椒、海蜇、鸡蛋制作，色彩鲜明,意为祖国山河无限美好。

(4)根,山药、白糖、排成"根"字形状,意为华夏儿女同根相连。

3. 热　菜

(1)唇齿相依,鱼唇、鱼翅汁、冬茹、菜花、豌豆苗、奶汁配炖后、汤汁乳白、香鲜醇厚,鱼唇荤润软滑,鱼翅滑软,意为大陆、香港唇齿相依。

(2)血脉相连,山药、京糕、蜜饯青梅,红白绿三色相间,脉络清晰,故取名为血脉相连。

(3)明珠托翠,鸭掌、对虾肉、鸡茸、鸽蛋、油菜,用鸭掌贴以鸽蛋,取油菜叶包鸡葺成"翠珠",意为香港为中国的东方之珠。

(4)水乳交融,银鱼、牛奶、菱角粉、晶莹透亮、白如美玉,意为大陆与香港人民水乳交融。

(5)香江水长,豌豆、白菜、银耳、清汁薄蒙其上,晶莹滑润,线条流畅,酷似流水,故取名"香江水长"。

(6)东方之珠,猪肚、臀尖肉、红樱桃、樱桃晶莹剔透,意指香港。

(7)百年沧桑,鱼翅、白人参、鸡脯肉、肘子、火腿,此菜为药膳,有安神定魄之功,增补血气,意指香港历史道路曲折。

(8)九龙腾飞,龙虾九只、鲤鱼、冬菇、火腿、粉丝,造型生动,九只龙虾象征着香港九龙,借喻回归后的香港更加繁荣昌盛。

4. 面　点

一国两制,银耳杏仁和龙须面。

5. 庆回归

西瓜雕成龙舟状,汤盛其中,扬帆驶向祖国怀抱。

思考题

1. 主题宴席菜单在内容设计上有什么要求或特点?这份主题宴席菜单内容设计全面和科学吗?
2. 针对这份主题宴席菜单的内容,请试着为其成形设计提出建议。

第四章

采保管理

采保管理，即食品原料的采购与仓储保管的管理。

餐饮业的日常运作管理从总体上可以分为三大环节：第一是采保环节；第二是生产环节；第三是销售环节。这三大环节是一个有机联系的整体，即餐饮产品必须满足和符合客人的需求。只有使这种产、供、销在运行中形成协调的一体化格局，才能使餐饮业进入良性循环，确保餐饮经营的成功。所以，食品原料的采购、验收、储藏与发放管理是餐饮业经营中的一项重要的日常管理工作。

第一节　采购管理

一、采购组织和采购人员素质要求

(一)采购组织

一般而言，餐饮业设置采购部或仅设置采购岗位。饭店餐饮部的原料采购通常由饭店采购部承担或者隶属于餐饮部的采购小组来完成。这些采购的组织形式因各自的规模、管理模式等不同而不同。

(二)采购人员素质要求

对采购人员的选择是重要的，因为这对餐饮成本控制有着举足轻重的影响。

有专家认为，一个好的采购员能为企业节约5%的餐饮成本。既然这个岗位这么重要，故对其岗位人员的素质要求是较高的。

1. 熟悉原料市场

采购人员要熟悉各类原料市场，包括蔬菜、水果、肉类（禽畜、海鲜、水产等）、调料、米面等原料市场。了解这些原料的市场行情，如各原料上市时间、上市数量、价格波动等情况；了解这些原料的销售渠道，熟悉主要批发商和零售商，甚至了解原料的生产商。采购人员要熟悉原料市场，不仅仅是为了知道采购的地点和渠道，也不仅仅是为了买到性价比更高的原料，而且还能为厨房菜点创新提出适时的和必要的建议，如春季市场开始有野菜出售了，采购员建议推出春季野菜系列，如市场第一次出现了以前从未销售过的匙吻鲟，采购员建议厨房开发匙吻鲟菜肴等。

2. 有较丰富的原料专业知识

食品原料种类繁多，各种原料的性质、规格、质量差别很大，就是同一类原料也因品种、产地和出产期间等自然条件不同，其品质也有所不同。采购员只有具备了丰富的原料知识，才能识假判劣，买到符合厨房需要的原料。对高档海鲜酒楼的采购员来说，这方面的素质要求更高，因为鱼翅、燕窝、鲍鱼、海参等都是高档价贵的原料，一旦买到假冒伪劣原料，给酒楼带来的损失是很大的。

3. 有一定的采购实践经验

采购员是一项实践性很强的工作，它要求采购员有良好的社交能力，善于与供货商沟通交流建立良好的工作与个人的关系，有利于采购工作的开展。有人说“无商不奸”，原料市场也有缺斤少两等各种各样的欺客现象，作为一个采购员必须了解这类欺诈手段并具有防骗的基本能力。

4. 有一定的政策水平和法律知识

只有遵守国家政策，正确执行经济合同，遵守野生动物保护、食品卫生等方面的法律，遵守企业采购业务各项规章制度，懂得法律程序和有关规定，才能维护企业的经济利益，完成采购任务。

5. 诚实可靠，不谋私利

由于采购工作独立性强，资金流动频繁且数量较大，于是采购员私收回扣、礼品、小费等现象时有发生，一些餐饮业为防止采购员腐败，常常采用采购员轮换制度，即规定一个采购员不能长期呆在这个岗位，定期调换，以防止采购员与供货商过于熟悉而滋生腐败。但这并非根本之策，提高采购员的道德素质才是万全之策。

二、供货商的选择

供货商作用在现代餐饮管理中变得越来越重要，因为许多餐饮业对原料需求跨地域选择越来越频繁,许多餐饮企业集团化或连锁化发展对优质原料大批量稳定供给的需求等,这些都需要供货商的密切配合。重视供货商作用的餐饮业常常主动与之结为命运共同体的战略伙伴关系。

但如何选择供货商呢?

(一)合理的原料价格

合理的原料价格意味着价格与质量的统一。在保证原料质量的基础上,尽可能选择价格较低的供货商。许多餐饮业往往采取价格竞标方式来达到自己想要的这个结果,做法是让符合要求的几位供货商分别报价,从中作出选择。

(二)较近的地理位置

如供货商离企业较近,可节省采购时间和相关费用。就是供货商亲自上门送货,但不及时送货的情况亦会大大减少,而且是亦方便紧急采购。故在原料质量有保证、价格合理的情况下,尽量选择地理位置较近的供货商。

(三)有良好的信誉

如果一个供货商信誉差,即使价格低廉亦不予考虑,因此在确定供货商之前要注意调查供货商的信誉状况,以防止以后遭遇不必要的麻烦。

(四)有较强的实力和经营能力

供货商的实力和经营能力决定了原料是否长期稳定保质保量的供给,否则亦将对餐饮业的经营造成影响。

(五)有良好的合作精神

如果供货商与企业相互信任、相互支持,这对双方都会大有好处。好的供货商能主动配合企业的各种业务活动,在企业遭遇困难时放宽付款期限以及其他条件,在企业举办促销活动时,给予一定的价格折扣等。

三、原料质量控制

原料质量通常是指原料的新鲜度、成熟度、纯度、质地、色泽、形状等。为了使采购的原料达到厨房生产的需要,就必须对所采购原料制订一个明确的规格标准,作为原料采购质量的依据,于是出现了《原料采购规格书》。

《原料采购规格书》即以书面形式,对所要采购的食品原料规定详尽的质量、规格等要求的企业采购书面标准。

(一)《原料采购规格书》的内容

1. 原料名称

所需采购的原料应注明具体名称。原料的名称,一般使用较通俗的、常用的商业名称。比如,鸡,就应写明老母鸡、肉用鸡、仔鸡、光鸡、活鸡等。

2. 规格要求

规格要求主要是指原料的大小规格、重量规格、容器规格和包装外形等。规格的确定一要依据生产需求量的大小,二要根据市场的价格。比如,淀粉,市场上有500克一袋的,也有20千克一袋的。如果生产量大,则可购20千克一袋的,因为小袋装的价格要高于大袋装的价格。反之,生产使用量小,如果单纯从价格角度考虑,往往造成不必要的浪费。

3. 质量要求

质量要求主要是指原料的品质、等级、商标、产地等内容。食品原料的品质应注明其新鲜度、成熟度、纯度、清洁度和质地等特征,注明等级可省去许多叙述,可直接标明一级还是二级。对于一些有关部门还未正式规定等级的原料,可作适当说明,标明质量特征。商标是不可忽视的,有些原料在购买时要认准商标,以防假冒。产地表示原料是否正宗。另外,对于原料的上市状态也应作一定的说明。比如,原料是新鲜的还是冰冻的;是淡干品还是咸干品;是加工制品还是非加工制品等。对于质量要求的说明要详细具体,不可含糊其辞。

4. 特殊要求

对原料的特殊要求的说明,可依次列在备注上。比如,原料是国产货还是进口货,包装标记、代号、送货要求、其他服务等。

(二)《原料采购规格书》的几种具体形式

《原料采购规格书》有几种具体形式,如肉类、禽类、水产类、加工制品等。

1. 肉类采购规格书

要获得适用的肉类原料,在制订肉类规格书时,应着重明确以下几点:

原料的新鲜度。肉类的新鲜度主要可从外观、色泽、气味、弹性等方面来加以说明,新鲜肉与冷冻肉在质量要求上应有所区别。

原料的用料部位。用料部位的选择是否得当,直接影响到菜肴的质量和菜点成本的高低。因此,在制定规格时,应明确购买哪一部位的肉品。比如,是上五花还是中五花;是前猪蹄还是后猪蹄;带皮还是不带皮。只有说明清楚用料部位,才能避免进货不当的现象。

肉品的嫩度。要获得理想嫩度的肉,就必须注明肉的具体品种、育龄和性别。

因为这些因素与肉品的嫩度有很大关系。

肉品的脂肪含量。对于各种肉类来说,肌肉中所含的脂肪量高,其肉的质量越佳,尤其是牛、羊肉。而在购买猪肉时,则应考虑到肥膘的厚度。是选用不带肥膘的精瘦肉还是选用带少量肥膘的腿肉应标注清楚。

卫生状况。对于肉类的包装、运输途中的要求应加以说明。

对于包装的肉品,还应注明其生产厂家、商标及质量标准等。具体内容可见表4.1肉类采购规格书样本。

表 4.1　肉类采购规格书样本

品名	规格	质量说明	备注
猪背里脊肉	1.5～2千克/条	每条猪里脊肉不得超过规格范围、不得带有脂肪层、新鲜的或冻结良好的,无异味	送货时应予以低温冷冻
猪肋排	25千克/箱	带肋排骨,不带肥膘、奶脯。块形完整,不夹碎肉,净重与商标规定相符	送货时应予以低温冷冻

2. 禽类采购规格书

禽类的质量有肥瘦、老嫩、肉用型和非肉用型、新鲜和冰冻等区别。禽类的生长期与肥瘦老嫩有关。禽类的品种决定其含脂量、出肉量的多少以及鲜美程度,因此,在制定禽类规格书时,应对禽类的品种、新鲜度、购买形态、生长期、重量、包装等作详细要求。具体内容可见表4.2禽类采购规格书样本。

表 4.2　禽类采购规格书样本

品名	规格	质量说明	备注
箱装肉用鸡	1000～1250克/只	去头颈爪、内脏,并将肫、肝、心整理后装入腹腔内,冻结良好,外观白净无异味	运输时应低温
活老母鸡	1250～1500克/只	两眼有神,羽毛紧贴、不掉毛、叫声响亮、爪子细,2年半至3年生的散养老鸡(草鸡)	

3. 水产类采购规格书

水产类食品包括各种鱼类、虾类、贝类等。水产品的质量最重要的是新鲜度。因为水产品含水量多,组织细嫩,自身酶和外界细菌的侵蚀,极易使其变质而产生腥臭味,即使在冷藏温度下亦是如此。因此,新鲜度应作为水产品制定规格的重点。

水产品的上市形态有多种:鲜品、冷冻、罐装、干货。因此,制定规格书时应明确规定其品种、新鲜品的特点、上市状态、大小重量等。具体的内容详见表4.3水产品采购规格书样本。

4. 加工制品采购规格书

加工制品是指经过专营厂商加工后的各类食品原料。比如肉制品、蔬果制品、奶制品、调味品等。此类制品的上市形态有罐装、腌制、干货、冷冻等形态。在制定加工制品的采购规格书时，首先应了解所需加工制品的名称、商标名称、制品等级、食品的净重、大小重量、产品形态以及出厂日期和产地等。特别是对加工制品的等级标准，是经过专门的部门检验规定的，有国家标准（代号 GB），有部颁标准（代号 BB），还有企业自己的标准（代号 QB）。在制定规格书时，要弄清原料是否有级别标准，哪一级标准，然后在规格书中注明，以防假冒产品。所以，在制定加工制品的规格书时，应包括以下内容：产品名称、商标、级别、食品的净重、大小重量、比重和浓度、产品形态、出厂日期和产地等。具体内容见表 4.4 加工制品规格书样本。

表 4.3 水产品采购规格书样本

品名	规格	质量说明	备注
草鲫	300～350 克/条	鲜活	带水送货
青鱼	1.5～3 千克/条	新鲜，鳞片完整，腹不鼓胀，无异味	送货时低温冷冻
螃蟹	200～250 克/只	鲜活，阳澄湖大闸蟹，肉质坚实，壳硬，背青腹白	
甲鱼	500～550 克/只	鲜活，爬行利落、肥壮、腹部无红印、无针孔，禁止注射水	
黑鱼	1～1.5 千克/条	鲜活	

表 4.4 加工制品规格书样本

品名	规格	质量说明	备注
金华火腿	2.5～4 千克/只	特级，表皮黄亮、整齐、干爽，腿爪细、腿心饱满、油头小，无哈喇味	送货时防污染
番茄沙司	瓶装净重 397 克/瓶	梅林商标，上海梅林罐头厂出品，出厂期在 6～8 个月之内	

（三）《原料采购规格书》的作用

简言之，采购规格书的作用是订货的依据、购货的指南、供货的准则、验收的标准。具体而言，其作用有：

(1)便于原料统一规格，有利于菜点质量的稳定保持，亦有利于食品成本控制。

(2)向各个供应商分发采购规格书,便于供货商及供货单位及时了解餐饮企业对原料的质量要求,进行投标供货,使饭店有机会选择最优价格进货。

(3)可以提高工作效率,减少工作差错。可免去每次订货时向供货商或供货单位重复解释原料的质量要求与规格。

(4)便于对所采购的原料进行标准验收。

(5)可减少采购部与厨房之间的矛盾。

(6)当然,规格书亦可作为采购员、验收员、质量检验员的培训资料。

采购规格书是随着企业经营项目、经营要求、市场行情等方面变化而变化的,需要不断地改进和完善。

四、采购原料价格控制

采购价格控制是降低采购成本的重要途径之一,但由于采购价格受到多种因素影响,价格控制是整个采购管理中最难的环节。故对采购价格控制环节一定要完善制度,采取有效的控制方法。采购价格控制方法有:

(一)三方报价控制法

"三方报价"的方式控制采购,即在订货前,均需征询 3 个或 3 个以上供应单位交货价格,然后确定选用哪家供应单位的货品。其具体做法是:

(1)采购部门按照采购单的要求组织进货,签订订货单时,着手向有关供应单位询价并填制报价单,包括:①填写报价单中所需要的货品名称、规格、数量、包装、质量标准及交货时间,邮寄或送交供应单位(至少选择 3 个供应单位),要求供应单位填写价格并签名退回。②对于交通不便的外地供应单位,如果采购期限较短,可用电传或电话询价。用电话询价时,应把询价结果填在报价单上并记下报价人的姓名、职务等。③写个简单的报告,说明询价方式及其全部过程,并提出采购部门的选择意见和理由,连同报价单一起交给有权批准进货价格的负责人员。

(2)有权批准进货价格的人员(或采购审定小组)根据提供的有关报价资料,参考采购部的意见,对几个供应单位报来的货品价格以及质量、信誉等进行评估,圈定其中一家信誉好、质高价廉的供应单位。

(3)供应单位圈定后,由采购部门向其订货并签订订货单或订货合同。

用三方报价的方式圈定供应单位后,采购部门应将所定的价格汇总整理,打印成一式多份的"价格表",送交有关部门和人员作稽核价格和计算成本之用。

这种方式主要适用于不需要经常进货,贮存期较长的干货原料和物品,因为这些原料和物品有较长的进货时间可以供询价以及进行价格审核。对于每天需要进货的鲜活类食品原料,这种方法的手续过于频繁、周期较长,不太适应业务的需要。

这种方式的特点是审批价格的人员不直接与各供应单位打交道，而且审批价格的人员一般是餐饮企业高层管理人员，有利于防止与供应单位串通作弊的问题，也能够保证酒店的采购价格带有竞争性。

（二）定期定价控制法

原料价格常常有波动，特别是一些蔬菜、水果、海鲜水产类原料，有的甚至一天一变，变动幅度相当大，如活基围虾，由于天气原因飞机空运受到影响，造成市场缺货，昨天还是三四十元/斤，今天可能已猛涨至百余元/斤。

对价格波动大的原料如何定价？是随行就市一天一定，还是双方协商订一个长期不变的合同价？这两种方法恐怕实施起来都有一定难度。而定期定价法是上面两种方法的折中，采供双方经协商将价格波动较大的原料实施定期定价，对这些原料进行一周或十天或半个月一次的重新定价，在定价周期内，原料价格保持不变，这样既解决了一天一定的麻烦，亦解决了价格长期不变给双方造成的经营风险。

（三）重视大宗和贵重原料的价格控制力度

贵重原料和大宗原料其价格是影响餐饮成本的主体。因此有些企业对此规定：由餐饮部门提供使用情况的报告，采购部门提供各供货商的价格报告，具体向谁购买必须由企业管理层来决定。

（四）提高购货量和改变购货规格

根据需求情况，大批量采购可降低原料的价格，这也是控制采购价格的一种策略。另外，当某些食品原料的包装规格有大有小时，购买适用的大规格，也可降低单位价格。

（五）根据市场行情适时采购

当有些食品原料在市场上供过于求，价格十分低廉，且厨房日常用量又较大时，只要质量符合要求，可趁机购进储存，以备价格回升时使用。当应时原料刚上市时，预计价格可能会下跌，采购量应尽可能少一些，只要满足需要就行，等价格稳定时再添购。

（六）尽可能减少采购中间环节

绕开不必要的供货商，从批发商、生产商或种植者手中直接采购，往往可获得优惠的价格。现在有些餐饮企业与种养殖业者直接进行合作，甚至建设属于自己的农场或养殖场，以期获得更为丰厚的收益。

（七）加强价格监督

对采购价格实施监督有许多方法，如实地调查法和征求供货商投诉控制法等。

实地调查法是管理人员亲自到各原料市场询价，将询价结果与采购员当日采购的原料价格一一核对，寻找价格差异。这对采购员是一种无形的压力。征求供货商投诉控制法，是餐饮企业定期或随时收集和征求供应商对本企业采购、验收、结算付款等方面的意见，以便有效地防止采购员效率低下、营私舞弊等问题的一种外部监督方法。

五、采购数量控制

(一)影响采购数量的因素

食品原料每次采购量的多少受到许多因素的制约，概括起来有以下几个方面。

1. 企业经营需要和能力

企业经营业务量大，流动资金、库容量、冷藏冷冻设备条件允许，应相应增加每次的采购量；反之，则应减少采购批量。

2. 供货商信誉、供货能力和优惠条件

供货商信誉度高、供货能力强，又给予较好的优惠条件，如数量折扣大、供货商负责冷藏车送货等，可相应增加采购量；反之，则减少采购量。

3. 食品原料的品种和性质

(1)某些食品原料生产具有季节性和地域性。其采购批量应根据消费需求和价格变化实行分期采购。

(2)食品原料性质不同，其质量变化和保质期也不同，决定着采购批量的差异。对于需要每天进货的易腐性食品原料，如鲜肉、鲜蛋、水产品、鲜菜和鲜果等，尤其是保质期不超过 7 天的食品原料(按规定在包装上不标注保质期的食品原料)，应降低采购批量，提高采购频数。对于一般性的食品原料，如调味品、米面、食油、食糖、罐头和酒类等，可提高采购批量，减少采购频数。但是，必须注意包装上的生产日期，防止采购批量大，导致超过保质期而产生浪费损失的现象。

4. 费　用

费用包括采购费用和保管食品原料的能源消耗以及其他费用。应根据其费用率决定采购批量和频数。

可见，在保证企业经营业务需要的前提下，加强采购数量控制，能够合理利用资金，加速资金周转，有效地降低各种相关费用支出，保证食品原料品质，减少其损失和浪费。

六、采购程序和采购方式

(一)采购程序

餐饮采购程序大致上可分为一般原料物品采购程序和每日需要进货的鲜活类原料采购程序。有一些储存期较长的干货类食品原料,可以遵循一般原料采购程序进行操作。

1. 鲜活类原料采购程序

鲜活类原料主要指各种蔬菜、水果、鲜肉、鲜活水产等原料。这些原料用量大,贮存期限短,进货间隔也短,尤其是蔬菜、鲜肉、海鲜等食品原料几乎每天都要采购。因此,这些原料的采购有着自己的特点,它的控制程序是:

(1)厨房开列申购单。一般而言,厨房开列的第二天申购单要求在当天下午上班后的一定时限内尽快完成,如果等到晚上七八点钟下班时才开列申购单,将大大影响采购部的工作。各厨房分别填写各自的申购单,经各厨房主管签字后,由总厨及时汇总审核送餐饮部。

(2)餐饮部经理审核批准,尽快送交采购部。

(3)采购部接到申购单,应尽快布置和开展第二天的采购准备工作。其中由固定的供货商供货或送货的原料,应将原料品种、数量和质量等通过电话等尽快告之,如果供货商原料数量不足甚至断档,采购部应及时采取措施联系货源,而大多数原料都需要采购部第二天一早实地采购。

2. 其他食品原料的采购程序

这些原料包括:各种干货,如海参、干鱼翅、干竹笋;各种调料,如酱油、醋、盐、糖、味精等;以及各种米、面,各种酒水等。这些原料由于保质期长,往往多由仓库适量储存,每日向厨房发放。这些原料的采购程序是:

(1)仓库保管员填写申购单。仓库的原料达到订货点数量时,保管员应及时填写“申购单”。

(2)申购单经仓库主管签字后,并报餐饮部经理,批准确认送采购部。

(3)采购部接到申购单,迅速组织实施,或给供货商下单,或亲自实地采购,其中以前者为多。

(二)采购方式

理想的采购目标的实现,有赖于选择和使用合适的采购方式。采购方式多种多样,原料供应市场纷繁复杂,究竟采用何种采购方式并没有固定的模式。选择何种采购方式适宜,关键在于餐饮生产规模和业务要求,并应结合市场实际情况进行比较分析,从而选择适合本饭店厨房的最佳采购方式。下面介绍几种采购方式,并简要分析其特点,以供参考。

1. 实地采购

实地采购是餐饮业根据所需的原料及数量,直接到市场上进行选购。本地市场的实地采购,可以把库存降到最低,而且可以多方加以比较选择。因此,本地市场的实地采购尤其适合于以中餐为主的餐饮业,中餐馆的大部分鲜活类原料,都采用实地采购的方式进行采购。

实地采购的另一种形式,是到产地直接进行采购。到产地直接进行采购,虽然要支出更多的采购费用,但由于产地进货减少了许多环节,原料价格大大低于本地市场,因此产地直接采购对于大型的餐饮业,连锁业是非常适合的。北京、上海、杭州的一些大型餐饮企业,都直接前往广州、福建等地进行海鲜原料的产地实地采购,一般可以节省 1/3 的原料成本。

采用实地采购的方式,仍然要坚持货比三家的采购原则,同时要加强采购人员的业务素质培养和道德修养教育,才能更好地完成采购任务。

2. 合同采购

合同采购,即选择优良的供货商,与之签订一定期货的供货合同,以保证某些原料(特别是一些对餐饮企业来说是比较重要的原料)保质保量地稳定供给。合同采购对双方的关系和责任规定都较明确,有助于维护双方的利益。

3. 招标采购

招标采购是一种比较正规的采购方法,一般只有大型企业才使用。采购者把所需采购的原料物品名称及规格标准,以投标邀请的形式寄给各有关供货单位,供货单位接到邀请后即行投标,报出价格,亦以密封的文件形式寄回采购单位。一般来说,凡其原料能符合规格标准,其出价最低者中标。这种方法有利于采购单位选择最低的价格,但另一方面由于这种方法要求双方签订采购合同,因而又不利于采购单位在合同期间另行采购价格可能更低廉、质量更合适的原料。

4. 集中采购

许多餐饮集团或餐饮连锁公司往往成立原料配送中心,集中采购,统一为各下属成员配送原料。有的配送中心还将采购原料进行适当加工处理制成半成品后再进行配送。

集中采购的意义在于:第一,集中采购是一种大批量的采购,往往可以享受更优惠的价格,降低原料成本;第二,由于采购量大,许多供货商会不请自来,因此原料质量有更多的挑选余地;第三,集中采购统一了采购原料标准,有利于集团或连锁公司的所有下属成员的产品质量一致,这一点特别是对产品标准化要求极高的连锁公司具有战略意义;第四,集中采购减少了各下属成员采购者营私舞弊的机会。

集中采购亦有其不足之处,各下属成员不能按自己的特殊需求进行采购;各下属成员不得不放弃当地可能出现的更为物美价廉的原料。

值得注意的是,集中采购可能对一些餐饮集团有一定的负面影响。餐饮集团不同于餐饮连锁公司,大多数餐饮集团往往由不同档次、不同风味、不同规模的餐饮企业组合而成的,集中采购有可能使各下属餐饮企业菜单有雷同之虞,不利于各餐饮企业标新立异,不利于创造各自独特的风格。

5. 合作采购

合作采购是指两家以上的餐饮企业联合采购某些原料的采购形式。其主要优点是通过大批量采购,获得更优惠的价格。

餐饮集团和餐饮连锁公司通过集中采购降低了原料成本,从而可以推出更具市场竞争力的产品,各独立餐饮企业要与之抗衡,合作采购是一个值得关注的方法。

第二节 验收管理

原料验收是一个关键的环节,虽然我们对采购有严格要求,制订了采购原料规格书,实施了严格的采购程序,但仅有这些制度和要求是远远不够的,还必须加强验收管理,对采购原料的质量、数量、价格等进行严格监督控制。如果忽视原料验收工作或验收管理不完善,将可能出现采购员和供货商缺斤少两、以次充好、价格不符等现象;最严重的是导致采购员的腐败,采购员、供货商、验收员等相互勾结损害企业利益,这都将使餐饮企业成本控制受到严重威胁。所以,原料验收,是一个重要的监督环节,亦是餐饮企业成本控制的重要一环,餐饮企业应重视验收管理工作,不断完善验收管理制度和程序。

一、验收人员配备

验收人员一般从厨师、仓库保管员或成本核算员中进行选用,其中主要是从厨师中进行选择,对验收员的要求是:

(1)熟悉本企业原料采购的规格和标准,有丰富的原料专业知识,特别应具有鉴别原料品质的能力。

(2)熟悉验收使用的各种设备和工具,有较强的度、量、衡的核算能力。

(3)熟悉与验收有关的财务制度,懂得各种票据处理方法和程序,能加以正确处理。

(4)有良好的职业道德,忠于职守,秉公验收。

二、验收场地和设备

(一)验收场地要求

验收场地的大小、验收位置的好坏直接影响到货物交接验收的工作效率。理想的验收位置应当设在靠近贮藏室至货物进出较方便的地方,最好也能靠近厨房的加工场所。这样便于货物的搬运,缩短货物搬运的距离,也可减少工作的失误。验收要有足够的场地,还需一些验收设备工具,因此需要设有验收办公室。

(二)验收设备、工具的要求

验收处应配置合适的设备,供验收时使用。比如磅秤,就是最主要的设备之一,磅秤的大小可根据饭店正常进货量来定。验收既要有称大件物品的大磅秤,又要称小件、贵重物品的台秤和天平秤,各种秤都应定期校准,以保持精确度。

验收常用的工具有:开启罐头的开刀,开纸箱的尖刀、剪刀,以及铁皮切割刀,起货钩等;搬运货物的推车,盛装物品的网篮和箩筐、木箱等。这些验收工具既要保持清洁,又要安全保险。

三、验收方法

(一)验收基本方法

对原料质量的验收方法如下。

1. 数

凡是可数的原料,必须逐件清点,记录下正确的数量,如各种罐装、箱装、桶装、袋装、瓶装等规格性原料。

2. 称

凡是以重量计数的原料,必须逐件过秤,记录下正确的重量,如各种鲜活原料;罐头、袋装等规格原料亦必须抽样检查;如袋装盐可直接过秤,如是桶装竹笋应开盖去水过秤,以此检验其净料数量是否与包装标识的净料重量是否一致。

3. 望、闻、品、切法

对照原料规格书,检验原料质量是否符合要求,主要可用望、闻、品、切之法进行鉴别。望,即看,有些原料通过看就能判断原料是否新鲜,如看蔬菜的外观和色泽、看冰鲜鱼的鱼鳃等。闻,即通闻原料气味,如闻酱油的气味,闻食用油的气味等来判断原料是否纯正。品,即通过品尝某些原料进行鉴别,如一些调料、各种熟肉制品等进行品味后判断其品质优劣。切,即通过手摸的方法对有些原料,如各种干货等判断其干湿程度。另外,有些原料,如黑木耳、银耳等还需要经过泡发后加以进一步的鉴定。

4. 全部查验与抽检

在对原料质量与数量进行检验时,有的需要全部逐一地加以验收,如鱼翅、海参及各处鲜活原料;有的则只需按一定比例进行抽检,如各种同一品种规格的罐装、桶装、瓶装及袋装等原料。

现在,一些城市农贸市场和食品工厂实施绿色准入制度,专门配置设备对原料进行农药残留等有害物质检测,这非常好。一些餐饮企业为防止这类不良的原料进入,往往只是在选择供货商时加以关注,但餐饮企业用料的繁杂,进货渠道复杂,故难以有效全面控制。故建议有条件的餐饮企业学一学哪些农贸市场和食品工厂的做法。

(二)验收方法

各企业因经营性质和管理模式、管理要求的不同,验收的方法也各不相同。有些企业将食品原料验收的职权全部交给厨房管理者负责,由主管厨师长来验收;也有的企业将直接进入厨房的原料交厨房管理者验收;而需进入仓库保藏的原料则交采购部的专职验收人员验收。无论交给谁验收,都必须根据验收的程序来进行,按验收的要求来验收。食品原料的验收通常采用下列两种验收方法。

1. 按供货发票验收

按供货发票验收,这是一种普遍的验收方法。验收人员根据供货发票和采购订单核对原料的数目、数量和价格,这种方法较方便快捷。但要注意的是,验收人员往往直接拿着发票对照货物,而不是去对照订购单,有时还可能图方便,而不去逐一过秤原料重量和仔细检查原料的质量。因此,采用这种验收方法,应加强监督职能。

2. 填单验收

填单验收是企业控制验收的一种方式。企业有自制验收空白凭单,验收人员在验收时,按物品的名称、重量、数量、价格等逐一填入凭单中,然后再与供货发票相对照。这种方法可减少差错,但较费工夫。

根据实收物品名称、型号、规格、单位、单价、数量、金额填写验收单一式四份:一份交库房记账,一份交成本会计,一份交采购员保存,一份自存留底。

四、验收程序

(一)根据申购单检查进货

核实收受项目是否与申购单相符,凡未办订购的手续不予受理。核对食品质量是否符合规定的质量标准。对有怀疑的食品应请厨师长来判断。

(二)根据发票检查进货

凡发票与实物名称、型号、规格、数量、质量不相符的不验收。发票与数量不符,但名称、型号、规格、质量相符的可按实际数量验收。如果由于某些原因,发票未随货物一起送到,可开具企业制备的备忘清单,注明实收数量,并在正式发票送到前可暂以此据充抵。

(三)验收并受理货品

验收数量。按单据所列单位,严格计量验收,确保准确无误。

检查质量。多数物资凭感官鉴别,购进物品已损坏的不收,食品原料和调味料不鲜不收、味道不正不收。

检查包装物。基本要求是一般性货物少验、贵重易碎品多验;包装完整的少验,包装破损的多验;本地产品少验,外地产品多验;易受潮变质的多验;混装物品全验,以保证入库货物准确无误。

凡自行采购而又未送交验货者查验的货物,概不负责。但因应急而经上级批准者例外。

(四)送库储存

验收后的物品需及时送入库内存放。食品入库有专门人员搬运。入库食品应做上标签,以利于盘点和了解库存周转情况。

(五)填写有关报表

填写验收报表,用作进货的控制依据。验收货物完毕,应在送货发票上签字或验签发票收讫章。验收单包括收货日期、数量、价格、总金额、验收等项,加盖印记后验收员再填写签名,以保证购货发票不发生重复付款的差错。

五、验收控制

验收工作虽然由验收人员来完成,但作为负责餐饮产品质量控制的部门经理和厨师长,应不定期地对验收工作进行督导,以便于验收工作能符合管理的目标。

为了避免验收工作出现问题,经营管理者应做到以下几点:

(1)指定专人负责验收工作,不能谁有空谁来验收。

(2)验收工作应与采购工作分开,不能由同一个人担任。

(3)对于兼做其他工作的验收员,验收时间应与其他工作时间分开。

(4)验收要在指定的验收处进行。

(5)货物一经验收,应立即入库或进入厨房,不可在验收处停留太久,以防失窃。

(6)尽量减少验收处进出人员,以保证验收工作的顺利进行。

(7)发现进货的原料有质量问题,应督促验收人员退货。凡具有下列情况的应退货:

冷冻食品。检查在纸箱内有无溶化、液体或冻水的迹象,冷冻食品是否结有大的冰块。如有上述现象,应退货。

冻鱼、海产品。如发现鱼已化开或化开后又重新冻结的,应退货。重新冻结的鱼,肉质松软、有酸味、着色不正、包装纸是潮的、发粘而褪色、纸箱底部有冰块等。

家禽肉如发粘、着色不正、有异味应退货。质量好的牛肉,切开时着色鲜红,不新鲜的牛肉呈暗色。

鸡鸭。不新鲜的是翅尖上发暗色、颈脖周围发绿或全身发绿。有此现象应退货。

乳制食品过有效期应退货。盛装黄油、奶酪的包装残破或肮脏、着色不符合标准,应退货。

罐装食品。凡有锈斑、凹鼓的或有小孔的都是受到污染的迹象,有些罐头打开后有异味、着色不正,厨房不应扔掉,可留下退货退款。

干货。着色不正或有异味,包装有破的,有洞口或有裂口,均应退货。

对于一些蔬菜、水果、禽类等,也应注重新鲜,具有固定的着色、质感和气味。对鲜活的家禽、水产品等原料凡发现有灌水、灌沙、灌其他物料的均应退货。

第三节 仓库及原料发放管理

餐饮库存的目的是为了生产和销售活动能均衡地、不间断地正常进行,没有库存企业就无法顺利生产和销售。但是,库存又必须占用资金,支出费用,增加销售成本,从而减少企业盈利。餐饮工作要实现最低的成本、最快的周转速度、最佳的经济效益,使宾客的需求得到充分满足,必须拟定合理的库存量,并对库存进行有效的控制管理。

一、仓库管理的基本要求

(1)保证所有库存物资数量和质量完好无损,自然损耗率控制在规定范围之内。

(2)保证库存物资数量与库存卡片余数相符、卡片余数与分类账余数相符、分类账余数与总账余数相符。

(3)库存物资分类码放、整齐清洁、井井有条,以便于收发、检验和盘点。

(4)制定有效的防火、防盗、防潮、防虫蛀、防鼠咬、防霉坏的安全措施。

(5)建立完备的物资验收、领用发放、清仓盘点制度和清洁卫生制度。

(6)掌握各类物资日常使用量和消耗动态,合理控制库存量,减少资金占用,加速资金流动。

(7)物资积压要及时报告,尽快处理。

二、各类原料仓库环境要求

原料仓库主要有:按贮存原料的不同来分可分为食品库、酒水库、烟草库等;按贮存条件来分可分为干藏库、冷藏库和冷冻库。我们这里主要以后一种分类进行讨论。

干藏库房主要贮藏的原料有:米、面、豆类、粉条等主食原料;食用油、酱油、醋、盐、味精、花椒、干辣椒及各种香料等;干鱼翅、干海参、干果、脱水蔬菜等干制原料;各种罐装、瓶装的鲜竹笋、水果制品等。

冷藏库房主要贮藏的原料有:新鲜的鱼、肉、禽类原料;蛋类、乳制品类、加工后的半成品或成品,如糕点、冷菜、熟食品、剩菜等;部分新鲜的蔬菜和水果;一些需降温饮用的饮料、啤酒等。

冷冻库房主要贮藏两类原料:一是需长时间贮存的冻肉、冻鱼、冻禽等;一是已加工好的半成品或成品。

几乎所有食品原料对温度、湿度和光线的变化都十分敏感。不同的食品原料在同一种温度、湿度、光线条件之下的敏感程度又不一样。因此,不同的食品原料应放于不同的贮藏库之内,并给予不同的温度、湿度及光线条件,使食品、饮料始终处于最佳待用状态。

(一)温度要求

1. 干藏库

最好控制在10℃左右,当然15～22℃也是普遍被接受的温度。

2. 冷藏库

冷藏的主要作用是防止细菌生长。细菌通常在10～50℃繁殖最快，因此，所有冷藏食品都必须保存在10℃以下的冷藏间里。

由于食品的类别不同，就有存放对象不同的冷藏间，其对应的冷藏温度也各异。

肉类的冷藏温度应在0～2℃；水果和蔬菜冷藏温度应在2～4℃；乳制品冷藏温度为0～2℃；鱼的最佳冷藏温度应在0℃左右。存放多种食品的冷藏库只能采用折中方案，将温度平均调节在2～4℃。

3. 冷冻库

冷冻库的温度一般须保持在－18～－24℃。

表4.5给出了常用食品原料最合适的贮藏温度表。

表4.5 常用食品原料的贮藏温度表

贮藏库域	食品名称	适用的温度
干藏库	干货食品原料	10～22℃
	米面类	10～22℃
	烈酒类	10～22℃
	果酒	10～22℃
	啤酒	10～22℃
	矿泉水	10～22℃
冷藏库	肉类	0～2℃
	水产品（主要为海产品）0～2℃	
	禽	0～2℃
	乳制品	0～2℃
	黄油和鸡蛋	0～2℃
	新鲜水果和蔬菜	2～3℃
	熟食	2～4℃
	啤酒和矿泉水（备服务时用）	3～5℃
冷冻库	所有需冷冻的食品	－18～－24℃

（二）湿度要求

食品原料仓库的湿度也会影响食品存储时间的长短和质量的高低。不同的食品原料对湿度的要求是不一样的。

1. 干藏库

干藏食品库的相对湿度应控制在50%～60%;如果是贮藏米面等食品的仓库,其相对湿度应该再低一些。

如果干藏库的相对湿度过高,就应安装去湿干燥装置;相对湿度过低,空气太干燥,应使用湿润器或在库内泼水。

2. 冷藏库

水果和蔬菜冷藏库的湿度应在85%～95%;肉类、乳制品及混合冷藏库的湿度应保持在75%～85%。

相对湿度较高,食品会变得黏滑,助长细菌生长,加速食品变质;相对湿度较低,会引起食品干黏,可在食品上加盖湿布,或直接在食品上泼水。

3. 冷冻库

冷冻库应保持高湿度,否则干冷空气会从食品中吸收水分。冷冻食品应用防潮湿或防蒸发的材料包好,防止食品失去水分及脂肪变质发臭。

(三)光线要求

所有食品仓库均应避免阳光的直射。仓库的玻璃窗应使用毛玻璃。在选用人工照明时,应尽可能挑选冷光灯,以免由于电灯光热,使仓库的室内温度升高。

另外,贮藏仓库应保持空气流通。干藏室最好每小时换4次空气。冷藏间和冷冻室的食品不要靠墙存放,也不要直接放在地板上或堆放到天棚,以利于空气流通。

三、科学合理的存放方法

科学合理的存放方法有事半功倍之效。这些方法如下。

(一)定位贮存

实行定位贮存,目前应用较广泛的是分区分类货位编号法。这种方法是根据食品原料大类、贮存量和出入库频数的不同,把仓库划分为若干贮存区,在大类贮存区再细分小类区域,最后按原料品种、规格、品牌等进行货位编号定位。例如,干货库存放调味品生抽王的货位编号为1－02－1203,其中:左起1表示调味品贮存区,02区表示酱油类,1203表示第一排货架的第二层格位的第三行。

实践证明,实行分区货位编号法是保管好在库原料的有效方法。它不仅有利于正确安排原料的贮存位置,而且对提高出入库的速度,加强对原料的养护,确保原料质量,实现账货相符和有利于盘点等方面都有重要作用。

(二)堆　码

食品原料,应当根据原料的种类、性质、规格、包装、体积、重量和存放场所及不同季节采取不同的堆码方法。常见的方法是：

1. 散堆法

散堆法是一种食品原料无包装的堆放方法。

2. 码垛法

码垛法是一种适用于包装规范的箱、盒、罐、瓶的堆码方法。

3. 货架堆码法

货架堆码法适用于原料体积和重量小、包装规范的堆码方法。对于原料的体积和重量大小、包装不规范难以用堆码方法的，可采用堆放形式或用容器盛放后堆码形式。

食品原料堆码时，不宜直接接触地面、仓壁、仓顶棚和离窗很近存放，可采用垫仓板与地面隔离，高度为 15～20cm，与仓壁保持 5～10cm 间距，与仓项棚保持 10～20cm 间距，以保证空气循环的畅通。为有利于原料出入库操作，可留有 80～90cm 的通道。

四、各类仓库管理要点

(一)干藏库管理要点

(1)干藏库应该安装性能良好的温度计和湿度计，并定时检查仓库温度、湿度是否适宜，防止仓库温度、湿度指标超过许可范围。

(2)每一种原料必须有其固定的存放位置，任何原料的贮存应至少离地面 25cm，离墙壁 5cm。

(3)入库原料须在其包装上注明进货日期，以利于按照先进先出的原则进行发放，保证食品质量。

(4)仓库应定期进行清扫，消毒，预防和杜绝虫害、鼠害。

(5)塑料桶或罐装原料应带盖密封，箱装、袋装原料应存放在带轮垫板上，以利挪动和搬运。玻璃器皿盛装的原料应避免阳光直接照射。

(6)尽量控制有权进入仓库的人员数量。职工的私人物品一律不准放在仓库内。仓库人员不在职时，仓库应另外加锁以防外人进入，备用钥匙应用纸袋密封，存放在经理办公室，以备急用之需。

(二)冷藏库管理要点

(1)冷藏前仔细检查每一食品原料，不要让已经变质或者不洁原料送入冷藏库或冷藏箱。

(2)需冷藏的原料，应尽快冷藏，尽量减少耽搁时间。

(3)冷藏设备的底部及靠近冷却管道的地方一般温度最低,这些地方应留给乳制品、肉类、禽类、水产类食品原料。

(4)冷藏设备主要用于贮存容易腐败变质的原料。因此,一些热带水果(如香蕉、菠萝、木瓜)及有些蔬菜和块茎类果实(如西红柿、马铃薯、洋葱、南瓜、茄子)等都无需冷藏,其贮藏温度可在16～20℃。

(5)冷藏时应拆除鱼、肉、禽类等原料的外层包装,因原包装物上往往沾有污泥及致病细菌。但经过加工的食品如奶油、奶酪等,应连同原包装一起冷藏,以免发生食品干缩、变色的现象。

(6)已经加工的食品和剩余食物应密封冷藏,以免受冷干缩和沾染其他食物的气味,并防止滴水或异物混入。

(7)有强烈特殊气味的食物,应冷藏在密封的容器中,以免影响其他食物。

(8)冷藏温热的熟食,应使用浅底、口大的容器,避免使用深底、口小的桶状容器,以利其迅速散热。一般情况下,应在水中先行冷却,然后再行冷藏。

(9)重视冷藏库、冷藏箱的卫生,应制订清扫规程,定期打扫。

(三)冷冻库管理方法

(1)把好进货验收关,坚持冷冻食品在验收时必须处在冰冻状态,避免将已经解冻的食物送入冷冻库。

(2)冷冻食物温度应保持在零下18℃以下,冷冻库的温度越低,温差变化越小,食品贮存期及食品质量就越能得到保证。

(3)冷冻贮藏的食品原料,特别是肉类,应该用抗挥发性的材料包装,以免原料过多地失去水分引起变色、变质。因而冷冻库内的相对湿度要尽可能高。

(4)冷冻食物一经解冻,尤其是鱼、肉、禽类原料,应尽快烹制,否则,由于温度回升,容易引起细菌快速繁殖生长。

(5)冷冻食物一经解冻,不得再次冷冻贮藏,否则,食物内复苏了的微生物会引起食物腐烂变质,而且再次冷冻会破坏食物内部组织结构,影响外观、营养成分及食物香味。

(6)有些冷冻食物,主要是蔬菜,可直接烹烧,不需经过解冻,而且反而有利于其外形和色泽的保持。大块肉类,必须先行解冻,一般应放置在冷藏室内进行,切忌在室温下解冻,以免引起细菌、微生物急速繁殖。如果迫于时间,则应将肉块用洁净塑料袋盛装,密封置于自来水池中,用自来水冲洗,以助解冻。

(7)不得将原料堆放在地面上或紧靠墙壁,从而妨碍库内空气循环,影响贮藏质量。

(8)坚持先进先出的原则,所有原料必须注明入库日期及价格,并经营挪动贮藏的食品原料，防止某些原料贮藏过久，造成浪费。

五、仓库盘点

对仓库贮存的食品原料进行盘点是仓库管理的一项重要工作。它有利于保证账货卡相符，纠正入库验收发放中发生的差错；有利于保管员熟悉库存物品，及时发现贮存中原料的质量变化、短缺和丢失等问题，调整养护措施和对问题的处理；有助于核查库存额和食品原料消耗，进行成本核算。因此，饭店必须重视库存盘点工作。

库存盘点按目的和要求不同，可分为日常盘点、定期盘点和临时盘点三种方式。

（一）日常盘点

日常盘点是一种经常性随时盘点，是保证库存原料账货相符的基本方法。日常盘点主要是原料验收入库后和发放后，核对账、卡、货的库存量；保管员在进行养护时或对原料堆放整理与倒垛过程中，核对卡货的库存量；保管员在仓库巡回检查中，对发现的异常情况所进行的核查。

（二）定期盘点

定期盘点是指每月对库存原料进行全面的盘点。盘点前应明确要求，做好充分准备工作。盘点时至少应有两人共同作业，为防止遗漏，要按分区货位编号对每种原料进行清点，以货对卡，以卡对账，使货、卡、账相符；对不相符的，逐批做好记录。对以小包计数的原料，应逐个清点。对有定量包装的原料，没有开封包装的，可只清点件数计量；对已开封包装的，应进行计量后记录核对。对无定量包装和散装的原料，只要货垛尚无动用，可按原计量凭证作货、卡、账相符处理；若货垛已动用，应视情况进行合理计量，有异议的应准确计量，核查货账是否相符。

月末盘点不仅是实际库存量的盘点，还应计算出月末实际库存额，为编制餐饮成本月报和营业分析表提出依据。由于报告期内某些食品价格发生变化，究竟以哪个单价来计算原料和实际库存额，将会对库存总额产生影响，进而影响食品成本额和营业分析。对于报告期原料价格发生变化，计算原料实际库存额的计价方法，有多种方法可供选择，如实际进货计价法、期初计价法、期末计价法、简单算术平均数计价法、加权平均数计价法等。其计价方法要以财务部门的规定为准，应真实反映实际库存额，保持计价方法的统一性和可比性。

库存原料盘点完后，由仓库账务员及时填送库存盘点报告表，并以实际库存额为准，对账卡库存额进行对照，其差额在规定的1%范围内，则按规定办法处理；若差额超出规定的1%范围，则应分析原因，报告经理处理。

(三)临时盘点

临时盘点是由于某种原因,如保管员工作调动,为了进行工作交接;仓库收发业务发生差错或责任事故;某种特殊需要等所进行的临时性库存量(额)盘点。临时盘点的原因不同,可对部分原料盘点或全面盘点,其盘点作业如同定期盘点。

六、原料申领与发放管理

申领是食品原料需用部门向仓库申请领用所需的原料。发放是仓库根据原料申请部门填具的领料单发放原料。申领和发放是餐饮管理的重要环节,组织好食品原料的申领和发放工作,对组织餐饮食品的生产和成本控制具有重要的意义。

(一)申领和发放

(1)根据食品原料的性质和部门的需要,可实行直接发料和仓库发料。仓库发料原则上应实行定时发料为宜。

(2)厨房、餐厅、酒吧等原料所需部门,必须指定专人负责审批和申领本部门需用的原料,防止多头审批和多头重复领用。

(3)申领部门一律填写正式的领料单申领,仓库凭借正式的领料单发放,“白条”均不得作为申领和发放的凭证。

领料单的内容包括原料名称、规格、计量单位、数量、单价、金额、用途、日期、领料人和审批人等。

一般领料单一式三联,其中一联留仓库作出库凭证,一联由领料部门领料后留存,一联转财务部汇总原料消耗额。领料单要求字迹清楚,不得随意涂改。

仓库账务员核验领料单无误后,交保管员付货。保管员通过理单、验单、销卡、计数付货、领料单和出库凭证的签单等程序,完成发料作业。

(4)领料人领料前准备好盛器和手推车等用品;保管员做好发料的准备工作。领料和发料应当面交接清楚,双方在领料单和出库凭证上签章。交接后领料人应将申领的原料取走,不得在仓库内留存。

仓库无论是采用先记账后付货或先付货后记账的作业方式,都应及时、准确、迅速发料,并确保货、卡、账相符。

(二)直接发料

餐饮生产加工需要的某些鲜活原料,如鲜肉、活禽、海鲜品、蔬菜等,验收人员验收合格后不入库贮存,而直接通知需用部门办理申领,这种发料方式称之为直接发料。

直接发料至各部门的食品原料作为当日消耗,计入当日食品成本中。实际上直接发料至各个部门的食品原料并不一定当天消耗完,可能两三天后才能用完,但却计入领料部门当天的食品成本。从静态来看,这样做会不切实际地增加部门当天食品成本。从动态分析看,由于正常的餐饮经营的连续性,所领用的原料每天基本是均衡的,其原料消耗也同上述情况一致,计入领料部门的当日食品成本,就基本上反映了原料消耗的真实情况。但是,对于大型宴会来说,由于宴会前往往要有几天的准备时间,因此宴会日期应在领料单上注明,以便正确核算宴会的食品成本。

(三)仓库发料

采购的食品原料验收入库后,再由仓库根据领用部门的领料单发放,这种发料方式称之仓库发料。

验收入库后的食品原料,其价值计入库存原料项目中,而不直接计入食品成本。只有当领用部门申领、仓库发料时,才作为原料消耗计入当天领料部门的食品成本。因此,要求仓库发料必须准确记录,以便进行成本核算。

实践中仓库根据原料领用部门的领料单填制"仓库发料日报表",再根据"仓库发料日报表"汇总月仓库发料总额和部门的仓库领料额。"仓库发料日报表"主要内容有原料名称、规格、计量单位、数量、单价、金额、日期、领用部门和领料单号等。

(四)部门间原料调拨

由于餐饮经营需要,饭店内部的餐厅、酒吧或员工食堂经常发生食品原料的相互调拨。为准确核算各部门的食品成本,常使用"食品原料内部调拨单"记录部门之间原料调拨的时间、品名、数量、单价、金额等内容。其调拨单一式四份,调入和调出部门、财务部门、仓库各一份,以便各个部门正确统计实际原料消耗,核算部门食品成本。

思考题四

1. 对采购员的素质有哪些要求?
2. 如何选择供货商?
3. 如何控制原料质量?
4. 如何控制原料采购价格?
5. 采购的程序和方式?
6. 验收程序是什么?
7. 各类原料仓库管理要点是什么?
8. 怎样申领和发放食品原料?

第五章

厨房管理

第一节 厨房配备和布局

一、厨房面积配备

厨房面积大小直接影响工作效率和工作质量，适当的厨房面积非常必要。面积过小，会使厨房拥挤和闷热，不仅影响工作速度，而且还会影响员工的工作情绪。另外，在这样的环境中烹制的菜点，卫生质量亦令人担忧。面积过大，员工工作时的行走路线就会增加，既浪费时间又耗费精力，同时还会增加清扫、照明、维护等费用。

中西式厨房的面积配备，在理论与实践两方面差异都很大。理论上看，中式厨房与西式厨房相比，不管是在厨房与餐饮总面积的比例，还是单个厨房的面积大小上看都应该有较大的面积。其原因如下。

(一)原料加工程度不同

发达国家对食品原料的加工已实现社会化，如猪、牛等各按不同部位及用途作了精细、准确、标准的分割，按质、按需定价；而国内的原料加工仍是简单分割、规格不准、分量不实，或以整片、整只出售，需饭店作重复过细的加工。

（二）供应菜肴品种的差异

中餐中有许多菜肴制作工艺复杂，如鱼翅、海参的涨发需要多道工序、多种设备的处理，故中餐厨房面积应大于西餐厨房。

（三）设备的先进程度与空间的利用率

中餐厨房设备技术水平及空间利用率上都不及西餐厨房。

（四）社会的发展进程与社会观念

虽然按上述四条分析，从理论实践角度看，中餐厨房的设计面积应大于西餐厨房，但由于中西方社会发展进程上的差异，带来了社会观念上的不同，也带来厨房面积分配比例上的不同。现代西方文明已普遍认同了宽敞、舒适的工作条件，能批量生产出优质的产品，因而西方国家的厨房设计在面积、温度、照明等方面同餐厅完全相匹配。

确定厨房面积的方法一般有两种：

一是以餐厅就餐人数参数来确定，详见表5.1。使用这种方法，通常就餐规模越大，就餐的人均所需厨房面积就越小，这主要是因为小型厨房的辅助间和过道等所占的面积不可能按比例缩得太小。

表5.1　厨房面积规格

厨房供餐人数（人）	平均每位用餐者所需的厨房面积（平方米）
100	0.697
250	0.48
500	0.46
750	0.37
1000	0.348
1500	0.309
2000	0.279

二是按餐厅或餐饮面积作为依据，来确定与它们之间的面积比例。通常，厨房除去辅助间之外，其面积应是餐厅面积的40%～50%，占餐饮总面积的21%左右，详见表5.2。

表 5.2　餐饮部门面积比例表

部门名称	所占比例(%)
餐饮总面积	100
餐厅	50
厨房	21
客用设施	7.5
仓库	10
清洗	6.5
员工设施	3
办公室	2

二、厨房布局

厨房布局有两种情况：一是厨房在整个餐饮业建筑和生产销售流程中的位置；二是各厨房内部作业和设备的布局。

(一)厨房在餐饮企业整体布局中的基本要求

1. 厨房与原料验收区、食品仓库安排要紧凑

三者安排紧凑，有利于采购原料经验收后能迅速进入仓库保存或进入厨房加工烹制，也方便各厨房从仓库领料。这些都有利于减轻厨师劳动强度，提高工作效率；也有利于防止由于三者距离过大而造成原料在搬运过程中的损坏甚至丢失。

2. 各厨房应安排紧凑

一个餐饮企业可能只有一个综合性的厨房，亦可能是热菜厨房、冷菜厨房、面点厨房等分置的松散型厨房。对于综合性厨房，厨房的各个功能都集中在了一起，故不存在是否安排紧凑的问题。对于松散型厨房，一定要注意将热菜、冷菜、面点三类厨房要集中紧凑，切不可一个楼上一个楼下。因为这三者出菜时需要紧密配合，而且也有利于互相调剂原料，有利于设备共用，以减少设备重复添置和占用空间。另外，作为厨房附属的粗加工间和洗碗间亦应靠近这三类厨房，便于厨师搬运餐具和领取粗加工间处理的原料，减轻厨师劳动强度，有利于提高工作效率。

3. 厨房与餐厅应尽量安排在同一楼层

厨房应尽可能靠近餐厅。厨房与餐厅的关系是非常密切的，在餐厅用餐的客人希望能尽快地吃到自己挑选的餐食，希望餐厅厨房工作效率高。厨房为了保证餐食质量，希望生产的食品能尽快地被消费掉，厨房与餐厅靠的近，可以使刚生产

的食品马上送到客人面前。餐厅与厨房间每日的食品与盘碟进出批量都很大。厨房与餐厅靠近可以缩短两者的距离,提高工作效率。

以上我们都强调了厨房与其他设施之间,厨房与厨房之间的位置设计要力求紧凑,都可以减少厨师和服务员的劳动强度,提高工作效率;有利于垃圾的集中清运;有利于管理者集中控制和督导。

4. 兼顾厨房的促销功能

厨房虽然是餐饮后台,若设计独具匠心、巧妙得体,不仅可以美化活跃餐厅气氛,也可以推动厨房产品的销售。鲜活水产,售价不菲。若将活养池置于餐厅与厨房相连处,正面可供就餐宾客观赏、选点,背面方便取捞作业,不仅美化了餐饮环境,而且可以刺激客人的消费欲望。当服务人员以规范优美的动作,向客人展示所点的活养水产品时,将对餐厅的消费产生导向效应。同样,色泽诱人、香气四溢的各类烧烤制品,布置于明档,由衣着整洁、动作娴熟的厨师操作,无疑也将起到美化餐饮环境和引导消费的作用。对这样的厨房,不仅要精心设计、精细施工,并要配备增氧、恒温、换水设施,保证相关餐厅及厨房美观大方、卫生整洁。

(二)中式厨房内部布局示例

1. 综合性厨房布局(见图 5.1)

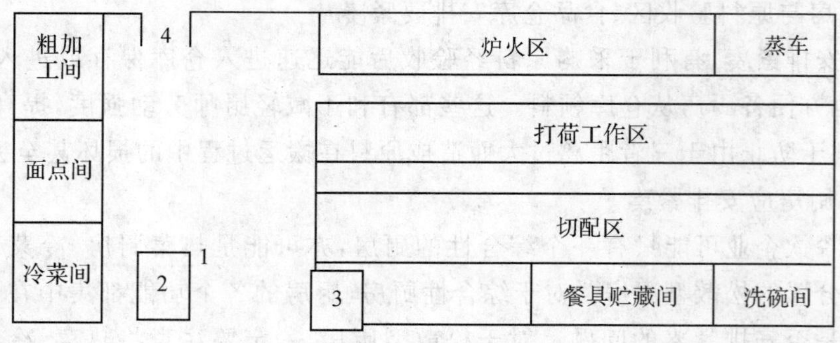

图 5.1 综合性厨房布局示例

1-出菜口;2、3-划菜桌;4-后门

2. 热菜厨房布局(见图 5.2)

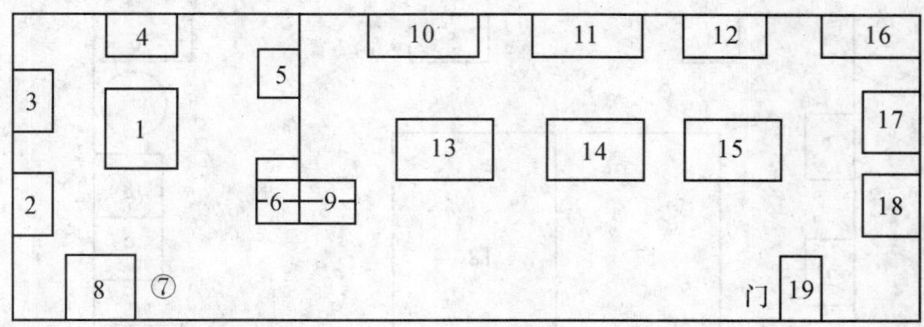

图 5.2　热菜厨房布局示例

1-大工作台(即大桌子);2、3、4-双人切配工作台;5-冰箱、冰柜;6-三眼水槽;7-垃圾桶;8-货架;9-双眼水槽;10、11、12-双眼炉灶与料车;13、14、15-打荷工作台;16-蒸车;17-地汤灶;18 煲仔炉;19 划菜台

3. 冷菜厨房布局(见图 5.3)

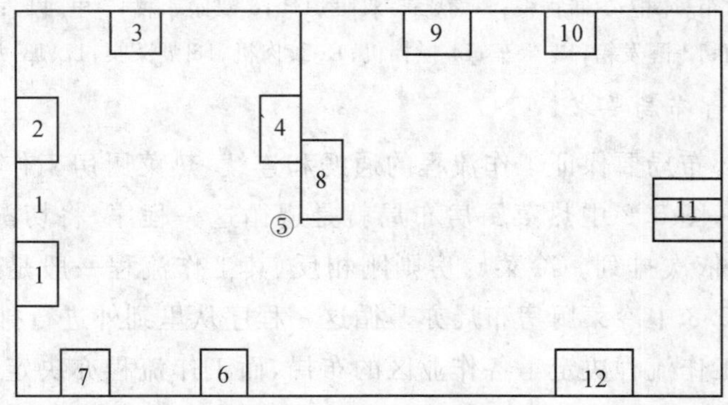

图 5.3　冷菜厨房布局示例

1、2、4、8-双从切配工作台上台;3-货架、储物柜;5-垃圾桶;6-微波炉;7-划菜桌;9-地汤灶;10-双眼炉灶;11-三眼水槽;12-冰箱、冰柜

4. 面点厨房布局(见图 5.4)

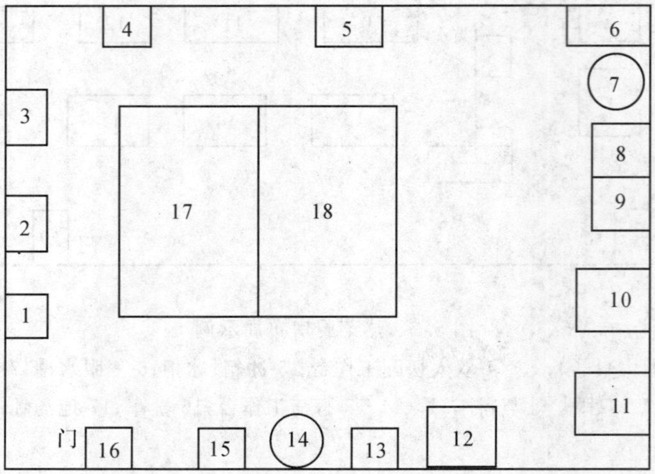

图 5.4 面点厨房布局示例

1-微波炉;2-冰箱、冰柜;3-储物柜;4-蒸灶;5-双眼炉灶;6-双眼水槽;7-电饼铛;8-轧面机;9-和面机;10-面车;11-烤箱;12-醒发箱;13-米车;14-搅拌机;15-绞肉机;16-划菜桌;17、18-大面案

(三)厨房内部布局要求

(1)厨房内部布局要保证工作流程的通畅和连续,热菜厨房工作流程主要从切配→烹制→出菜,图 5.2 中热菜厨房布局就是遵循这一程序,将切配间、烹饪间和划菜等从里到外依次排列。冷菜厨房则刚相反,其工作流程一般是从烹制→切配装盘→出菜,图 5.3 中冷菜厨房布局亦遵循这一程序从里到外进行排列。

从上可知,工作流程决定了各作业区的布局,而工作流程亦决定设备的摆放位置。如做面条,需要有面粉、和面机和轧面机,先和面,后轧面,为遵循这一工作程序,图 5.4 将面车、和面机和轧面机依次摆在了一起。

重视作业区的科学布局和设备的正确摆放,有利于提高工作效率。这一点,平时可能并不能显示出它的优点,但一旦生意火爆,厨房工作量大增之时就能充分显现出来。

(2)厨房内部布局要保证主通道的宽敞和安全,厨房特别是热菜厨房和综合性厨房,其主要通道必须宽敞。因为主通道主要是厨房内菜点运输的通道,如图 5.1 所示,打荷工作区与切配工作区之间的通道,面点冷菜厨房与热菜工作区之间的通道,以及图 5.2 中打荷工作台与南墙之间的通道就是主通道。如果主通道太窄,打荷员在打荷工作台与划菜桌之间忙于运输菜点,相互碰撞难免发生,从而造成安全隐患。而如果打荷员送菜时一个个谨慎小心，又必将影响出菜的速度。故从安全和效率两方面来看，主通道必须宽敞。

(3)厨房内部布局各个工作流程线之间要谐调，在厨房中特别是综合性厨房中，有许多工作流程路线，如原料进入粗加工间，从粗加工间取料，切配好的原料送入打荷工作台，成品从打荷工作台到划菜桌，撤台后餐具送入洗碗间等，这些工作路线要尽量避免交叉、回流、重复等现象。以免影响工作效率，造成安全隐患。如图 5.1 所示，如果将粗加工间和冷菜厨房调换位置，则出现回流现象；如果将面点、冷菜厨房设置在热菜作业区的东边，由于它们之间的工作路线的重叠，必将导致主通道的拥挤。

而各厨房各种设备摆放不科学也必将导致员工工作路线的频繁交叉，从而影响工作效率。

三、厨房环境设计

厨房设计除了厨房面积配备、厨房布局之外，还要重视厨房环境设计。环境设计主要包括厨房高度、墙壁、地面、门窗、排水系统、照明、温度控制与噪音控制等。

(一)厨房高度

厨房应有适当高度。如厨房高度不够，会使厨房的生产人员有一种压抑感，也不利于通风透气，并容易导致厨房内温度增高。反之，厨房过高，造价高，费用大，卫生难搞。根据工程学要求，根据厨房生产的经验，厨房的高度大约以 3.2～3.8 米为宜。

(二)厨房墙壁

厨房的墙壁应力求平整光洁，无裂缝凹陷，墙面处理最好用瓷砖贴面。根据旅游饭店星级评定要求，三星级以上饭店的厨房墙面必须全部用瓷砖从墙脚贴至天花板。这样处理过的墙壁，一是便于清洁卫生，二是美观实用，三是防止灰尘污染。如果用石灰、涂料刷墙，由于厨房湿度高，易造成石灰、涂料的剥落，因而会造成食品的污染，也不利于环境卫生。

(三)厨房顶部

厨房的顶部处理可采用耐火、防潮、防水滴的石棉纤维材料进行吊顶处理，最好不要使用涂料。天花板也应力求平整，不应有裂缝。暴露的管道、电线要尽量掩盖掉，因为顶部裂缝中易落下灰尘，管道和电线上最容易积污积尘，甚至滋生虫害，不利于清洁卫生。吊顶时要考虑到排风设备的安装，留出适当的位置，防止重复劳动和材料消费。

(四)厨房地面

厨房地面通常要求使用耐磨、耐重压、耐高温、耐腐蚀、不积水、不掉色、不滑、易于清扫的防滑地砖。过去厨房的地面常用马赛克铺地或水磨地。这种地面有一定的优点,但由于遇油遇水打滑,再加上质地太硬,易使人感觉疲劳。现代厨房已基本上淘汰了上述两种材料,大多改用无釉防滑地砖、硬质丙烯酸砖等材料。地面的颜色不能有强烈的对比色花纹,也不能过于鲜艳,否则易使厨房人员感到烦躁、不稳定,易产生疲劳感。另外,地面要求平整,不积污水,有一定的倾斜度,以便于冲洗。

(五)厨房门窗

厨房的门窗都应考虑到方便进货,方便人员出入,防止虫害侵入。厨房应设置两道门,一是纱门,二是铁门或其他质地的门,并能自动关闭。厨房的窗户一是要便于通风,二是要便于采光。在窗户的处理上,应设计一道安全窗,一道纱窗。有的厨房在设计时,不留窗户,利用电源照明,依靠空调换气;还有一些厨房在进出门上方安装空气帘,以防止虫害侵入,同时也可防止厨房内的温度不受室外温度变化的影响。

(六)厨房通风

厨房通风一般有两种方法:一是自然通风;二是机械通风。自然通风即依靠门窗进行换气。但仅靠自然通风是不够的,因为厨房内的油烟味很浓,极易进入餐厅。所以,需借助排风设备来换气,使厨房内呈负气压,使厨房内的油烟气味不进入餐厅。机械通风的形式有换气扇、排油烟机、空气交换器等,排油烟设备大多设计在炉灶上方以及时排出油烟。这里需要指出的是,机械通风设备要定期清洁保养,以防火灾。

(七)排水系统

排水系统一定要满足生产中最大的排水量,厨房内排水道还主张用明沟,排水沟的深度要适宜,要防止水的逆流,要便于冲洗,排水道必须盖严,还要防止厨房内的杂物堵塞下水道。防止下水道堵塞主要采用以下几种方法:(1)可在下水道内安装废料粉碎机,将下水道内的物料粉碎后排出。(2)在各下水道口,安置隔渣网,及时处理堵塞的杂物。(3)当下水管道被堵塞后,还可采用化学品来分解杂物,再用水冲洗,达到疏通的目的。

(八)照明要求

厨房在生产时,操作人员需要有充足的照明,才能顺利地进行工作。特别是炉

灶上,若照明不足,不仅会损害厨师的视力、降低生产质量,而且还会导致工伤事故的发生。良好的照明应该达到以下标准:

1. 照　度

整个厨房为100烛光,主要工作区为200烛光。

2. 光线分布

灯的安装必须注意避免产生阴影,特别要注意当某些设备的顶盖掀起或打开柜门时,不会遮住光线。灯光的颜色要自然,看物品时不失真。光线要稳定、柔和。

3. 防止炫光

厨房设备光洁的表面在灯光下常常会产生耀眼的光线。使用间接照明和漫射灯光,可有效防止炫光。

(九)温度控制

厨房的温度控制,是布局中必须考虑到的一个因素。闷热的环境会导致厨房人员的工作耐力下降、容易疲劳、体力消耗大,还会使员工容易暴怒。一些管理者对此已经予以关注,并采取相应措施。比如,将中央空调通进厨房(一些小厨房则分别安装空调器),厨房的温度得到控制,员工的生产效率自然会有很大的提高。

(十)噪声控制

厨房是一个比较嘈杂的地方。噪声的主要来源一是炉灶上方排风扇的声响;二是炉灶内的鼓风声响;三是餐具的碰撞声;四是各种敲打声;五是冷藏设备的机器工作声等。噪声分散人的注意力,会使血压增高、心情烦躁、听力下降、容易疲劳,从而使得工作效率降低,严重地会影响到人的身体健康。消除噪声的措施是在墙壁或天花板上砌上消音砖,或涂上消音漆,也可以改进厨房内的设备,以降低噪声。降低噪声可有效地提高生产效率,可以降低事故的发生率,提高产品质量。

第二节　厨房产品创新

厨房产品,即厨房生产的各种菜肴、面点及各式特色宴席等。

一、厨房产品创新的基本原则

开发厨房新产品是一项极其复杂的工作。因此,每一个企业在确定新产品时,决不能闭门造车,或者只考虑产品本身。而应立足于顾客,从客人需求出发,并根据企业现有条件进行全面系统的分析研究。一般应遵循下列原则:

(一)菜肴创新应结合餐饮业自身条件

1. 市场需求情况

餐饮企业在开发新产品之前,必须通过市场调查,充分了解顾客喜欢什么、需求量有多大,这是开发新产品最重要的先决条件。

2. 技术力量

开发新产品的骨干力量是企业的技术人员和营销人员,这两类人员必紧密地配合才能完成开发的工作。而目前,首先我国餐饮企业具备开发新产品实力的并不多,其原因是管理人员对市场、餐饮产品缺乏必要的了解,不能引导、指导技术人员从事开发工作。其次,目前餐饮企业营销能力不够强,多数都没有专职的营销人员。再次,厨师和服务员受自身文化素质的限制,在没有外力引导与指导的情况下,是很难胜任餐饮产品开发工作的。

3. 必要的财力支持

开发新产品必采购一些实验用的原材料,因此,应量力而行。

(二)厨房产品创新应适应消费者饮食习惯

随着市场经济的进一步发展,餐饮企业走出去开展异地经营越来越普遍,而异地化经营带来了一个新的问题,即厨房产品是原封不动照搬搞所谓的“正宗”,还是进行本土化改良创新。

例如,在广州开川菜馆,走所谓“正宗川菜”的道路是行不通的,必须针对当地人的饮食习惯进行本土化改良创新。广州人不善麻辣,川菜在麻辣程度上应注意削减;广州人喜食生猛海鲜,川菜必须在川式海鲜菜品上下工夫搞创新;广州人喜喝靓汤,川菜亦应增加川式靓汤的研制;另外,广式宴席是先上汤后上菜,川式宴席则是先上菜后上汤,为适应当地的饮食习惯亦应对川式筵席的上菜顺序进行调整布局等。

(三)厨房产品创新应满足消费者健康饮食需求

“吃出健康”已成为如今人们饮食时尚潮流,受到越来越多的人的关注。在这一潮流下,滋补药膳、绿色食品、营养配餐等乃至素食主义等得到了较大的发展。

厨房产品创新在这方面要注意:

(1)菜点创新要注意选用绿色原料,讲究原料之间的科学搭配,并使用科学的烹调方法。切实控制菜点中油盐等含量。

(2)宴席创新除了菜点创新应遵循以上要求外,整个筵席还要注意各荤素菜点在数量、营养等方面的科学搭配。

(四)厨房产品创新在文化因素创新方面切忌低级庸俗

厨房产品文化因素方面创新是厨房产品创新的一个重要组成部分,厨房产品文化因素方面创新主要体现在菜点造型与菜名上;体现在宴席菜点造型与菜名、员工服务方式及环境布置等方面。

菜点取名、宴席主题选择等切忌低级庸俗,关于这一点,前面已多有讨论,此不赘言。

二、菜点创新

(一)菜点创新思路

菜肴创新并非易事,法国的一位名厨说过,发明了一道新菜比发现一颗新星对人类更有贡献。这样的评说是否准确,姑且不论,起码说明了发明新菜是一件比较艰辛的工作。即使这样,也要去做,只有不断地推陈出新,企业才能发展。

在菜肴创新时一般可以从下列几类产品入手考虑。

1. 全新产品

餐饮企业的全新产品主要有两种类型:一种是用新原料烹制的菜点,这种类型的新产品很少,因为很少有新物种发现,人工合成的原料目前也较少,这类的开发受到限制。另一种则是用新的烹制方法烹制的菜肴,这类产品也不多见。所以全新的产品在餐饮企业中很难推出。

2. 改进的产品

改进的产品是指在原有的产品上进行改良,例如在原料的搭配上、菜点的口味上以及色泽、形状和烹制工艺上进行改进。这是目前餐饮企业所谓创新菜的主体。改良也是新产品开发的一种方法。另外,也可以古为今用,洋为中用。

3. 引进的产品

引进产品是餐饮企业普遍采用的一种方法。由于餐饮产品的非专利性,一旦新菜品推出获得成功,新菜品很快被别人抄袭而不受法律保护,因此许多餐饮企业非常重视餐饮市场的菜品创新动态,一旦发现好的新菜品,马上跟进。虽然此法缺少自己的特色,但风险小,收益良好。当然,对一些专利菜品或厨师秘密配制的菜品,餐饮企业花钱引进,亦是一种可考虑的方式。

(二)菜点创新方法

1. 对现有菜点进行改进

主要通过对菜点销售反馈信息,如顾客意见、餐厅员工意见等对菜点口味、造型盘饰、盛器、菜名、用料等方面进行针对性改良。有的仅仅在烹调方式上进行创新，如金三元扒猪脸。采用电脑机械化控制的标准化烹制，成为中国第一个专利菜品。

2. 对外地特色菜的直接引进或进行本土化改进

引进当地没有的外地特色菜点是一种最便捷的创新手段，但最好进行适当的本土化改进。

3. “克隆”菜点烹调方法，创造系列菜点

许多厨师借鉴某一菜点烹饪方法，只是改变原料，从而推出了一系列的新菜点。这类例子很多，如由避风塘炒蟹衍变出来的“避风塘炒”系列：避风塘炒甲鱼、避风塘炒虾、避风塘炒茄子等；再如由宫爆鸡丁衍变而成的“爆保”系列：宫爆兔丁、宫爆鳝鱼、宫爆虾仁等。

4. 选用新原料

餐饮产品离不开烹制的原料，所以在开发新产品时可从原料入手。

(1)新原料，是指本餐厅从来没有用过的原料。

(2)特色原料，是指在众多的同类原料中的上乘原料。例如同是甲鱼，质地味道最好的仍属黑龙江上游所产的野生甲鱼。

(3)特产原料，当地所产，例如松江的鲈鱼、长江的鲥鱼、镜源泊湖的白鱼，都是特产原料。这种特产原料是当地客人的自豪，是异地客人的吸引物。

(4)野生原料，是纯的绿色食品，是顾客所追求的食品，因此，也可以以此为创新菜点的切入点。但要注意国家保护的野生动植物不能食用。

(5)季节性原料，季节性原料在餐饮企业中又称为时令原料，时令原料应抢先上市。另外，现在市场上还有很多反季节性的原料，这也是开发新品种的基础。

(6)特殊调料，是指市场上新出现的调味品和具有地方性特色的调味品。调味品虽然不能构成菜点的主体，却能改善菜肴的口味，或形成具有特殊风味的菜点。用这种新调料烹制的菜点会给人耳目一新的感觉。

(三)菜点创新过程

开发厨房新产品的具体过程，一般来说，主要有以下几个阶段：

1. 构思阶段

构思阶段是企业设想在开发什么产品的阶段。首先，必须通过广泛的途经，收集市场的动态、顾客的需求；其次，是采取走出去、请进来的集思广益的办法，确定新产品的构想。这一阶段可以多提出几种不同的方案。

2. 方案的选择阶段

即对构思出的许多方案进行筛选，因为构想是一种较粗的设想，成功率往往很低。因此，在这一阶段应通过充分的论证，确定开发的品种或更新改造的方案。

3. 研制和设计阶段

在形成新产品的基础上，开始设计和研制。例如菜点可在厨师长的领导下试做。通过这一阶段将设想变成可视的产品或图形。

4. 试销阶段

对于研制成功的菜点可以通过推荐品尝的方式征求顾客的意见，也可以将研制成功的菜点制成即时菜单进行销售。

5. 正式进入市场

通过试销成功的菜肴可以写进菜单，正式对外销售，并应大力推销。同时，也是计划开发下一批新产品的开始。

三、主题宴席设计与创新的具体要求

所谓主题宴席即给宴席确定主题，宴席菜点在选料、造型、盘饰、盛器、命名等设计上，在餐厅环境设计和员工服务方式上都围绕主题并突出主题，这就是主题宴席。

主题宴席在餐饮企业中非常流行，表现形式很多很杂。从命名来看，以宴席所用主要原料为主题的最多，如济南“驴珍宴”、北京“全羊席”、岳阳“全鱼席”、广东“荔枝席”及新疆的“葡萄宴”、“梨宴”；以民俗、节日、重大事件为主题的也不少，如婚宴、寿宴、中秋团圆宴、香港回归宴、世界杯足球宴；以名著为主题的，如扬州“红楼宴”、广州“随园食典”、济南“明金宴”、襄樊“三国宴”、湖南“水浒宴”；以名人为主题的，如“东坡宴”、“梅兰宴”、“大千宴”、“大舜宴”；以风景为主题的，如“洛阳八景宴”、“普陀十景宴”、其他还有诸如“戏曲宴”、“唐诗全鸭席”、“五朝宴”、“泡馍宴”、“饺子宴”、“黄金宴”等。

（一）主题宴席设计意义

它是营销的需要，良好的主题宴席不仅仅是一种营销对象，而且是一种有效的营销手段；它是企业食文化建设的一个重要组成部分，是企业实力对公众最直接、形象而有力的一种展示，这种展示包括菜点，还包括厨师水平、服务水平和管理水平；良好的主题宴席设计可培育成一个“品牌”并发挥巨大效力，如高炳义的“渔家宴大酒楼”就是靠“渔家宴”撑起来的；另外，主题宴席设计工作的开展，还可拉动菜点创新与改进，同时提高员工积极性、素质等。

（二）主题宴席设计与创新的要求

1. 遵循市场规律，结合餐饮企业自身能力与特色

即宴席设计要有市场、有特色、易操作。这一点，全聚德的“全鸭席”做得最为

成功。

2. 主题的确定宜大不宜小，宜宽不宜窄

主题涉及的主要原料宜大不宜小，如“全牛席”、“全猪席”、“龟全席”中的牛、猪、龟可多档取料，是适宜做全席的，而荔枝、蝎子、奶制品等做全席就不适宜了。

主题的主要原料选择范围宜宽不宜窄。如“全蝎宴”不如“昆虫宴”，“竹荪全席”不如“山珍全席”，新疆“葡萄宴”、“梨宴”不如“新疆水果宴”，“菊花宴”不如“百花宴”，“全藕宴”不如“荷塘月色宴”。

3. 以菜点质量为核心

菜点质量是主题宴席设计的基础，没有好菜点，就没有好宴席，违背这一原则，主题宴席就没有生命力。

有一些主题宴席的菜点及组合的设计常常偏离这一原则，其中以“三国宴”、“水浒宴”及各种“风景宴”最为典型。其菜点开发都是毫无所本的牵引附会的创作。如襄樊“三国宴”中的“舌战群儒”一菜，为迎合菜名，此菜由排骨和鸭舌分别烹制后拼摆而成。这种创制本末倒置，历史事件成了核心与前提，而菜点却成了陪衬。于是，整个宴席菜点及组合杂乱无章，无法呈现一定的风格。改进之法是，对襄樊地区历史或民间菜点，甚至对“三国”覆盖的整个区域的特色菜进行整合，使整个宴席菜点具有某一明确的风格特点，在此基础上，适当考虑历史事件，使菜与名和谐结合。

4. 其菜点及组合的设计要主题鲜明，重点突出

一个主题宴席设计最好选3～5个大菜进行重点策划，其菜名与盘饰设计都紧紧围绕主题并凸显主题，而且菜名要雅致，盘饰要精美。而其他菜点则盘饰简洁实名，这样虚实结合，重点突出，且易操作，实用性强。切不可学“八仙宴”的模式。

5. 遵循“十美风格”的原则

“十美风格”，即：“质、香、色、形、器、味、适、序、境、趣”，是食文化中华民族性的一种风格。

主题宴席设计是一个综合性设计，不仅要重视菜点及组合的设计，还要重视菜点与“境、趣”的配合，只有这样才能打造完美的主题宴席。胡忠英的“仿宋寿宴”，多年研创的仿宋菜点是其有力的支撑，同时将餐厅布置成古色古香的喜庆寿堂，并利用戏剧、舞蹈、民乐、魔术表演营造独特喜庆气氛，将“境”与“趣”发挥得淋漓尽致。

第三节 厨房产品质量管理

一、厨房产品的质控标准——标准菜谱

(一)标准菜谱定义

标准菜谱不同于供客人使用的点菜菜单,它是为了规范厨房产品制作过程,控制产品质量和经济核算而制定的一种书面标准。其主要内容包括产品所用主、配料和调料的名称、数量,以及产品生产操作程序、装盘要求和产品成本核算、价格制定等;有的还附有菜点成品的"标准彩照",以便于更形象生动地展示,菜点成品应达到外在的形、色、盘饰与盛器等标准。

(二)标准菜谱样式

标准菜谱样式多种多样,如表5.3所示。

表5.3 标准菜谱

产品名称________ 规格________ 编号________
单位成本________ 毛利________ 基价________

原料名称	单位	净料价	盘菜用量	烹调折损	成本额
1. 2. 3. 4.					

标准烹调方法	成品质量要求
1. 2. 3. 4.	1. 2. 3. 4.

(三)标准量器

另外,特别值得关注的是,厨房标准菜谱中用词必须规范和准确,切忌使用少许、适量、差不多等模糊性语言。菜点原调料等用量必须采用科学的标准量器。

1. 标准用杯

杯是一个容量单位。一般为玻璃或塑料制成,上面有1/2杯、1杯、1.5杯、2杯等刻度,用来量取需要量较大的原料,如面粉、糖、水、汤、油等。一杯的液体重量为8盎司,相当于240克。

2. 餐匙和茶匙

1 餐匙(table spoon)相当于 1/2 盎司(15g)。一般规格有 2 餐匙、1 餐匙。1 茶匙(tea spoon)相当于 1/2 餐匙 1/4 盎司。一般有 1 茶匙、1/2 茶匙、1/4 茶匙、1/6 茶匙、1/12 茶匙等不同规格,用来量取各标准配方中的调料,如盐、糖、胡椒粉等。目前国内厨具市场中已有整套的餐匙和茶匙容器出售。

3. 电子秤

电子秤由电脑控制。标准配方中的主料或大件原料用电子秤来称重。这种计量器量度精确、操作简便,在厨房中使用频率较高。

二、标准菜谱的作用

(一)是对厨师进行业务培训的主要内容

餐厅推出一个新菜单,上面有许多新菜点,为保证这些菜点质量,必须使用配套的标准菜谱对厨师进行相关培训,保证菜点一推出就能达到标准。

(二)使菜点质量保持一致

对同一菜点而言,不管是哪个厨师烹制,也不管是何时烹制,只要标准菜谱还在,烹制出的菜点质量都有相当的保证。

(三)是质检的标准

在菜点出品到上桌的整个过程中,划菜员、送菜员及餐厅服务员等对出品进行质检的工具。当然也是各级管理者和质检部质检员进行质检的工具。

(四)减少工作量

由于菜点质量有了较大保证,从而减少了管理人员现场监督的工作量。

(五)有利于加强厨房的成本控制

有利于加强或培养厨师的成本观念。

(六)便于管理者依据标准菜谱制订安排生产计划

如:砂锅鱼头,每份用鱼头 1.6 斤,预计明天销售 80 份,则明日需采购鲜鱼头数量就能较准确地计算出来。

三、厨房产品的质控方法

厨房产品质量控制方法主要有流程控制法、责任控制法、重点控制法等。

(一)流程控制法

按厨房生产的流程,从加工、配份到烹调的三个程序中,每一道流程都应是前一道流程的控制点。每一道流程的生产者,都要对前一道流程的产品生产质量实行严格的检查控制。不符合标准的要及时提出,帮助前道流程纠正错误,使其达到标准要求。如:烹调厨师发现半成品菜点规格不同、数量缺少或数量过多,都有责任提出改正意见,从而使整个产品在生产的每一个过程中都受到监控,从而保证菜点质量。

具体而言,三个流程的基本控制内容是:

1. 加工过程的控制

加工过程包括原料的粗加工和细加工,粗加工是指对原料的初步整理和洗涤,而细加工指对原料的切割成形。加工过程的控制主要体现在:

安全卫生方面。必须严格按照烹饪原料的性状,采用具体的洗涤方法来保证原料的卫生要求,如:植物性原料可直接冷水洗、高锰酸钾溶液洗、盐水洗、洗洁净溶液清洗等方法,将植物性原料表面污秽、杂质、虫卵和有害物质洗涤干净,使其符合烹调和安全卫生的要求。

出净率方面。出净率即净料率高低直接影响到成本,尤其高档烹饪原料的出净率高低直接影响到销售价格和企业形象。因此,加工过程中应对烹饪原料出净率加强控制,制定出净率的标准。并严格按照标准去执行,做好各种原料出净率记录。查找达不到出净率标准的原因,及时采取有效的改正措施。宣传边角余料的开发应用,使员工对出净率、边角余料的开发应用引起高度重视。

加工质量方面。加工质量直接关系到菜肴的色、香、味、形。要严格控制原料的成形规格,既要保证原料成型规格的统一或标准化,又要保证成形原料能否符合烹调的要求。其次,严控加工数量,并根据预测量做好加工准备,避免加工过剩造成质量下降和不必要的经济损失。

2. 配份过程的控制

配份过程的控制是菜点成本控制的核心,也是保证成品质量的重要环节。因此,必须严格按照菜点投料标准,进行配份。并保证菜点投料标准的规格统一和投料数量的统一,既保证消费者的利益,又保证企业的利益。所以,配份过程控制是企业成本控制的核心。配份过程的控制要严把两关:一是严把执行规格标准关,提倡使用称量、记数和计量等控制工具,保证菜点投量标准;二是凭单配发,保证配制的每份菜点都有凭证,杜绝在配制过程中的失误,如重复、遗漏、错配等现象,从而使失误降到最小限度,为企业赢得经济效益。

3. 烹调过程的控制

烹调过程是确定菜点质量的最后环节,也是最重要的关键。因此,必须在操作规范、制作数量、出菜速度、成菜温度和加热时间等方面加强监控,以此来保证菜点质量。操作规范是制作人员必须遵循的生产过程,任何违规做法,都会影响菜点质量,都必须加以制止,比如图方便、随心所欲等现象;制作数量的多少也会影响到菜点质量,因此必须严格控制每次烹调的生产量,通过少量多次的烹制来保证菜点的质量,少量多次的烹调是烹调控制的根本准则和保证质量的座右铭;出菜速度,是保证消费者及时获得菜点的先决条件,因此,不仅要强调操作人员的熟练程度,而且还要做好烹调前的事先准备工作,保证在最短的时间里为消费者提供菜点,减少消费者等待时间,并保证菜点的温度和装盘形式的统一,阻止一切不合格的菜点上桌,从而保证菜点质量;成菜温度和加热时间,两者既是保证菜点成熟的先决条件,也是保证菜点质量的优先条件,因此,如何掌握温度和控制加热时间,不仅是制作人员必须掌握的内容,而且也是控制菜点质量的关键,既要避免焦煳、不熟等现象,又要使菜点质量达到理想的要求。另外,控制按量烹调,避免剩余菜点出现,而造成浪费。

(二)责任控制方法

利用岗位分工,强化岗位职能,并施以检查督导,对餐饮产品的质量亦有较好的控制效果。

1. 所有工作均应有所落实

餐饮生产要达到一定的标准要求,各项工作必须全面分工落实,这是岗位职责控制法的前提。餐饮生产既包括主要、明显的炒菜、切配等,也少不了零散的、容易被忽视的打荷、领料、食品雕刻等。厨房的所有工作必须明确划分、合理安排、毫无遗漏地分配至各加工生产岗位,才能保证餐饮生产运转过程顺利进行,生产各环节的质量才有人负责,检查和改进工作也才有可能落实到位。

厨房各岗位应强调分工协作,每个岗位所承担的工作任务应该是本岗位能够顺利完成的,而不应是阻力、障碍较大或操作很困难的几项工作的累积。厨房岗位职责明确后,要强化各司其职、各尽其能的意识,员工在各自的岗位上保质保量及时地完成各项任务,其质量控制才有保障。

2. 岗位责任应有主次

厨房的所有工作不仅要有相应的岗位分担,而且厨房各岗位承担的工作责任不应是均衡一致的。要将一些价格昂贵、原料高档或重要宾客提供的菜肴的制作以及技术难度较大的工作列入头炉、头砧等重要岗位职责,这样在充分发挥厨师技术潜能的同时,进一步明确责任,可有效地减少和防止质量事故的发生。对厨房生产构成较大影响的工作,也应规定给各工种主要岗位完成,如配兑调味汁、调制点心馅料、涨发高档干货原料等。为了便于对菜肴的质量进行考核,有必要调查客人对菜品质量的评价并进行记录;而与之配套的相关工作要做好,打荷在根据点菜单安排烹制出菜时，将每道菜的烹制厨师或工号留注点菜单，以备待查。

从事一般餐饮生产、对出品质量不直接构成影响或影响不是太大的岗位并非没有责任，只不过比主要岗位承担的责任轻一些而已。其实，餐饮企业是个有机相连的系统工程，任何一个岗位、环节不协调好，都有可能影响菜点质量。因此，这些岗位的员工同样要认真对待每一项工作，主动接受餐饮生产管理人员和主要岗位厨师的督导，配合、协助完成餐饮生产的各项工作和任务。

(三)重点控制法

重点控制法是针对餐饮生产出品的某个时期、某些阶段或环节出现的质量或秩序问题，或对重点客情、重要任务及重大餐饮活动而进行的更加详细、全面、专注的督导管理，以及时提高和保证某些方面或活动的生产与出品质量的一种方法。

1. 重点岗位、环节控制

通过对餐饮生产及产品质量的检查和考核，找出影响或妨碍生产秩序和产品质量的环节或岗位，并以此为重点，加强控制，提高工作效率和出品质量。例如，炉灶烹调出菜速度慢，菜肴口味时好时差，通过跟踪检查发现：炒菜厨师手脚不利索，重复操作多，每菜必尝，口味把握不住；经过分析，原来多为新招聘厨师，对经营菜肴的调味、用料及烹制缺乏经验。因此，餐饮生产管理者必须加强对炉灶烹调岗位的指导、培训和出品质量的把关检查，以提高烹调速度，防止和杜绝不合格菜肴送出厨房。作为控制的重点岗位和环节是不固定的，某段时期通过加强对几个薄弱环节的控制管理，问题解决了，而其他环节新的问题又可能出现，应及时调整工作重点，进行新的控制督导。这种控制并不是盲目简单的头痛看头、脚痛医脚的方法，而应根据餐饮生产管理的总目标，随着控制重点的转移，不断提高生产及产品质量，完善管理，向新的水准迈进。

这种控制法的关键是寻找和确定餐饮生产控制的重点，对餐饮生产运转进行全面细致的检查和考核则是其前提。对餐饮生产和产品质量的检查，可以采取管理者自查的方式，也可以凭借宾客意见征求表或向就餐客人征询意见等方法。另外，还可聘请质量检查员及有关行家、专家进行检查。

2. 重点客情、重要任务控制

根据厨房业务活动性质，区别对待一般生产任务和重点客情、重要任务，加强对后者的控制，对厨房社会效益和经济效益的影响可发挥较大作用。

重点客情或重要任务，是指客人身份特殊或者消费标准很高，例如接待中外高级官员、著名人士等。因此，从菜单制订开始就要强调以针对性为主，从原料的选用到菜点的出品，要注意全过程的安全、卫生和质量管理。餐饮生产管理人员要加强每个岗位和环节的生产督导和质量检查控制，还要安排专人跟踪负责，以确保制作和出品万无一失。在客人用餐之后,还应主动征询意见,积累资料,以提高今后的工作。

3. 大规模餐饮活动控制

大规模餐饮活动控制,不仅影响范围广,而且为企业创造的利润也多,同样消耗的食品原料成本也高。加强对重大活动菜点生产制作的组织和控制,不仅可以有效地节约成本开支,为企业创造应有的经济效益,而且通过成功操办大规模的餐饮活动,向社会宣传企业、厨房的实力,进而通过就餐客人的口碑,扩大企业及厨房的影响。餐饮生产管理人员对此应有足够的认识。

厨房对大规模餐饮活动的控制,应从菜单制作着手,要充分考虑客人的结构,结合饭店原料库存和供应情况以及季节特点,开列一份既具有一定风味特色又能为其活动团体广为接受和餐饮生产力所能及的菜单。接着,要精心组织各类原料,合理使用各种原料,适当调整安排厨房人手,计划使用时间、安排厨房设备,妥善及时地提供各类出品。餐饮生产管理人员、主要技术骨干均应亲临第一线,从事主要岗位的烹饪制作,严格把好各阶段产品质量关。重大活动时,前后台配合十分重要,走菜与停菜(因宾主讲话、致辞、祝酒、演出活动等影响)要随时沟通,及时通知炉灶等岗位,为此,有的企业还设总指挥负责统一调度,确保出品次序。另外,重大活动期间尤其应采取切实有效措施,控制食品及生产制作的卫生,严防食物中毒事故的发生。大型活动中,厨房冷菜生产量较大,其卫生特别重要。对冷菜的装盘、存放及出品要严加控制,避免被污染。大型活动结束以后,要及时处理各类剩余原料和成品,注意搜集客人反映,为其他活动的承办积累经验。

第四节 厨房生产效率管理

一、厨房生产效率的概念

生产效率可以解释为企业利用现有资源生产食物和提供服务的能力。厨房生产效率实际上是指厨房人员将食品原料转变成饮食产品的生产能力,这种生产能力既包括生产量,也包括生产速度。

生产效率的基本要素是人员、设备、原材料和生产的方式和方法。其中最为主要的是人,尤其在厨房生产中更为明显。虽然在制造业和农业中,当机器代替了手工劳动后,生产效率就大大提高。然而厨房生产中,尽管厨房的设备有了很大的改进,但菜点的烹制仍需要厨师手工操作,且技能性强,因此,要提高生产效率,就需要调整生产工序,改变生产方式,合理地编排人员班次,努力提高厨师的专业技能,只有这样才能真正提高厨房生产效率。

二、影响厨房生产效率的原因

影响厨房生产效率的因素很多，归纳起来可分为内在因素和外在因素两个方面。

(一)内在因素

一名员工的生产效率取决于若干相互联系的因素，主要是心理因素。它包括人的动机、情绪以及与其他员工的关系和上级领导的关系等。

造成厨房人员工作效率下降的内在因素主要有以下几点：

(1)岗位分工不当，造成员工对该岗位工作没有兴趣；

(2)员工在技术上无法胜任其岗位工作，因为力不从心而产生厌烦情绪；

(3)自我感觉大材小用，不受领导重视；

(4)同事间人际关系紧张，造成情绪低落；

(5)有些客观困难得不到解决(如住房、小孩入托、家庭纠纷、经济拮据等)。

上述各种因素对员工的生产效率无疑有着直接的影响。因此，切不可忽视这些内在的因素。

(二)外在因素

外在因素主要包括：

(1)餐饮的销售量变化大，引起厨房的工作量忽高忽低。效率是指人力、物力的投入与相应的实际产出之间的关系。厨房在生产中，虽投入了一定的人力、物力，但由于餐饮的销售量不稳定，会导致厨房的生产量忽高忽低，从而影响到生产效率。

(2)厨房生产的特殊性。一般的产品生产是先生产再销售，而餐饮产品的生产是先销售后生产，且生产时间内忙闲不均；生产的产品品种多，且单个生产。要提高生产效率难度大。

(3)生产的工序不合理，传统的生产方式是各厨房都按生产工序分设初加工组、切配组、炉灶组、点心组、冷菜组等。一家企业如有三个厨房，就设有三个初加工组、三个切配组、三个炉灶组等。这样的生产方式，不仅工作效率低，各班组之间工作量不均衡，而且厨房的生产成本不易控制。

(4)厨房人员的技术力量不足，厨房设备不能满足厨房生产的需要，这也是影响生产效率的主要因素。厨师对某工种的熟练程度直接影响到生产效率。俗话说：“熟能生巧”，熟练的技术，可提高生产效率。厨房的设备是否完备，设备是否能满足生产的需要,设备是否功能俱全等,也都影响到生产效率。

(5)厨房的设计与布局。关于厨房设计与布局对厨房生产效率的影响详见第二章。

三、提高厨房生产效率的方法

(一)改变厨房的生产方式

厨房的生产方式,是厨房生产所采取的一种组织形式。传统的厨房生产方式的缺点是:工作效率低、工作量不均衡、生产的成本较难控制。因而改变厨房的生产方式可大大提高生产效率。目前,在一些大中型饭店厨房中,所有食品原料的加工工作都在一个较集中的加工厨房(即中心厨房)内进行,它负责将原料加工成能直接用于烹调的半成品。其他各厨房如需要用料,可凭单来加工厨房领取。这种方法免除了所有厨房的加工工作量,减少了各厨房所需生产的面积,还节约了大量的劳力,减少了原料浪费,统一了各厨房生产的标准,从而降低了食品的成本。

(二)购置和使用高效率的厨房设备

先进的机械化厨房设备,能在很大程度上替代厨师的工作,如厨房的一些加工设备:切片机、搅拌机、锯骨机、去皮机等。这些机械设备的运用,不仅节约了大量的人力,而且还保证了原料的加工质量,提高了生产效率。

(三)合理地编排人员班次

厨房工作时间较长,劳累又辛劳。厨房人员的休息如果安排不当,一是会造成生产效率的降低,二是会导致员工满腹牢骚,消极怠工。研究结果表明,一名员工长时间连续不断地工作之后,体力和脑力都会下降,这必将大大影响生产效率。

合理的编排厨房人员的班次,做到既满足生产需要,又能使员工得到必要的休息。

第五节 厨房卫生与安全管理

厨房的卫生与安全,是厨房管理中的一个重要方面。厨房的卫生是否符合标准,会直接影响到饭店的声誉和经济效益。厨房生产的产品,如果不符合卫生、安全标准,势必会影响到食用者身体健康,严重的还将导致食物中毒和诱发其他疾病。厨房卫生管理是保证菜点质量、防止污染、预防疾病的重要手段。厨房的安全管理是保障员工的人身安全和企业的财产安全而实施的重要措施。因此,加强厨房的卫生与安全管理是十分重要的。

一、厨房卫生管理

厨房卫生是厨房生产第一条需要遵守的准则。厨房卫生管理就是要保证食品在选择、生产和销售的全过程中，都确保其处在安全的状态。为了保证厨房生产出来的食品具有安全性，采购的食品原料必须是未受污染和不带致病菌的，食品原料须在卫生许可的条件下贮藏；厨房在食品生产过程中必须符合卫生条件；厨房环境设备等要求清洁，厨房生产人员身体必须健康。销售中要时刻防止污染，将食品安全可靠地提供给客人。因此，一切接触食品的有关人员和管理者，在食品生产中必须自始至终地遵循卫生准则，并承担各自的职责。

(一)厨房环境的卫生控制

(1)厨房在选址时，要考虑下述两个因素：一是要注意防止周围企业对厨房环境的污染，尽量避开排放“三废”(废水、废渣、废气)的企业。二是厨房最好不要设在地下室，因为地下室不利于通风、采光、排放烟尘和防潮，食品也极易霉烂变质。

(2)厨房要有消除苍蝇、老鼠、蟑螂和其他有害昆虫及其孳生条件的措施。

(3)每一个厨房对垃圾和废物的处理，必须符合卫生的规程。室外的垃圾箱要易于清理，要防止虫、鼠的进入，防止污水的渗漏，并按时处理，以保护周围环境不受气味、虫和细菌的污染。厨房内的垃圾桶(箱)必须加盖，并要有足够的容量来盛装垃圾，必须按照卫生要求进行袋装化管理，并及时清理和清洗，桶、箱内外要用热水、洗洁剂清洗。这项工作要安排在适当的时间内进行。

(4)关于厨房内地面、墙壁、下水道、设备等方面的卫生要求，详见前面章节的内容。

(二)厨房各作业区的卫生控制要点

1. 炉灶作业区卫生控制主要注意事项

开餐前后都要彻底清洗灶面、炒锅、手勺、笊篱、抹布等用具；开餐前注意检查料车中调料是否变质或受到污染；注意操作卫生以免污染菜品，如将尝味后的余汁重新入锅等；注意科学烹制，在符合菜肴烹制要求的前提下，要尽量烧透煮熟，达到无菌去毒的效果，如四季豆的烹制不熟将使人中毒；注意定期清洗烟罩及炉灶附近墙面和地面等。

2. 切配间卫生控制主要注意事项

刀、砧板、抹布、配菜盘及用具要清洁，做到无污迹、无异味；切配时要注意原料是否过期变质；开餐后要注意将各类原料分别贮藏；定期进行冰箱卫生清理工作。

3. 冷菜间卫生控制主要注意事项

重视厨师的操作卫生，如刀、砧要生熟分开，随时注意手的清洁消毒，有条件的厨师应戴口罩等；要配装盘时要注意原料是否变质；注意控制环境温度，有条件的应安装空调，防止高温使原料加速变质；注意杀菌消毒灭蚊蝇的工作，如安装紫外灯及诱捕蚊蝇工具等；重视冰箱的卫生管理，保证贮存原料的卫生和安全。

4. 面点间卫生控制主要注意事项

米、面中是否有杂质，如老鼠屎等；加工后贮藏的各种馅料或半成品是否变质等。

5. 粗加工间卫生控制主要注意事项

蔬菜择洗一定要注意去净杂质，如毛发、沙子等；加工好的原料应分别盛装，有的还需要保鲜膜包装入冷库待用；化解冻品：一是要采取正确方法，二是要迅速解冻，三是不同类型的原料应分别解冻；各种食品机械如锯骨机、绞肉机、去皮机等使用后应及时清洁，以保持最佳使用状态。

（三）厨房工作人员的卫生控制

(1)要重视个人卫生，养成良好的卫生习惯。如要勤洗澡、勤理发、勤洗手、勤剪指甲、勤换衣服等。

(2)在厨房生产中要注意一些不良行为，如用手摸头发抠耳朵、对着菜肴大声讲话或咳嗽或打喷嚏等、用手指沾菜汁尝味、随地吐痰及抽烟等。

(3)厨师必须持健康证上岗。如有痢疾、伤寒、病毒性肝炎、活动性肺结核、传染性皮肤病、慢性肝炎者不得上岗。

二、厨房安全管理

（一）安全管理的目标

所谓安全，是指避免任何有害于企业、宾客及员工的事故。事故一般都是由于人们的粗心大意而造成的，事故往往具有不可估计和不可预料性，执行安全措施，具有安全意识，可减少或避免事故的发生。因此，无论是管理者，还是每一位员工，都必须努力遵守安全操作规程，并具有承担维护安全的义务。

厨房安全管理的目的，就是要消除不安全因素，消除事故的隐患，保障员工的人身安全和企业及厨房财产不受损失。

（二）安全管理的任务

厨房安全管理的任务就是实施安全监督和检查机制。通过细致的监督和检查，使员工养成安全操作的习惯，确保厨房设备和设施的正确运行，以避免事故的发生。厨房不安全主要来自主客观两方面:主观上是员工思想上的麻痹,违反安全操作规程及管理混乱,客观上是厨房本身工作环境较差,设备、器具繁杂集中,从而导致厨房事故的发生。针对上述情况,在加强安全管理时应主要从以下几个方面着手:

(1)加强对员工的安全知识培训,克服主观麻痹思想,强化安全意识。未经培训员工不得上岗操作。

(2)建立健全各项安全制度,使各项安全措施制度化、程序化。特别是要建立防火安全制度,做到有章可循,责任到人。

(3)保持工作区域的环境卫生,保证设备处于最佳运行状态。对各种厨房设备采用定位管理等科学管理办法,保证工作程序的规范化、科学化。

(4)加强安全监督与检查工作,及时发现安全隐患,并及时解决。

第六节　厨房设备管理

一、厨房的主要设备和用具

(一)厨房主要设备

厨房主要设备是泛指在厨房内用于烹饪加工、制作、保藏、洗涤等各种所需的器械用具。厨房主要设备按其功能来分,可分为加工设备、加热设备、冷藏设备、排风设备、清洗设备及其他设备等。

加工设备。主要有搅拌机、切片机、绞肉机、去皮机、锯骨机、粉碎机、榨汁机、工作台、和面机、面团分割机、压面机、面团整形机、包饺机、豆浆机等。其中,工作台有兼带储物或冰箱的,这类工作台,上面是工作台,下面就是储物柜或冰箱,使用方便,还节省了厨房空间,而且这类工作台一种设备两种功能,其性价比亦较高。

加热设备。主要有中式炉灶、西式炉灶(又称平炉)、汤灶(又称地汤灶、低灶)、油炸炉、暗火烤炉、明火烤炉、电烤箱、铁板炉、蒸汽夹层锅、铁扒炉、微波炉、蒸汽炉(又称蒸箱、蒸锅、蒸车、笼锅等)、卡式炉、保温柜、醒发箱等。

冷藏设备。主要有冷冻柜(又称冰柜)、冷藏柜(又称冰箱)、冷藏工作台、冷藏展示柜、恒温保鲜柜、制冰机、碎冰机等。

排风设备。主要有排风扇(又称抽风机)、排油烟罩、空气交换器等。

厨房的每一个加热设备上方均需安装排油烟设备,通常使用排油烟罩。排油烟罩种类很多,较为先进的是气帘式排油烟罩和带循环水式排油烟罩。

1. 气帘式排油烟罩

这种设备在抽吸油烟蒸汽的同时，在炉灶上方靠近操作人员处往下输出新鲜空气，形成“气帘”，防止油烟向外扩散，以增加排气效果。

2. 带循环水式排油烟罩

该设备顶部有一块倾角为45℃左右的不锈钢板，循环自来水从板的背面流过，当高温的油烟和蒸汽被抽吸向上升腾时，遇到温度相对较低的不锈钢板，会凝结在其表面，形成油滴和水滴，沿倾斜的不锈钢板流进油污收集槽内被排出。这种设备要注意经常清洁其内外表面，防止油污积存。

清洗设备。主要有水槽、洗碗机、消毒柜、消毒保藏柜、滤水台等。

其他设备。包括各种工具橱柜、各种食品橱柜、调料车、货架、手推车、开水炉等。

(二)厨房主要用具

厨房所用工具主要有锅、手勺、漏勺、铁筷、铁钩、铁叉、笊篱、网筛、蒸笼、砧板、刀具、打蛋器、肉锤、锥形滤器、开罐器、开瓶器、各种食雕工具等。其中锅、刀、食雕工具等还有许多不同的类型，如锅就有炒锅、大铁锅、平底锅、高压锅、电饭煲、不粘锅、砂锅等类型；刀具有切刀、批刀、斩刀、砍刀、旋转刀、面包刀、牡蛎刀、水果刀等；食雕工具主要有各种样式和型号的刀具或模具等。

二、厨房设备选购原则与注意事项

(一)厨房设备选购原则

厨房设备的选购关系到企业对厨房的投资费用、生产效率和卫生安全等因素，所以在选购厨房设备时，应从设备的性能、价格、使用、维护等诸多方面进行认真比对和挑选，让有限的设备投资发挥最大的生产经济效益。

厨房设备选购原则如下。

1. 实用的原则

选购厨房设备时首先应考虑选购设备的种类和数量，如加工设备需要哪些、数量是多少等，种类的选择在于满足烹饪加工操作的基本需要，数量的确定在于满足生产的实际需要。其次应考虑设备的型号(或尺寸)应与厨房布局相适合，否则尺寸过大，不仅浪费空间，甚至可能出现无法摆放的情况，那麻烦就大了。

另外，选购厨房设备还要考虑其功率大小与厨房的实际需要。如厨房的排风系统，需要多大功率的排风机，需要多少个抽风机，这都要与厨房的需要相配合。实践证明，每小时换气30～60次可使厨房保持良好通风条件。计算通风量的方法很多,其中之一就是计算每小时所需排出多少立方米空气。例如,某厨房长 10 米,宽 8 米,高 3.75 米,则该厨房空气为 300 立方米,每小时换气次数 50 次,那么每小时通气量可由下列公式计算:

$$CMH = V \times AC$$

式中:CMH 为每小时立方米;V 为空气体积;AC 为每小时换气数。即

300 立方米×50 次/小时=15000 立方米/小时

据此,该厨房的通风系统需每小时排出并输入 15000 立方米空气,才能保持良好的通风条件。计算出该数对厨房购买排风设备有一定的参考价值。

2. 性价比原则

厨房设备选购必须货比三家,比性能、比价格,应在相同的设备技术性能条件下尽量选择价格较低的产品。为确保正确的选择,可通过事先到当地一些使用单位,如其他餐饮企业厨房实地考察等方式加以进一步确认。

3. 高效能低消耗的原则

随着世界能源危机加剧 ,加之绿色餐饮的兴起,高效能低消耗的厨房设备成为未来厨房设备生产与选购的一种必然趋势。其实燃料成本是餐饮企业一大开支项目,高效能低消耗设备的使用亦有利于节省燃料成本,间接提高企业利润。

4. 易清洁易保养的原则

设备要求设计简洁合理,表面要求光滑、抗腐蚀、性能稳定、无吸收性,一些设备要易于拆装清洗等。

5. 安全牢固的原则

设备应选择持久耐用的,而且使用安全的产品。

设备是否安全牢固,主要应考虑以下几点:首先,要看设备选用的材料是否绿色环保,如使用劣质甚至有毒有味的材料会影响厨房的出品质量。其次,要看设备是否有安全附设装置,如自动报警、自动断电等装置。第三,要看设备边缘、边角有无尖锐刺手的毛边。第四,要看设备实际运转是否正常,以及设备的抗压力等。

(二)厨房设备选购注意事项

(1)选购设备应注意选择信誉良好且售后服务良好的商家。如果设备的生产厂家或经销商承担设备的维护,则会为餐饮企业带来很大的便利,由于维护的专业性亦有利于延长厨房设备的使用寿命。例如,有的餐饮企业选购的一些进口厨房设备,由于国内无维修点,一旦失灵,全部报废。

(2)选购设备前应向生产厂商或经销商索取有关资料,如设备功能、型号、能耗、使用说明、价格等,以便于全面了解设备各方面状况。

(3)为防止意外,最好选用兼用两种能源的设备。

(4)采购相关资料如发票、维修卡等,资料应妥善保管。

三、厨房设备管理措施

厨房设备管理的优劣,不仅关系到设备的使用寿命,关系到厨房产品的质量和生产效率,同时还关系到使用者的人身安全及能源的节约。

(一)建立健全岗位责任制

厨房设备的管理,应该做到定人、定岗、定部门,本着谁使用谁负责清洁保养的原则。厨房新设备在投入使用前,要对设备使用人员进行操作规程培训,经考核合格后,方能上岗。厨房管理者还应定期请有关技术人员负责厨房设备的维护和保养。

(二)严格遵守操作规程

厨房设备的种类繁多,使用频率也很高,管理者应根据设备的不同特点和各种要求,对其使用方法、操作规程及注意事项作出规定。设备使用者严格遵守操作规程是提高设备的生产率和产品质量的保证。反之,如果违章操作,不但会影响到设备的工作性能,还会发生安全事故,危及员工的人身安全,缩短设备使用寿命。所以,一般的设备都需要编写操作规程。

不同的设备有着不同的操作规程。现以蒸汽夹层锅的操作规程为例说明如下:

在偏传涡轮轴上加润滑油;

打开底部的放水开关,将余水放出;

关上空气补充开关,打开蒸汽调节阀;

当夹层里的水和输送管道里的水均放完以后(即放水开关处开始放出较纯的蒸汽时),关闭底部的放水开关;

用完以后,关闭蒸汽调节阀,15 分钟后打开空气补充开关;

该蒸汽锅压力应小于 3.5 公斤/平方厘米;

禁止用金属或其他硬物撞击锅体。

如果一旦违反上述规程,轻者将影响产品质量,造成能源浪费,重者则危及人身安全。比如第二条操作规程,如果没有将夹层中的余水放去,那么蒸汽就只能沿锅的上边沿冲击,且夹层锅的受热面积减少,锅内处于下部的水因未受热而无法对流,只能靠锅壁进行热传导。这样,水温升高很慢,白白浪费了大量蒸汽。如果违反第三条操作规程,不关闭空气补充开关,便开启蒸汽阀门,蒸汽就会从空气补充开关处排出而灼伤操作人员。如果违反第六条,蒸汽锅超压运行就会造成爆炸事故,如此等等。

(三)采取可靠的安全措施

(1)对厨房中的不安全的工作部位要安装防护装置。如切片机的刀片、绞肉机的料斗等。

(2)在以电源作动力源或热源的设备上,要安装可靠的接地线和专用保险闸,以防触电等事故。

(3)在加热设备中,可安装温度自控装置,以免发生火灾。

(4)要定期检查和修理,及时更换易损零件,消除隐患(设备部件非专业人员不得随便拆卸)。

(5)对新上岗的人员应进行设备知识培训和安全教育,以免违章操作而发生事故。

(四)明确设备使用的注意事项

(1)严格按设备性能和工作原理进行操作,不得滥用。

(2)对复杂设备的使用,应在显眼处标明操作程序和注意事项。

(3)在使用设备前要检查电气开关和保险装置是否完好,若有损坏和短缺时,应采取相应的措施,同时要注意电器是否受潮或沾水,如果电器上有水,要立即切断电源,将水擦干,否则会因漏电而发生危险。

(4)厨房人员必须遵循安全规则,使用设备时,注意力集中,工作时不得擅自离开开动的机械设备。一旦发现设备运行异常,要立即停机检查分析原因。对于不懂设备性能者,不得随意拆卸设备,以防事故的发生。

(5)严肃损坏设备的纪律。厨房管理者要经常注意员工的设备使用情况。

(6)注意设备的清洁卫生。厨房中的有些设备,极易沾染物料,如不及时清洁,就会影响到菜点质量,甚至引起食物中毒事故的发生。

厨房各种机械加工设备,每次使用前后都要清洁,以清除设备内的污物和沾染物。例如绞肉机在绞肉后不及时清洗干净,绞肉机内的残留物就会腐败变质、发臭,使得细菌大量繁殖。

凡接触食物的部件必须由无毒材料制成。

(7)开展节能教育,落实节能措施。教育厨房每一位工作人员,树立节能意识;将节能意识贯彻到每一个具体岗位上去;节约用水、用电,养成随手关水龙头和随手关电源开关的习惯;合理使用动力设备,减少不必要的能源消耗。

第七节　厨师队伍建设

一、招　聘

招聘厨师有单招和集体招聘等方法。

(一)单　招

单招是指餐饮企业按照厨房各种岗位的要求，对应聘的每一位厨师进行认真考核，并从中选择合适的人选的方法。

单招的优点是：(1)对每一位应聘厨师都进行考核并择优录用，厨师队伍整体素质有保证；(2)通过单招方式组建的全新的厨师队伍，有利于实施现代化的厨房管理，使厨房管理水平不断提升；(3)有利于培养出属于企业自己的厨师和厨房管理人才，从而奠定企业永续发展的基石。

单招的缺点主要是厨师之间由于互不相识而需要一段时间的磨合。另外，利用单招方式组建厨师队伍，这对餐饮企业的招聘者在厨房业务和技术方面要求较高。如果餐饮企业没有这样的人才，则往往采取集体招聘的方法。

(二)集体招聘

集体招聘亦可称之为“包厨”，即餐饮企业将厨房全部或一部分以合同形式承包给某一水平较高的厨师的招聘用人方法。其主要特点是：(1)承包厨师负责组建厨师队伍并进行管理，按要求保质保量完成任务；(2)餐饮企业并不直接给所有厨师发工资，而往往是以商定的承包价按月支付给承包者。

集体招聘的优点是：(1)餐饮企业若缺乏厨房管理人才时，集体招聘方式能轻松解决这一问题，省去了许多厨房管理的麻烦；(2)集体招聘由承包者组建的厨师队伍，由于他们之间往往个人关系密切，所以有较好的协作和较高的工作效率；(3)有的餐饮企业还靠选择有名气的承包厨师，通过承包者的名气来提升餐饮企业的知名度。

集体招聘的缺点是：(1)由承包者组建厨师队伍，出于个人利益的考虑，厨师技术水平难有保证；(2)厨师中出现的矛盾或问题，企业方难以插手管理，如承包者工资发放不合理、对厨师处罚不合理等；(3)企业方和承包者之间如果出现矛盾，可能给企业带来较大的麻烦，如一些承包者与企业方一旦出现不可调解的矛盾时，在无任何征兆的情况下，将队伍全部偷偷撤离，从而导致企业经营危机，这种情况时有发生。集体招聘的缺点很多，如果一个餐饮企业缺乏厨房管理人员或有厨房管理人员但业务不精，可以使用集体招聘的方法，但一个想永续发展的餐饮企业，比如连锁餐饮公司发展的餐饮企业，长期使用集体招聘形式肯定有害无益，必须尽快培养出自己的厨房管理队伍以取而代之。

（三）混合招聘

由于单招、集体招聘各有优缺点，为了充分发挥两者优势，许多餐饮企业往往采取以单招为主、集体招聘为辅的混合招聘方式。如一川菜馆，由于时下生猛海鲜大受顾客青睐且利润丰厚，决定引进3名粤菜厨师。这3名粤菜厨师如何招聘？是企业一个一个地去找，还是采取集体招聘的方法？企业由于对粤菜厨师市场不了解，且考虑到减少人工成本开支以及3人小组工作相互协作的问题，决定采取集体招聘方法，最后以1.2万元/月的承包价承包给一水平较高的粤菜厨师。

另外，有的餐饮企业还采取集体招聘方法，形成多个承包小组。如一经营全国各地风味的餐饮企业，将川菜、粤菜、鲁菜等分别承包给不同的厨师。

但不管是保留还是混合招聘，都只能是一种临时的短期策略。

二、培　训

（一）培训方式

厨师培训方式主要采取岗前培训、岗位培训和换岗培训等。

1. 岗前培训

岗前培训主要是对新员工的教育和训练。对于厨房人员的岗前培训，不仅需要进行思想教育和专业技能训练，还需要进行厨房生产岗位职责、工作范围、工作任务、厨房设备使用、厨房的各项规章制度等知识的培训，使其能明确自己的职责和义务，掌握初步的专业技术和操作技能，缩短工作适应期，从而能尽快地上岗工作。

2. 岗位培训

岗位培训，是指在某一岗位上必须具备的技能培训。厨房生产是一项技术性很强的工作，它要求每一位员工具备一定的专业技术并在岗位上不断提高烹饪技艺。这种岗位培训，不仅是每一位厨房人员自身发展的需要，而且还是厨房生产管理的需要和餐饮市场竞争的需要。岗位培训的途径有很多种，常见的有：①送到专业院校去学习；②送到专业培训班进行普及教育及培训；③在本企业内进行技术交流提高水平；④送到其他餐饮企业进行实习培训；⑤外聘一些技艺高超的特级厨师来企业进行短期传授技艺等。

3. 换岗培训

一些员工由于工作需要变换工种，调至新的岗位时，仍需进行培训。比如，一名厨师从冷菜间调至炉灶，他就必须接受炉灶上的培训，使其能在较短的时间内掌握炉灶上的技能，胜任自己的工作。

4. 不称职员工的培训

对于不能胜任本岗位工作的厨师，要进行强制性培训，并要明确地规定在培训期内达到何种要求。如果通过培训仍没有转变，就需要考虑给予换岗、降职的处分。

(二)培训内容

厨房人员的培训，主要包括职业道德、专业理论知识、专业实践技能的培训(其中职业道德方面培训一般由企业人事部负责)。

1. 职业道德教育

主要是引导厨房工作者树立正确的世界观和人生观，学习党的方针、政策和国家的法律法规。努力提高思想觉悟，熟悉和了解企业的一切规章制度和经营目标。培养他们对企业的凝聚力和良好的职业道德。通过这方面的培训，激发和增强他们热爱本职工作、刻苦钻研业务、不断进取的信心和动力。

2. 专业理论知识

厨房工作，从表面上来看，似乎无需多少专业理论知识。其实，中国烹饪技艺的发展也与社会其他科学、技术、艺术一样永无止境。一道精美的佳肴，不仅是令人垂涎的食物，更是赏心悦目的艺术品。这些佳肴蕴含着烹制者的文化和艺术品位，这也正是一位厨师应当追求的艺术境界。要达到这种境界，就需要具备丰富的文化、艺术知识和专业理论知识，并且还需要能用所学到的理论知识来指导实践，以致不断提高专业技术。因此，一名合格的厨师工作人员必须掌握如下知识：食品原料知识、食品生化知识、食品卫生知识、烹饪工艺知识、食品营养知识、烹饪美学知识、各国饮食习俗、厨房管理知识等。

3. 专业技能知识

厨房人员的专业技能知识培训应根据不同工种(中式烹饪、西式烹饪、中式面点、西式面点)，不同等级(厨工、三级厨师、二级厨师……)的技术人员进行不同方式的培训。专业技能知识的培训目的，就是为了培养和提高厨房人员的专业技术和操作技能。所以，进行专业技能知识的培训是整个厨房培训工作的最主要的环节。专业技能培训的主要内容有各种原料加工技术(特别是新型原料加工)、本店的菜点制作技术、创新菜点、推广新的烹饪工艺、食雕与盘饰、新调味料使用、新设备使用与保养等。

(三)培训方法

由于厨房人员的文化知识水平、操作技能参差不一,厨师培训的形式和内容也应有所区别。所以,培训方法只有针对不同层次的培训对象,灵活掌握。常见的培训方法有以下几种。

1. 讲授法

可聘请有丰富知识的专业人员,通过口头语言讲授的形式向受培训者传授知识。讲授力求生动、易懂,要能结合实际工作中的有关问题进行解剖性讲授。讲授法一般用于专业知识和职业道德等课程。

2. 讨论法

当培训者提出一个或数个问题后,受训者置疑问题开展讨论,提出自己的看法和建议,最后由培训者归纳总结,得出问题的正确答案。讨论法适用于有一定专业知识和专业技能基础,同时又具有理解问题和分析问题能力的员工,但不适宜在新员工培训时使用。对于烹饪的制作工艺、加工工艺等问题可使用讨论法,以达到更好学习的目的。

3. 演示法

通过有经验厨师的示范操作,来提高受训者的操作技能的一种方法。演示法是一种较为常用的培训方法。比如,厨师长要推出一道新菜肴时,单靠口头讲授不能达到目的,而通过示范操作,分步骤讲明操作要领,就能够使有一定技术基础的受训者很快地掌握技术要领。演示法除了示范操作外,也可以组织受训者通过观看专业电视片、录像片等来提高专业技术水平。

4. 实践指导法

培训者根据培训计划的要求,指导、组织受训者进行实际操作,使受训者能将学到的知识付诸实践,达到巩固知识、培养技能的目的。此法可用于厨房设备的操作培训、菜点制作培训等。

在实践指导中,培训者要具体指导受训者的操作方法,并及时纠正受训者的不规范操作,对制作的菜点成品进行讲评,并对操作的全过程进行总结,找出问题,提出改进方法。

对于上述几种培训方法,在实际工作中应做到灵活运用,不断总结经验,找到最佳的培训方法,以达到培训的目的。

三、激　励

激励,“激”就是激发和刺激,“励”就是奖励或鼓励,激励就是管理者运用奖励或鼓励的方式去激发和刺激下属员工工作热情的一种方法。人的行为是由刺激引起的,刺激是产生人行为的条件,也是促进人的行为、激发和调动人员的积极性和创造性的重要手段。为什么刺激会产生行为呢?这是由于刺激会引起人的某些需求,使人产生某种需求的动机,并进一步引起人的某种行为去实现需求。由于人的需求是无限的,当一种需求满足以后,又会产生另一种新的需求,如此循环往复,以至无穷。作为一名管理者不仅要满足下属的合理需求,而且还要关注诱发下属的新需求、去激发和挖掘人的内在潜力,充分发挥人的主观能动性。

激励方法主要有正面激励和负面激励,所谓负面激励是使用各种惩罚的手段,如批评警告、罚款扣奖金、降职或免职等使员工知耻而后勇的一种激励方法。而正面激励主要通过表扬、奖励等方法激发员工工作积极性。下面我们主要谈一谈正面激励的方法。

(一)物资激励

物资激励主要有奖金、提成、福利,甚至奖汽车、住房等形式。其中主要是奖金或提成,其根本指导思想就是多劳多得。多劳多得的实施有两种情况,一是厨房与厨房之间的竞争,一是厨师与厨师之间的竞争。

在餐饮企业,物资激励还主要停留在激发厨房与厨房之间竞争的层面。一般由企业高层给每一个厨房规定了不同的营收目标,超出目标的部分按一定比例提成作为奖金。奖金发到某一厨房后,将如何分发到厨房每一位员工手中呢?许多厨房往往是按职务级别或岗位的重要程度进行分发,但这对真正出力的厨师可能是一种打击。厨房管理在激励上还要注意将激励引向深入,要将激励的作用引入到厨师与厨师之间竞争的层面,只有这样才能真正使激励机制起到巨大的有效的作用。例如,为激发厨师创新菜品的积极性,有的餐饮企业推出了奖励措施,如果创新菜品被企业所认定,该厨师可获得200元奖金;如果试销良好达到一定目标如100份/月,可再获得500元奖金等。有的企业给每一位厨师发创新经费,其实也是一种奖金形式。这就是一种将竞争引入到厨师与厨师之间的方法。

(二)精神激励

精神激励方式主要有情感激励、参与激励、信任激励、榜样激励等。

1. 情感激励

情感激励是针对人的行为最为直接的激励方式。比如,某厨师小李,平时工作总是无精打采,敷衍了事,有时厨师长或领班批评他几句,他便一触即发,骂声不断,故意与领班作对,虽经多方教育仍不悔改。一次,小李因交通事故造成小腿骨折,住进了医院,厨师长、领班轮流去照顾、看望他,小李非常感动,待伤好来上班后,一改常态,工作积极、主动,服从分配,尊敬厨师长和领班。人们发现他已不是以前的小李了。从以上实例中可以看出感情激励可以发挥出惊人的力量。

感情联系是无形的，它不受时间、空间限制，与有形的物资联系相比较，能产生更为持久的效应。情感激励能起到融洽关系、协调感情、维系人心、减少内耗的作用。感情联系一经建立，员工便会把完成上司交办的任务作为感情用事上的补偿，较少甚至不计较工资、奖金等物质因素。要建立感情联系，管理者必须改变居高临下的工作方式，变单向的工作往来为多种形式的往来，建立思想、工作、生活、娱乐等多方面的接触。在员工没有心理压力的无拘无束交往中彼此相互信任，相互尊重。

2. 参与激励

参与激励是让下属参与管理工作，参与某些制度的制定和执行，使下属感觉到你在重视它。参与激励表明管理者有事愿意与大家商量。发扬民主，集思广益，这实际上是一种上下沟通感情的手段。参与会使员工感到心情舒畅，管理者承认了他们的"存在价值"，从而进一步地激发工作热情。

3. 信任激励

前面已提到信任的作用。信任是对人的价值的一种肯定，也就是管理者对被管理者的一种奖赏，因此这也是被管理者的一种需求。员工在得到了领导的信任后，将会更努力地工作。信任激励是一种非常有效的手段，常言道"士为知己者死"，这句话便是最好的说明。管理者要善于用人，要让下属认识并承担自己应负的责任，在其工作范围内具有人相应的权力。

4. 榜样激励

榜样是根据人们善于模仿的心理特点而树立起来的一面旗帜。榜样激励实质上是一种竞争激励，不甘落后是人之常情，所以任何人都有竞争向上的志向。作为榜样自身来说，由于自己作出的贡献受到了表彰，得到了他人的尊敬、承认，成就感等自尊得到了满足，其积极性就会更高。对于非榜样的人，在不甘落后的情感支配下必定想超过榜样，而去努力工作。特别是年轻人在一起，这种竞争表现就更加激烈了。只有当管理者掌握了这一激励方法，才能有效地激发每个人的工作热情，从而达到调动积极性的目的。

（三）物质奖励与精神奖励相结合

人的需求首先是物质的需求，然后才是精神的需求。因此，管理者在采用激励手段时，要注意处理好物质激励和精神激励之间的关系。金钱和物质是每个人赖以生存的前提，物质激励在一定条件下能产生相当大的激励作用。但是，物质激励如果不讲多劳多得，干好干坏一个样，就会使物质激励失去应有的作用。同时，物质激励也并非万能，在一定的条件下会产生"淡化"现象。比如，在厨房工作中发现,当一个人第一次因表现突出而获得50元奖金后,所产生的效果是很明显的。但如果连续拿几次同等量的奖金后,其效果就没有第一次那么明显了。又如:小王第一次拿奖金时得了200元,但当第二次只拿到180元奖金时,就会满腹牢骚,甚至产生后退的现象。因此,物质激励应与精神激励相结合,才有可能真正达到激励的目的。

厨房管理在厨师激励方面应注意多开发一些将物质与精神激励紧密结合的激励方法。例如竞赛激励,既有奖金的刺激,又有荣誉的激励,这样的激励才能达到最佳的效果。

思考题五

1. 厨房在餐饮企业整体布局中有哪些要求?
2. 厨房内部布局有哪些要求?
3. 厨房产品创新的基本原则是什么?
4. 主题宴席创新一般原则或要求是什么?
5. 厨房产品质量控制方法有哪些?
6. 提高厨房生产效率方法有哪些?
7. 厨师招聘的方法有哪些?
8. 厨师激励的方法有哪些?

案例六　巴国布衣的制度创新

巴国布衣是四川成都一家著名的经营新派川菜的餐饮企业。

巴国布衣管理者重视制度创新,决心使巴国布衣的企业制度完全建立在现代化、法制化的基础上,为此,他们于1997年8月出台了《巴国布衣管理规范》,此举标志着巴国布衣的企业管理制度向规范化、现代化迈出了新的一步。此后,他们又开始酝酿制订《巴国布衣宪章》,并于2001年3月修订完成。《巴国布衣宪章》明确指出,巴国布衣的最终使命是要对传统餐饮进行革命性的转变,使之符合现代餐饮发展模式。

我们知道,传统餐饮有一个很普遍的现象,那就是"家庭经营",妻子管财务,儿子搞采购,老子是大厨,大厨管一切。然而,老婆婆只有一个,儿子要计划生育,老子也只有一个,这样的企业即使传上一百代,显然也是难以做大做强的。

在巴国布衣,"宪章"规定,在公司财务制度上,必须禁止由家族内部成员掌控财务的不透明制度，实行在公开、透明和规范的财务制度面前人人平等；在企业人事制度方面，摆脱传统家庭关系中任人唯亲的缺陷，建立起任人唯贤、近亲回避的人事制度；在利益分配方面，清除传统家族企业分配关系模糊化和不公开的分配制度，建立起企业薪、奖金、福利分配的统一标准……

还不仅止于此，在大的原则把握下，巴国布衣还建立了一系列更加明细的制度。我们以采购为例就可见一斑。我们也知道采购环节可以说是餐饮企业"内部人腐败"的重灾。

在巴国布衣，财务管价格，厨房管质量，采购管渠道，形成了几个部门环环相扣、相互制约、相互监督的一整套专业采购体系。诸如此类，这种依靠制度的完善，而并非人的眼睛管理企业的做法，在今天的巴国布衣早已深入人心，并形成习惯。

再说说传统餐饮那个很基本的"行规"厨师中心制，即厨师长为一店之长。而厨师中心制的一个核心制度就是"包厨制"，即整个厨政系统一个月固定开支多少万、用多少人、用哪些人、每个人发多少工资，所有这些全部由厨师长说了算。业内人士不无夸张地说，厨师长跺脚离开，酒楼不垮也要脱层皮！

对于包厨制，《巴国布衣宪章》指出，传统的厨师中心制是封建小作坊生产文化的缩影，它把经营管理的职责过多地交给了以烹饪技术见长的厨师，这种岗位职权模糊、自我封闭的特色，势必难以适应现代餐饮经营的需要，应革除。基于这一思考，巴国布衣在业界率先明确提出："不是由名厨创造名店，而是由名店创造名厨。"同时宣布由传统厨师中心制向经理中心制转变，其主要措施，一是摒弃厨师长包厨制，厨师长成为企业经营管理系统的一个执行环节；二是企业经营权由厨师长支配转向经理人控制，厨师长成为经理下属的一个职位。

一石激起千层浪。巴国布衣的创举捅了全行业的马蜂窝，先是川菜业内一些权威人士大声疾呼，谴责巴国布衣标新立异、不懂行规、难成正果。紧接着巴国布衣派往外地的厨师长不服管理大闹情绪，其菜品质量一日三变，再后来巴国布衣新开张的连锁分店，怎么也难聘到"年长艺高"的厨师了。

从1997年初到1998年末，企业高层在巴国布衣厨师中心制还是经理中心制的问题上艰难求变，直到1999年初，巴国布衣烹饪技术研究所及烹饪技术学校成立，一大批自己培训的、富有创新精神的优秀中青年厨师脱颖而出，巴国布衣的经理中心制才得以完全确立。这期间，他们还着手编写了"巴国布衣标准菜谱"，将历年采集、开发、创新的基本菜品进行了标准化整合与梳理，以利于现代厨政系统的运营管理。

这以后，巴国布衣开始实行所有权与经营权的彻底分离，实现经营管理主体由投资人向职业经理人的转变。

从1999年7月举办第一期高级经理人员培训班，初步确立职业经理人形成机制开始，到2001年11月巴国布衣四位创始人全部退出企业的具体经营管理操作，两年多时间里，因为这一转变，一大批综合素质高、精通市场和经营管理的专业人才得以加盟巴国布衣，并且一天天发挥着日益重要的骨干作用，从而推动着企业最终从法制上明确了巴国布衣投资人和职业经理人各自的责任、职权和利益。

思考题

1. 巴国布衣为什么要大搞制度创新？有哪些制度创新？
2. 包厨制的缺点是什么？巴国布衣是如何应对的？

第六章

餐厅管理

第一节　餐厅内部环境设计

一、餐厅内部环境设计的主要内容

餐厅内部环境设计内容主要有空间设计、装饰设计、餐厅光线、餐厅温湿度、餐厅音响等。

(一)餐厅面积

现代城市,地价昂贵,如何确定餐厅面积关乎经营的成效。一般而言,开一家餐厅要事先做好平均每日接客数量、顾客平均消费等预测,这对餐厅面积的确定有重要影响,因为每日接客数量决定了餐厅餐位的数量,如果再知道每个餐位所占面积就可算出餐厅总面积:

餐厅总面积=餐位数×餐位面积

而不同类型的餐位面积是不同的,如果以餐厅总面积为基础,则各类餐厅餐位面积可按以下标准配备:

宴会厅:1.6～1.8平方米/座　　西餐扒房:1.8～2.0平方米/座

团体餐厅:1.2～1.3平方米/座　　零点餐厅:1.5～1.7平方米/座

咖啡厅:1.4～1.5平方米/座　　酒吧间:1.3～1.5平方米/座

所以,餐厅面积太大或太少,均不可取,应以餐厅设定的接待客人数量来决定营业面积的大小。厅大客少,不但企业赔钱,客人也觉得没有气氛,生意必定趋于清淡;同样有些餐厅因为生意火爆,而加倍增大营业面积,生意反倒一落千丈,可能是由于火爆气氛消失所致。在中国经营餐饮业,应十分注意适应中国人喜欢热闹的习惯,国内外许多餐饮企业在中国内地、香港和台湾均注意这方面的特点,每日高朋满座的肯德基炸鸡店在上海等地区的成功就是这个原因。"庙不在大,香火旺盛",大型的餐厅,并非就是第一流或最完美的餐厅。

(二)餐厅空间设计

餐厅空间设计主要是对餐厅面积的功能区化,一般而言,餐厅有顾客空间、管理服务空间、公用空间等。顾客空间主要有餐桌椅、贵宾室、衣帽间、洗手间等;管理服务空间主要有办公室、服务台、服务人员休息室、仓库等;公用空间主要是员工与客人共同使用的餐厅通道等。

餐厅空间设计要注意布局合理,功能全面。

中式餐厅在空间设计上存在的主要问题有:

1. 不重视洗手间的设计

让人难以置信的是,还有相当数量的餐厅没有洗手间,就是有亦是面积狭小、卫生状况差甚至男女混用的洗手间。

欧美西餐厅非常重视洗手间的设计和卫生保养,他们把洗手间看成餐厅形象的一部分。例如麦当劳、肯德基快餐厅就非常重视洗手间的设计与保养,而有些客人甚至是因为这里有舒适的洗手间而到此就餐。

2. 不重视员工和客人通道的设计

许多餐厅为了多摆几张餐桌,不断挤压餐厅通道,使客人和服务员行进困难,给客人造成不便,又影响员工工作效率和操作的安全性。

在安排人员通道时首先应考虑尽可能选取直线,避免迂回的曲线,使客人与工作人员能在第一时间内到达想要到达的位置;其次是主要通道与次要通道之分,主要通道的宽度要明显大于次要通道;再次是主要通道或次要通道均应考虑手推车的通行宽度。

(三)餐桌、椅配置

餐厅桌椅不同、风格不同、材质不同,还有中西式不同等,餐厅在选配桌椅时要根据餐厅风格特色不同选用不同的桌椅,如仿古风格餐厅选用明式家具,快餐厅则选择简洁明快的现代风格家具。

在餐桌选择上，还有一个大小不同的餐桌配置问题。餐桌有1人桌、2人桌、4人桌、6人桌、8人桌、10人桌、12人桌，最多可达到24人桌。

但作为一个餐厅如零点餐厅该如何确定2人桌、4人桌或多人桌之间的数量比例呢？这不仅涉及餐厅的整体布置效果，而且还涉及餐座的利用率。4人餐桌，同时供应四位客人使用时，其利用率是百分之百，然而当只有两位客人占用时，其使用率就下降了一半。如果餐厅的餐桌大多是这种情况，初一看是满座，其实餐座使用率却不高。因此，大小不同的餐桌的配置就需要讲究，例如某餐厅据调查，一般进入餐厅就餐的客人中，成双成对者约占50%，独自一人就餐者占30%左右，三人或三人以上者占20%上下，则餐厅据此确定大小不同餐桌的比例。一般零点餐厅的餐桌应以两人桌为主，这种两人桌可随时转变为三人桌、四人桌，拉开翻板又可增加至五人或六人桌。在可坐多人的大圆桌上摆放。“留座”牌号，以免少数人占用一个大圆桌。

(四)餐厅光线和色调、色彩

1. 餐厅光线

餐饮服务场所的光线首先应考虑光源的形式。在餐厅中大致有三种光源：自然光源(阳光)、人工光源、自然光源与人工光源混合形式。人工光源分为电灯光源和烛光光源。餐厅采用何种形式的光源，受餐厅档次、风格、经营形式与建筑结构的制约。饭店中的餐厅多用混合光源照明，在咖啡厅、快餐厅中，自然光源的比重大些；而在高档宴会厅或法式餐厅中，人工光源的比例会大些，要利用不同的光源形式，营造不同的就餐氛围。

烛光是餐厅传统的灯光。这种灯光是红色焰光，能使顾客和食物都显得漂亮。它比较适用于朋友集会、恋人会餐、节日盛会等。白炽光也是餐厅使用的一种重要灯光。这种灯光最容易控制，食品在这种灯光下看上去最自然，而且调暗灯光，能增加顾客的舒适感，从而延长顾客的逗留时间。然而，白炽光的成本较高，一般适用在较为豪华的餐室。荧光是餐厅使用最多的灯光，这种灯光经济、大方、但缺乏美感，因为荧光中蓝色和绿色强于红色和橙色而居于主导地位，从而使人的皮肤看上去显得苍白、食品呈现灰色。

餐厅光线方面还需要引起重视的是餐厅受光的强度。光的强、弱、明、暗，将会产生不同的效果，利用各种光线的强弱并配以色彩变化，可以炫耀各种菜肴的特色与美观，给就餐者留下深刻的印象，并产生食欲；同时光线强弱的变化，还可引起餐厅色彩的无穷变化。一般而论，越是高档的餐厅，光线的强度相对较弱；反之，餐座周转率较高的餐厅普遍使用光照度较强的配置。平均来说，餐厅中任何一张餐桌上的光照度都应保持在100烛光为宜。当然许多餐厅已普遍使用调压开关，来调节灯光亮度。

另外,彩灯对营造气氛起到良好作用。红色光对家具、设施和绝大多数食品都是有利的,桃红色、乳白色和琥珀色光可用来增加热情友好的气氛。但彩灯光线会影响人的面部和衣着,绿色和蓝色光通常不适于照射顾客。

2. 餐厅色调

餐厅要讲气氛,其色调的确定较为重要。色调一般分冷、暖及中性色调,暖色调使人感到空间紧凑,给人以温暖感觉,而冷色调使人感到空间扩大给人以凉爽的感觉。确定色调一般规律见表 6.1。

表 6.1 根据餐厅主题确立色调

餐厅	色调	光源
豪华型	转暖或明亮	50 瓦
正餐	橙黄、水红	50～300 瓦
快餐	乳白色、黄色	100 瓦

3. 色彩

色彩是气氛中可视的重要因素。它是设计人员用来创造各种心境的工具,不同的色彩对人的心理和行为有不同的影响。有些人认为,红、橙之类的颜色有激励的效果,其他如蓝色等冷色则有镇静的作用。一般来说,颜色对人的心境有如下影响(见表 6.2)。

表 6.2 颜色对人的心境影响

颜色	作用
红色	振奋、激励
橙色	兴奋、活跃
黄色	刺激
绿色	宁静、镇静
蓝色	自由、轻松
紫色	优美、雅致
棕色	松弛

在餐厅气氛设计过程中,要想提高顾客的流动率,餐室最好用红绿相配的颜色,而不使用诸如橙红色、桃红和紫红色等颜色。因为橙红、桃红和紫红色等颜色有一种柔和、悠闲的作用。在快餐馆气氛设计中,鲜艳的色彩十分重要,这种色彩配合以紧凑的音和嘈杂声音使顾客无暇交谈,驱使他们就餐后快速离开这里。

要想延长顾客的就餐时间,就应该使用柔和的色调、宽敞的空间布局、舒适的桌椅、浪漫的灯光和温柔的音乐来渲染气氛,从而使顾客有多呆一会的意愿。

(五)温度、湿度和气味

温度、湿度和气味是餐厅气氛的另一方面,它直接影响着顾客的舒适程度。温度太高或太低,湿度过大或过小以及气味的种类都会影响着顾客就餐的时间、菜点的选择和就餐的情绪。

顾客因职业、性别、年龄的不同而对餐厅的温度有不同的要求。通常,妇女喜欢的温度略高于男性;孩子所选择的温度低于成人。活跃的职业使人喜欢较低的温度。此外,季节对餐厅的温度也有影响。夏天餐厅的温度要凉爽;冬天要温暖。一般来说,餐厅的最佳温度应保持在 21～24℃。温度还能影响顾客的流动性。快餐馆很少利用较低的温度来增加顾客的流动率。同样,豪华型的餐厅应该用较高的温度来增加舒适程度,因为较温暖的环境给人以舒适、轻松的感觉。

湿度会影响顾客的心情。湿度过小,即过于干燥,会使顾客心绪烦躁,从而加快流动。反之,适当的湿度,能增加餐厅的舒适程度和活跃程度,减缓顾客的流动。餐厅温度与湿度的对照,具体见表 6.3。

气味也是餐厅气氛中的重要组成因素。气味通常能够给顾客留下极为深刻的印象。顾客对气味的记忆要比视觉记忆更加深刻。有时,烹饪的芳香弥漫餐厅,会引发顾客食欲。然而,如果气味不能严格控制,餐厅里充满了污秽和一些不正的气味,必然会给顾客的食欲造成极为不良的后果。

表 6.3　餐厅温度与湿度的对照表

室外温度(℃)	室内温度(℃)	相对湿度
25	22	65%
26	23	65%
28	24	65%
30	25	65%
35	29	65%
−10	20	65%
−20	28	65%

(六)噪音与音响

噪声是由空调、顾客流动和餐厅外部的声响所造成的。不同种类的餐厅对噪声的控制有着不同的要求。对于招待忙碌了一天的企业人员或顾客来说,就需要安静和优雅的环境。因此,对噪声的控制较严。

现代的研究已证实,音乐确实对顾客的活动有一定的影响。明快的音乐会使顾客加快就餐;相反,节奏缓慢而柔和的音乐会给顾客一种放松、舒适的感觉,从而能延长顾客的就餐时间。因此,不同种类的餐厅要进行不同的音乐设计。餐厅音响控制要注意：

1. 音量的大小

餐厅就餐音乐属典型的背景音乐，音量以不影响小方桌上面对面的两个人轻声讲话为宜。

2. 主题的选择

餐厅背景音乐的主题，应以欢快、轻松为宜，这样能使就餐者在较松弛的状态下轻松用餐；过于严肃的主题，不适宜作餐厅背景音乐，试想如果用贝多芬的“命运”交响曲或柴可夫斯基的“悲怆”交响曲在餐厅中播放的话，结果会怎样呢？

3. 节奏的快慢

餐厅背景音乐的节奏尤其是高档餐厅的音乐节奏，应选用缓慢、舒坦、比较抒情，而忌用节奏感较快、且又较强烈的音乐。试想如果在餐厅播放进行曲或者迪斯科音乐后果会如何呢？

二、餐厅气氛营造

（一）餐厅气氛营造的意义

餐厅气氛营造，其实质是餐厅的一种文化建设，这种文化建设的重要意义在于：

1. 能体现餐厅服务鲜明的特色

餐厅气氛营造不仅仅要在菜点或宴席设计等厨房产品上做文章，还应在餐厅环境和员工服务方面下足工夫，这样才能打造完美的餐厅气氛，而这种全方位的气氛营造必将使餐厅特色得到更鲜明的凸显。

2. 能给客人一种深刻的就餐经历

高品质的餐厅气氛营造，会使客人的就餐过程不是在吃菜而是在“吃文化”。同样一盘“醋熘土豆丝”，在家里或别的餐厅吃是一种味道，而在这里吃是另外一种味道，你能品出它的味外之味，这就是气氛的魅力或文化的魅力。

3. 餐厅气氛影响经济效益

餐厅气氛不仅仅是吸引并招徕客人，而且能使客人多消费、重复消费，成为餐厅的回头客、老顾客，从而带来良好的经济与社会效益。餐厅气氛营造是一种文化建设，这种文化是餐厅最宝贵的财富，亦是钟情餐厅的客人们所共同拥有的财富。

（二）餐厅气氛营造三要素

餐厅气氛营造三要素，即环境设计、员工服务及厨房产品设计。

1. 环境设计

一个餐厅环境设计除了前面讲过的餐门面外部设计及餐厅内部环境设计之外，餐厅内部环境设计还有如地毯、窗帘等的选择；各种花卉、树木盆景的选择与摆放；屏风、博古架、挂画、挂毡等的选择与摆放等。

2. 员工的劳务服务

员工的劳务服务从服装色彩选择和款式设计、员工仪容仪表与言谈举止、员工服务规程设计等都是餐厅气氛营造需要考虑的因素。

3. 厨房产品

菜点的色、香、味、形、器，以及菜名、菜点背后的文化；宴席菜点设计、上菜的顺序等，亦是形成餐厅气氛的重要组成部分。

(三)餐厅气氛设计原则

1. 综合设计原则

餐厅气氛营造的三要素，即环境设计、员工服务及厨房产品设计的一种综合的全方位的设计，仅仅重视一个或两个因素设计都是不完美的。

2. 科学设计原则

科学设计要求各要素的设计要围绕同一个主题进行协同设计，以充分凸显餐厅某一特色或风格。切忌各要素在设计中各自为政、偏离主题的做法。

中国许多餐厅在这方面常常出问题，不管是大酒楼还是小餐馆。如一高档大酒楼，点菜大厅是一派热带风光：大鱼缸里游动着生猛海鲜，还配有几棵高大的椰子树；餐厅则设计成古色古香的宫廷风格或小桥流水的江南风格；服务员们的衣服款式却竟然是现代风格；菜点特色是川、鲁、苏、粤等样样具备，海鲜并不是餐厅最主要的菜点特色。这种拼凑组合的设计，虽然各有特色，但无法创造特色；虽然酒楼非常重视气氛的营造花了许多钱，但由于缺乏科学设计而成为一个劣质产品。

3. 趋雅原则

餐厅气氛主题的选择要讲品质切不可低级庸俗。气氛主题选择范围或浪漫或休闲或热闹或平静或神秘等都是可以的，但在具体设计中切忌添加色情等不健康因素。有的气氛是不适宜餐厅的，如恐怖气氛，因为在恐怖气氛中饮食严重违背饮食的科学原则。以恐怖为主题的餐厅在欧美兴起后，近年来在我国北京也出现了所谓的“监狱餐厅”，让人非常遗憾的是这个“监狱餐厅”居然被许多研究或关注体验经济的专家或学者津津乐道，还在电视上大讲特讲，造成了很不好的影响。恐怖气氛肯定有它的市场，但恐怖应远离餐厅。

第二节 餐厅服务技能概述

餐厅服务技能是指从事餐厅服务接待工作所应掌握的技艺，主要包括托盘、餐巾折花、摆台、斟酒、上菜和分菜、撤换餐具、客前烹制、迎宾、领座、菜单展示、落餐巾、小毛巾服务、斟茶、结账服务等。

下面选择主要的内容作一简介。

一、托　盘

1. 托盘的作用

托盘是餐厅运送各种物品的工具。正确有效地使用托盘，是每一位餐厅服务人员在工作中必须掌握的一门服务技术。正确使用托盘，不仅能减少搬运次数、减轻劳动强度，提高服务质量和工作效率，还可体现餐厅服务工作的规范化，显示餐厅服务人员的文明操作。在服务中，无论是摆、换、撤、运餐具，还是走菜、托运饮品，都要根据不同的物品及工作需要，用各种不同规格的托盘装运、递送。

2. 使用托盘的基本要求

使用托盘基本要求是：讲究卫生、启运方便、礼貌安全、托平走稳、汤汁不洒、菜形不变。

3. 托盘的种类和用途

托盘有大、中、小型几种规格，以满足不同运送的需要。形状通常是圆形或长方形两种，其他还有椭圆形等。按其质地来分，通常有木制、竹编、金属和胶木托盘等。目前用得较为普遍的是胶木托盘，其优点是轻便、防滑、防腐、耐用。

大、中型长方形托盘，一般用于托运菜点、酒水和盘碟等较重的物品。

大、中型圆形托盘，一般用于斟酒、展示饮品、送菜、分菜、收菜、送咖啡、冷饮等。

小圆形托盘通常用来送少量饮料、桌上小器皿、递送账单、收款等。

运送物品时，应选择大小与所负载的物品相称的托盘。

4. 托盘操作

托盘方法按其重量，分为轻托（又叫胸前托）和重托（又叫肩托）两种。

轻抚就是托送较轻的物品或用于上菜、斟酒操作，一般重量在 5 千克左右。轻托通常在客人面前操作，因此熟练程度就显得十分重要，是评价餐厅服务水平的标准之一。这种托法适用于中小型托盘，其操作程序主要是理盘、装盘、起托、行走和卸盘等。

重托是托运较重的菜点、酒水和餐具，一般重量在10千克左右。目前，许多餐饮企业并不使用重托，多用一些漂亮的小型手推车，这样既安全又省力。但重托仍应作为餐厅服务员基本技能加以练习。

二、摆台1——桌面餐具摆放

摆台主要是指桌面餐具摆放和宴会台型设计。根据各地宾客饮食习惯不同，宾客就餐的形式、规格不同，所摆设的餐具种类、件数及台面的造型都有所不同，而且各餐厅均有本餐厅独特的摆台方式，因此不可能完全统一。但是，所摆放的台面必须遵循整洁有序、尊重食俗、适应需求、配套齐全、方便就餐、方便服务、艺术美观的原则。

下面就桌面餐具摆放和宴会台型设计分别论述。

桌面摆放主要分中式摆台和西式摆台。

(一)中式摆台

1. 准备餐具及用品

中餐摆台所使用的餐具通常有餐碟(又称骨盘、接骨盘、吐司盘等，各地叫法不同)、筷架、筷子、汤碗(也称口汤碗)、汤匙(一般是瓷制，放在汤碗里，也称调羹、汤勺、小瓷勺等)、不锈钢制的长柄匙(用做个人餐具或公用餐具)。中餐餐具通常有水杯(也叫啤酒杯)、黄酒杯(也叫甜酒杯，色酒杯、葡萄酒杯)、白酒杯(也叫烈性酒杯)。中餐公用餐具通常有公筷、公勺、公叉等。其他还有调味器、牙签、席签(座位卡)、台签(席次卡)、花瓶、烟灰缸。值得一提的是：现在公共场所提倡不吸烟，有的地方甚至规定禁止吸烟，因此，现在摆台时通常不放烟灰缸。

2. 铺台布、放旋转盘、椅子定位

3. 摆餐具

餐具摆放的一般顺序是：

摆餐碟定位。将餐具摆放在垫有布巾的托盘内，然后左手托盘从主人座位处开始按顺时针方向依次用右手摆放餐碟定位，要求盘边距离桌边为1厘米，盘与盘之间距离距离相等，盘中店徽等图案要对正。

摆筷子架、筷子。将筷子架摆在餐碟的右上方，再将带筷套的筷子摆放在筷子架上。要求筷子的后端距桌边1厘米，距餐碟1厘米，筷套的图案要向上。

摆搁碟或口汤碗、调羹。将搁碟或口汤碗放在餐碟的左前方，距餐碟1厘米，然后将调羹摆在搁碟或口汤碗上，调羹把朝左。

摆酒具。中餐宴会一般使用三杯，即水杯、葡萄酒杯、白酒杯。先将葡萄酒杯摆在餐碟的正前方，白酒杯摆在葡萄酒杯的右侧与葡萄酒杯的距离约为1厘米。

将折叠好的餐巾花插放在水杯中，将杯摆在葡萄杯的左侧，距葡萄杯约1厘米。三个杯要横向成一直线。

摆公用餐具。在正、副主人酒具的前方，各横放一双垫有筷子架的筷子，用来夹菜的一端向左，手持的一端向右。

摆牙签。摆牙签有两种方法：一种是用牙签桶，将其摆在主人位上公用餐具的左侧，另一种方法是把袋装牙签摆放在每位宾客餐具旁边，袋装牙签一般都印有本店标志，要注意摆放方向。

摆烟缸、火柴。烟缸分别摆在正副主人的右边，位置在两个相邻餐碟之间，或者摆放在公筷的右边，火柴摆在烟缸上，正面向上。

摆放菜单、台号。在通常情况下，10人餐台放2份菜单，10人以上餐台放4份菜单，菜单摆在正、副主人筷子的旁边，菜单的下端距桌边1厘米。摆4份菜单时，除正、副主人旁边各放一份外，另两份放于正副主人之间位置居中的宾客旁边。菜单也可以竖立摆放在水杯旁边。高档宴会，菜单也可每人一份。台号牌放在花瓶左边或右边，并朝向大门入口处。

检查摆台、放上花瓶。全部餐具摆好后，再次整理，检查台面，调整椅子，最后放上花瓶，以示结束。

这只是中餐宴会摆台的一般程序，不同地区或不同的餐厅在具体操作上会有不同。

零点早餐、零点正餐摆台与宴会摆台肯定有不同，主要是使用餐具的件数减少和摆放有所不同。

(二)西餐摆台

1. 餐具准备

西餐餐具主要有餐盘(又叫垫盘、装饰盘)、水果盘、面包盘、餐刀、餐叉、餐匙、烈酒杯、各式酒杯等。其中以餐刀、餐叉、餐匙之类最多。因为菜点种类不同，食用方式各异，故餐具形状大小也多种多样。按大小分，主菜刀叉最大，鱼刀鱼叉次之，甜点叉匙就更小些，而咖啡匙、黄油刀、奶油刀等则是最小最短的金属餐具。另外，还有公用餐具、盐瓶、胡椒瓶、牙签桶、烛台、花瓶、火柴、烟缸等。

2. 按规定铺台布、摆烛台，并将椅子定位。

3. 摆餐具

摆餐巾。用左手垫上餐巾，托着盘底，从主人位置开始按顺时针方向用右手在每个席位正中摆放餐盘。注意盘的图案、店徽要摆端正，盘边距桌边约1.5厘米，盘与盘之间的距离要相等。

摆刀叉。要将此次宴会使用的全部刀叉都摆在餐台上，使客人明了此次宴会的菜式和道数。从餐盘的右侧从左向右依次摆放主菜刀、鱼刀、汤匙、开胃品餐刀。摆放时刀口朝左、匙面向上，刀把、匙把距桌边1厘米。然后再从餐盘的左侧从右向左依次摆放大餐叉、鱼叉、开胃品叉，叉面向上，叉把与刀平行，鱼刀、鱼叉要向上方突出2～3厘米。

摆水果刀叉和点心匙。在餐盘的正前方摆水果刀叉，刀把向右，刀刃向餐盘。水果叉（或甜品叉）叉齿向右，叉把向左，与水果刀平行摆放。点心匙与水果刀平行横放于餐盘正上方，匙把向右。

摆面包盘、黄油刀和黄油盘。靠开胃品叉的左侧摆面包盘，面包盘与餐盘中心横向取齐，盘边距离餐叉1厘米。在面包盘靠右侧边沿处摆放黄油刀，黄油刀的刀刃向面包盘盘心。黄油盘摆在面包盘右上方距面包盘2厘米左右。

摆酒具。酒水杯摆放多为上下三角形，水杯先摆，摆在餐刀顶端（只用一种杯时，位置也在此），其他两种酒杯可根据台型和距离，从左到右依次摆放。三套杯从左到右分别是水杯、红葡萄酒杯、白葡萄酒杯。如果有第四种杯子则在三套杯的基础上，将白葡萄酒杯向下移1～2厘米，在其上放置酒杯。各酒杯之间相距约1厘米，以能伸入手指取杯为度。

叠餐巾花。将叠好的盘花摆在餐盘正中，注意把不同式样、不同高度的餐巾花搭配摆放。

摆放用具。盐瓶、胡椒瓶、牙签桶按4人用一套的标准摆放在餐台中线位置上；烟缸从主人右侧摆起，每两人之间放一个，烟缸的上端与酒具平行。摆设花坛或一个花瓶时应置于台心位置，摆设数个花瓶时应等距离摆在长台中线上。鲜花高度不高过客人眼睛位置，以免妨碍宾客视线。菜单最好每人一份，但不得少于每桌两份，并设席位卡等。

摆台时，按照一餐盘、二餐具、三酒水杯、四调料用具、五艺术摆设的程序进行，要边摆边检查餐具酒具，发现不清洁或有破损的要马上更换。摆放在餐台的各种餐具要横竖交叉成线，有图案的餐具要图案方向一致。每套餐具之间不要混淆，全台看上去要整齐、大方、舒适。

以上也仅是西餐宴会摆台的一般顺序与要求，而西餐零点早餐、零点正餐等摆台与宴会摆台肯定不同，亦主要是餐具件数的减少和摆放的不同。

三、摆台2——宴会台型设计

宴会台型设计就是将宴会餐桌按一定要求排列组成各种格局。宴会台型设计的总体要求是：突出主台，主台应置于显著位置；成一定的几何图形，餐台的排列整齐有序；间隔适当，既方便来宾就餐，又便于席间服务；留出主行道，便于主要宾客入座。宴会类型不同,台型设计也有一定的区别,下面简单介绍各种宴会的台型设计。

(一)中式宴会台型设计

中式宴会台型设计的一般次序是:中心第一、先左后右、近高远低。中心第一,即指布局时要突出主桌,主桌在餐厅的上首中心,而且主桌尺寸比其他桌要大,主桌在摆台上亦更为醒目。先左后右,是指主桌左边的地位大于主桌右边的地位。近高远低,是指靠近主桌的桌子的地位大于远离主桌的桌子。

1. 小型宴会台型设计

小型宴会是指1～10桌的宴会,其设计较为容易。一般三桌可排成"品"字形或竖一字形,餐厅上方一桌为主桌;四桌可排成菱形,餐厅上方一桌为主桌;五桌可以排成"立"字形,上方一桌为主桌;六桌可排成"金"字形,上方一桌为主桌,亦可排成梅花型等,如图6.1所示。

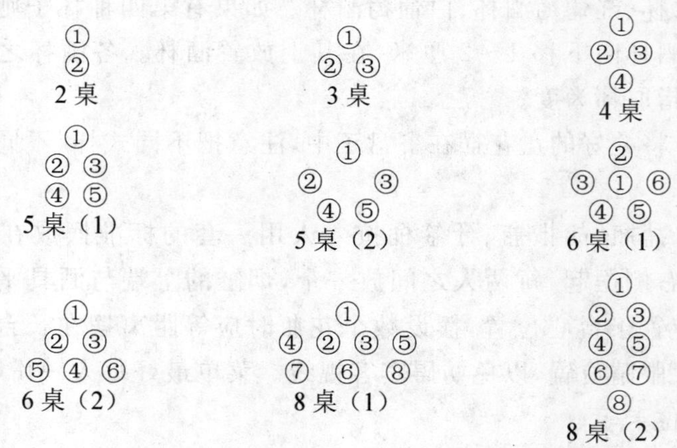

图6.1 小型宴会台型设计示例

2. 中大型宴会设计

中型宴席是11～20桌的宴席,大型宴席是指超过20桌的宴席。两者设计基本上按"主"字形进行设计,但中型宴席主桌区一般为三桌(按"品"字形摆放),其上首为主桌中的主桌),而大型宴席主桌应为五桌(按"△"形摆放),其顶部为主桌中的主桌,如图6.2所示。

(二)西式宴会台型设计

西餐宴会一般使用长台,长台是可以拼接的,长台餐的大小和台型的排法,可根据宴会的人数、宴会厅的形态和大小、服务的组织、客人的要求来进行。台型要做到尺寸对称、出入方便、图案新颖。椅子之间的距离不得少于20厘米,餐台两边

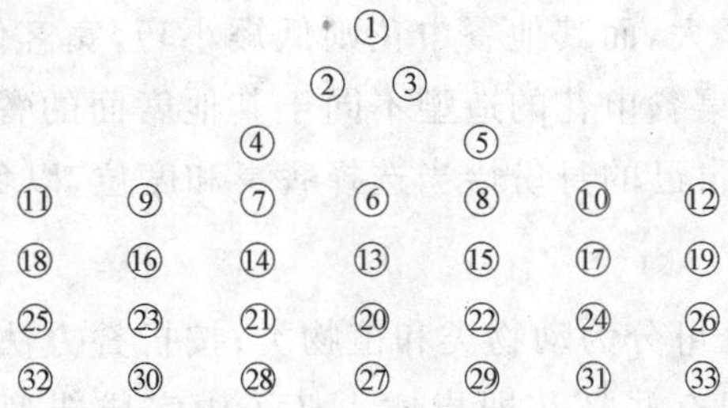

图 6.2　大型宴会 33 桌台型设计示例

的椅子应对称摆放。除了长条桌和圆桌外，常见的餐桌排列有下列几种台型，如图 6.3 所示。

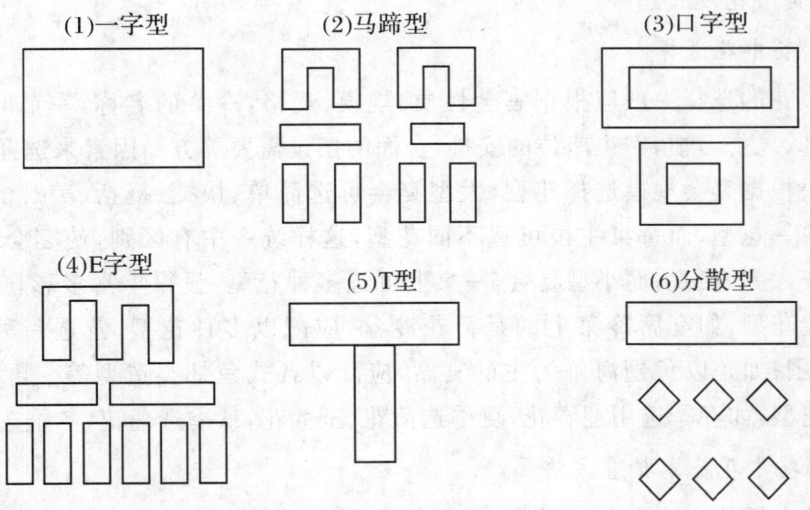

图 6.3　西餐宴会台型设计

四、餐巾折花

(一)餐　巾

餐巾又名口布、茶巾、茶布、席布、席巾、花巾等，其作用是保洁的作用，可衬在胸前或铺设膝上，防汤汁污染衣物。其次，将餐巾折叠成千姿百态的花型，对席面起到点缀美化的作用，它能增进宴会隆重热烈的气氛，给宾客以艺术上的享受。第三，餐巾花还是一种无声的语言，交流着宾主之间的感情。如在席面放“迎宾花篮”，表示主人对来宾的热烈欢迎；在结婚喜酒席上，采用“戏水”、“喜鹊登枝”、“玫瑰花开”等花型，表达人们对新人的美好祝愿；在老人面前摆设“瑶池寿桃”、“鹤鸣祝寿”等花型，会使老人感到特别高兴。

运用餐巾花不同花型的摆放，还可以起到识别标志的作用。如一桌宴席中，有一朵餐巾花特别醒目高大，而其他餐巾花则低矮小巧，宾客便知道这一席位是主人席。又如多桌宴席，一桌餐巾花的造型不同于其他席面的餐巾花，来宾就会知道这一桌是主桌，来宾根据自己的身份恰当选择餐桌和席位，以免出现尴尬的场面。

(二)餐巾花分类

餐巾花按外形来分可分为动物类和植物类；按折叠方法和摆放工具的不同，可分为杯花和盘花。其中有些杯花即指插入杯子中完成造型的餐巾花，其制作工序多，造型美观逼真，一般用于中餐宴席。盘花即放在餐盘或桌面等上面完成造型的餐巾花，由于盘花造型简单、叠法快捷，符合现代生活的快节奏，且放开后皱折较少，成为餐巾花发展趋势。

(三)餐巾花选择

餐巾花的选择一般应根据宴会性质、规模、规格，冷菜的名称，季节时令，来客宗教信仰、风俗习惯，宾主座位的安排，台面的摆设需要等方面因素来选择花型。

如果根据宴会规模选择花型，大型宴会可选简单、快捷、挺括、美观的花型，每桌可选单一花型，而每桌主位可选不同花型，这样统一中有区别，使宴会餐巾折花显得整齐大方、美观；而小型宴会，一桌上可选多种花型，显得丰富多彩。如根据菜单内容选花型，如宴席冷菜上的是荷花冷盆，应配以多种花型，营选一种“百花齐放”的氛围；如是以鱼翅海鲜为主的宴席，应配以各式鱼虾类造型等。再如根据季节选用花型，如春季选用迎春花，夏季选荷花、玉兰花，秋季选菊花，冬季选梅花等。

(四)餐巾花基本折叠方法

其基本折叠方法有正方折叠、长方折叠、条形折叠、三角折叠、菱形折叠、锯齿折叠、尖角折叠、提取翻折、折角折叠等。每种造型，通过局部变化，就能折成多种花型。具体折叠方法这里就不一一介绍了。

五、斟　酒

(一)斟酒准备工作

(1)给客人斟酒前，须将酒瓶擦干净。

(2)要将各种酒品按要求事先进行降温或增温处理。啤酒和有汽葡萄酒最佳饮用温度在4～8℃，白葡萄酒则是8～12℃，一般用冰桶或冰箱进行冰镇处理。另外，酒杯亦要进行降温处理。而黄酒等需要60℃饮用滋味更佳，就需要加温处理。

(3)准备酒杯。不同的酒配不同的酒杯，这在西餐中表现最为突出，而且要求也很严格，必须先做好充分准备。

（二）示酒和试酒

比较贵重的酒水要有示酒和试酒环节。示酒方法是：服务员站在主人的右后侧，左手托瓶底，右手扶瓶颈，商标朝向客人，让客人辨认。试酒是先给主人斟倒少量酒水供其品尝，获得主人认可后方可为其他人斟酒。

（三）斟酒方法

斟酒方法主要有托斟（托盘斟酒）和徒手斟酒。托盘斟酒时，服务人员站在宾客的右后侧，右脚向前，插进两椅之间，侧身而上，左脚微微踮起。左手托盘，保持平稳，右手拿瓶斟酒，手势自然，握酒瓶中部，酒瓶的品牌朝向客人，瓶口离杯口2cm，动作要稳妥，手法要轻缓，举止稳重，风度自然大方。

如果一桌宾客一次用同一瓶酒，采用徒手斟酒。斟酒的姿势要领同上，左手应持一块干净的餐巾放在身后，斟完酒后可擦去瓶口的酒水。徒手斟酒又分为桌斟和捧斟。桌斟是将酒杯放在桌上为宾客斟酒。捧斟的方法是右手握瓶，左手将酒杯捧在手中，站在宾客的右后侧，再向杯内斟酒，然后将斟上酒的酒杯放在宾客的右手处，捧斟适用于非冰镇处理的酒。

（四）斟酒量

（1）中餐在斟倒酒水时，一律以七八分为宜，以示对宾客的尊重。

（2）西餐斟酒不宜太满，一般红葡萄酒斟至杯的1/2，白葡萄酒斟至2/3为宜。

（3）斟香槟酒要分两次进行，先斟至杯的1/3处，待泡沫平息后，再斟至杯的2/3即可。

（4）白兰地酒斟二分满（即将酒杯横放时，杯中酒液与杯口齐平）。

（5）啤酒顺杯壁斟，分两次进行，以酒水过半、泡沫不溢为准。

（五）其他注意事项

（1）斟酒时，瓶口不可搭在杯沿上，以相距2cm为宜。

（2）斟完一杯酒，应顺势转动酒瓶1/4圈，以防止最后一滴酒洒落而使其均匀分布在瓶口边沿上。

（3）当客人喝至1/3时，应及时续斟。

（4）有些宴会，席间宾主要讲话，讲话结束时双方要举杯祝酒，服务人员要及时斟倒。

第三节　餐厅服务过程管理

中西餐厅服务肯定不同，各有特点，下面分别作一简介。

一、中餐厅服务

中餐厅有零点餐厅、宴会餐厅、快餐厅、自助餐厅、茶馆等，不同的餐厅其服务亦不同，就是同一餐厅如零点餐厅，其早餐与正餐服务亦不同。下面主要就零点餐厅和宴会餐厅作一简介。

（一）零点正餐服务

按零点正餐服务程序，大致可分为四个环节，即餐前准备、开餐服务、就餐服务和餐后整理工作。

1. 餐前准备

充分而全面的餐前准备工作是良好服务和有效经营的重要保证。要做好餐前准备，主要应做好以下几方面工作。

开好班前会。班前会由领班或主管召开，其内容：一是检查服务员仪容仪表；二是总结昨日工作；三是分配当天工作任务；四是公布与厨房的沟通信息。其中来自厨房的信息，主要是让服务员了解当天的菜肴和酒水供应情况，哪些有了价格变动，哪些因为缺货而停止供应，哪些因滞销而需要加大推销力度，哪些是新推出的菜点酒水需要了解其口味特点，并加强推销。

做好餐厅清洁工作。服务员要严格按照卫生工作要求，做好地面清扫、餐桌椅的擦拭及工作台、各种摆设的清洁卫生工作。

做好摆台工作。按照餐厅零点正餐摆台要求，做好摆台工作，要求：统一、规范、整齐、美观。

餐前检查。服务员的清洁工作和摆台工作，管理者必须要在开餐服务之前进行全面检查，发现问题及时纠正，以保证餐前准备质量。

2. 开餐服务

开餐服务是对客服务的开始，包括迎宾、领座、上茶、点菜及下单等服务环节。

热情迎宾。到了开餐服务时间，领班或主管应督促迎宾员及所有餐厅服务人员站立于固定位置，面带微笑，静候客人的到来。当客人进入餐厅，迎宾员应热情问候，礼貌称呼，并问清人数，使整个服务工作有一个良好开端。

合理领座。安排宾客就座的工作通常由迎宾员完成，有些餐厅也由值台员完成。领座制度一方面可以使宾客不盲目寻找座位，另一方面可以使餐厅处于有效的控制下。虽然宾客可以自行挑选座位，但领座起到了合理安排的作用。领座的原则是：先里后外，尊重选择，合理调整。应将先来的宾客往餐厅里档领，使门口不堵塞，也有利于安排后来的宾客。对于提出自己选择座位的宾客，应任其自由，不能强制。如某区域出现过于集中的现象，服务人员可以进行适当的、合理的调整。

领座时必须考虑客人的生理和心理的要求，给客人安排最合理恰当的座位。如老年人或身体欠佳的客人，考虑到其体质弱、行走不便，尽可能安排在远离空调风口和离餐厅门口较近的位置；小孩子爱动，自控力差，为安全起见，应避免安排在靠通道的座位；有残疾的客人，尽可能将其领至能隐蔽残疾部位而且又方便就餐的位置；打扮入时的客人，应尽量安排在餐厅中心引人注目的地方，这样既突出了客人求美心理，又渲染了餐厅气氛；为情侣领座，可将幽静、靠边的位置介绍给他们；对外向型客人，亦应尽力安排在僻静靠边位置，主要是为了避免干扰其他人就餐。

送茶递巾。领座员将宾客带到合适的餐台后，值台员要主动为宾客拉椅、让座，并及时送上香巾，然后向宾客问茶，为宾客斟倒第一杯礼貌茶；同时，收去香巾，脱去筷套。在宾客饮茶过程中，服务人员要将菜单递送给宾客，菜单宜先递给女宾和年长的宾客。

接受点菜。服务员在为客人点菜前，要通过看、听、问等方法，了解客人的就餐目的、消费水平和就餐急缓程度等情况，以便有针对地为客服务。

点菜服务应注意：如客人点的菜已售完，服务员应表歉意，并推荐类似的菜品；客人点菜荤素搭配不合理，或未点汤菜，或所点菜品在原料和口味上相似等情况出现时，服务员应该给予合理的建议；客人点了费时的菜品，服务员应给予必要的提醒；向客人推荐菜点不能欺骗客人亦不能一味介绍高价菜；要注意酒水的推荐；开单字迹要清楚，价格要准确，客人对菜肴口味有特别要求时必加以注明以提示厨师；点菜完毕必须将菜单当面复述一遍，以得到客人最终的确认，然后迅速下单。

3. 就餐服务

上酒上菜。服务员要尽快领取客人所点的酒水，并及时为客人斟倒。上菜服务的基本要求是：上菜要及时、准确；上菜要讲顺序；上菜位置选择方便和安全的地方；桌上菜品布局要均衡、美观。具体来讲主要应注意以下几点：下单后，冷菜必须尽快上桌，其后15分钟内要上第一道热菜，不能让客人久等；服务员上菜前必与点菜单核对，确定无误后上桌；上菜顺序要尽量遵循客人的饮食习惯，一般而言，中国人喜欢先吃冷菜后吃热菜，先吃荤菜后吃素菜，最后吃鱼喝汤；上菜位置要选择人少的地方，不要在老人、儿童旁边上菜，更切忌从儿童的头上上菜，且每上一道菜时必提示旁边客人注意配合以免意外；桌上菜品多时应及时清理空盘，使菜品按“三三角，四四方、五梅花”等方式进行调整和摆放。

巡视服务。服务员在服务中，要时常巡视每桌客人就餐情况，给予及时服务。巡视服务主要应做到：及时清理台面；保证台面的整洁，如空盘、空瓶、空罐等应及时清理，客人的餐碟和烟灰缸要及时撤换；及时续斟酒水，当客人酒杯中酒水余下1/3时就应及时补充；客人催菜，应及时与厨房联系；客人对菜点质量有意见，服务员应冷静而认真地对待，按实际情况妥善处理。

结账收款。结账服务的基本要求是：结账要快速、准确；结账方式要多样，以满足客人不同的需求等。具体而言要注意：客人菜点上齐后，服务员应及时告知收银员做好结账准备，以保证客人要求结账时能给予快捷服务；客人付款方式除现金外，还有使用支票、信用卡、签单等方式，但要注意安全性。

征求意见。在客人就餐完毕欲离开餐厅前，服务员应主动征求客人对菜点质量、环境卫生和服务态度等方面的意见。对客人的表扬，应表示谢意。

热情送客。客人起身离座时，服务员应上前为客人拉开坐椅，提醒客人携带好随身物品，并同时检查台面和椅子上有无客人遗留物品。服务员应将客人送至餐厅门口，与客人热情道别。

4. 餐后整理

餐后整理工作主要是做好清台、餐具送洗、安全检查等工作。其中主要应注意：要及时清台和摆台，为迎接下一批客人做好准备；如果餐厅还有其他客人就餐，清台和摆台时应注意声音不宜过大，以免影响客人；如果客人没有全部离开，不应进行地面清扫工作；服务员下班前，要进行安全检查，要注意是否有烟蒂等火种存在，并关闭所有的电器设备和门窗等，待领班或主管全面检查后，才能离开餐厅；另外还应做好工作小结，如整理客人意见、填写工作记录等，以利于今后工作提高。

(二)宴会服务

中餐宴会服务可分为四个基本环节，即宴会前的准备工作、开宴时的迎宾工作、宴会中的就餐服务工作和宴会结束工作。

1. 宴会前的准备工作

由于宴会的要求较高，所以其准备工作也要求认真、细致。在宴会前，首先由管理员或领班按管理要求召开一个简短的班前会，介绍有关宴会的基本情况，包括：宴会的要求、形式、程序；主台、致词台和一般餐台的布置要求；菜单内容；酒水配备要求；应该引起注意的一些特殊问题；宴会服务人员的分工情况及对服务人员的各项要求等。宴会服务人员在参加班前会接受任务后，要明确自己工作岗位的职责和要求，明确本岗位工作的程序和方法，并要做好以下几项准备工作。

掌握情况。通过班前会的介绍，服务人员应掌握本次宴会的主题、宾主身份、宴会标准、参加人数、安排桌数、开席时间、菜式品种、收费方式以及宾客的风俗习惯、生活禁忌和特殊要求。

熟悉菜单。服务人员要熟悉本次宴会菜单的内容，尤其是主要菜点的制作方法、口味特点、历史典故等，以便向宾客介绍及回答宾客询问。同时，服务人员应了解每道菜的配料和作料，以保证准确无误地进行上菜服务。

清洁工作。宴会厅的清洁工作与零点正餐服务要求相同。

准备物品。首先，根据宴会的标准和宴会菜单以及餐厅的基本服务方法准备餐具和用具。除宴会摆台用的餐具以外，还要考虑需要多少等。对餐具的要求是无水迹、无油渍、无指纹、无破损、光亮配套、数量充足。其次，根据宴会要求准备宴会用酒水饮料。此外，还须备好餐台菜单、小毛巾、水果和吃水果用的餐具。

铺设餐台。宴会开始前，服务人员应根据宴会标准和要求做好台型设计和摆台工作。

大型宴会为了防止开餐时的忙乱，一般在宴会开始前5至10分钟摆上冷盘，斟上预备甜酒。摆放造型主冷盘时，应将最佳欣赏面朝向主宾位。摆放小碟冷菜时，要注意荤素、色彩、口味的交错搭配。中小型宴会一般在宴会开席后才上冷菜和斟酒。

工作检查。准备工作就绪后，服务人员要对自己的本职工作做一次认真的检查，争取做到准确无误。最后由管理员或领班进一步做全面检查。

2. 开宴时的迎宾工作

热情迎宾。宾客到达时，恭候在宴会厅门口的迎宾员面带微笑，亲切问候，正确地使用服务敬语和迎宾礼节，将宾客引领到休息室就座。

接挂衣帽。服务人员应热情地照顾宾客脱去外衣和帽子，并主动接过衣帽和其他物品。服务人员接挂衣服时要手提衣领，衣服较长时，用另一只手托住衣服下部，切勿倒提或将衣服对折挂在手臂上，以防衣袋内的物品掉出。

送茶递巾。宾客在休息室入座后，应及时送上小毛巾和茶水。在整个迎宾服务中，服务人员要注意从各方面观察主宾、主人的身份，以便准确为宾客服务。

3. 宴会中的就餐服务

开席服务。宾客到齐稍加休息后，服务人员应征得主人同意，引领宾客入席，同时为主要宾客拉椅让座；待宾客坐定以后，即把台号、台花、席位表、座位卡一同撤下，然后取出餐巾为宾客铺在膝盖上，将筷子脱去筷套搁在筷架上；最后根据宾客不同需要斟倒酒水。宾客开始用餐后，服务人员要通知厨房做好上热菜的准备。

席间服务。在宴会进行中，值台服务员要主动、热情地为宾客服务，勤巡视、细观察，掌握好上菜时机，熟练进行分菜，适时续斟酒水，不断整理台面，及时撤换餐碟，经常更换烟灰缸，并解决特殊问题，处理突发事件。

宴会中宾主祝酒讲话或举行国宴奏国歌时，服务人员要停止一切操作，站立两旁，保持宴会厅内安静。大型宴会宾主致辞时，要有专职服务人员用托盘准备数杯酒在致词完毕时送上，当宾客敬酒干杯时，服务人员要迅速为宾客添酒。

大型宴会上菜速度以主桌为准，做到全场统一，不允许任何一桌独自提前或滞后，以防错上、漏上。

水果一般放在最后上，表示菜点已上完，宴会即将结束。在上水果前应撤去除杯具以外的所有餐具，换上干净餐碟，然后送上水果和相应的餐具，最后送上洗手盅和小毛巾。

结账送客。上完水果，服务人员要及时清点宾客所用的酒水数量、加菜及加点心等宴会菜单外的所有费用，上报账台。收银员经核对无误后，开出账单，由值台员引领宴会主人或经办人到账台结账。同时，服务人员应主动征求宾客意见，以便扬长避短，不断提高服务质量和服务水平。

当宾客餐毕起身离座时，服务人员应主动为主宾、主人拉开椅子，方便宾客行走，并应及时将衣帽取递给宾客，热情地协助年长的宾客穿戴，同时应提醒宾客勿忘所携带的物品。最后，服务人员与宾客道别，并热情地欢迎宾客再次光临。

4. 宴会结束工作

收拾餐台。宾客离席后，服务人员要及时收拾餐台。收拾餐台的程序是：先收餐巾和小毛巾，以防再次污染不易洗涤；再收易碎的、贵重的玻璃器皿和银餐具；最后收其他餐具。收拾餐具时要注意分类分档，贵重餐具当场清点，然后送至后台洗涤。收拾时若发现有宾客遗留物品，应立即送还失主；如无法送还的，则交上级处理。

清扫场地。当餐台、工作台都收净理齐后，再搞地面卫生和环境卫生，最后将餐桌椅按统一要求排放整齐，切断电源、熄灭火种、关闭门窗，待领班做全面检查后，方可离开餐厅。

二、西餐厅服务

西餐是饮食服务的又一重要形式，其服务在国际上早已形成规范，我国的西餐服务也遵循国际惯例，在服务中力求做到标准化、规范化、程序化。西餐服务源于欧洲，经过多年的演变，各国的服务方式及摆台都不尽相同。目前，在国际上的饭店中常见的服务方式有法式服务、俄式服务、美式服务和英式服务。除了某些特色餐厅为追求别具一格的风格而采用一种服务方式外，大多数餐厅都采用两种以上的服务方式。

(一)西餐服务方式简介

1. 法式服务

法式服务是由西查·李兹于20世纪发明的一种用于豪华饭店的服务方式,故又称“李兹服务法”。其特点是隆重、高雅、开餐时间长、注重表演、服务节奏慢,是西餐服务中最讲究的豪华服务。法式服务方式是:

台面配双人。一名服务员和一个助手,服务员主要为客人拉椅让座、点菜,在客人面前完成上菜的准备工作;服务助手主要是传送菜单,将半成品菜装在餐车上送到餐桌旁,由服务员现场加工。

菜点现场加工。法式餐厅配有带加热炉的推车,客人点菜后,食品由厨师在厨房部分准备好,然后由服务员当着客人面完成调味、浇汁、装盘的过程。这种方式能够活跃用餐气氛,引发客人食欲。

配高档餐茶具。法式西餐的刀叉、盘碟、汤勺等大多是银器制品。

讲究服务程序。服务员助手用右手从每位客人的右侧送上每一道菜,从客人的右侧用右手送上饮料,从客人右侧撤盘。但面包、黄油应从客人左侧送上。

法式服务的优缺点:法式服务是一种非常豪华的服务,最能吸引宾客的注意力。客人受到周到、细致的招待,服务也十分高雅。但是,法式服务要使用许多贵重餐具,需用烹制车、旁桌,故餐厅的空间利用率低,可为之服务的客人较少,同时还需要较多的经过培训、具有高度专业化知识的男服务员,服务进程很费时间。

2. 俄式服务

俄式服务是比较流行的一种西餐服务方式,目前欧美各国的豪华饭店大多采用这种方式。其特点是:讲究优雅的风度,服务效率和空间利用率较高,节省人力,菜点放在大银盘中由服务员为每位客人派菜,很有人情味,是一种比较受欢迎的服务方式。

俄式服务方式是:厨房出菜前服务员先用右手从客人右侧送上空盘,注意冷热盘之分(冷菜用未加温的盘,热菜用加过温的餐盘),从主宾开始按顺时针方向进行。分菜时站在客人左侧,用右手进行分菜,分菜时按逆时针方向行走。斟酒和饮料,撤盘都在客人右侧。

俄式服务的优缺点:其优点是每桌宴席只需一名服务员,且服务迅速,比其他服务方式费用低;是一种优雅且档次较高的服务;节省服务设备和空间;菜肴事先在厨房分切好,能确保每份的分量;浪费少,因为没有分到客人餐盘中的食品都能送回厨房再用等。而缺点是备办餐具的投资较大;采用大银盘给客人分菜,服务到后面的客人时菜已变凉;如果同一团体客人中点菜不同,服务员就必须分别从厨房端出许多个餐盘。

3. 美式服务

美式服务起源于美国，是一种大众化的服务方式。其特点是简单、快捷、廉价，空间利用率很高，是一种较理想的服务方式。比较适合于零点餐厅。

美式服务的优缺点：美式服务简单明了，服务速度快，餐具成本低，人工成本低，实时利用率及餐位周转率都十分高，有利于有限数量的服务人员为数量众多的宾客提供服务。由于各项成本降低，用餐费用也相对较低。

除了缺乏表演性服务及烘托餐厅气氛不足外，美式服务是最理想的服务方式。因此，美式服务常用于各类宴会，也是西餐厅、咖啡厅中十分流行的一种服务方式。

4. 英式服务

英式服务又称家庭式服务。其特点是家庭味较浓，许多工作由客人自己动手。其方法是服务员先将加过温的空盘放在客人面前，再将装着整块食物的大盘放在主人面前，由主人亲自切肉装盘，并配上蔬菜，由服务员依次分送给客人。调味品等放在餐桌上由客人自取。

英式服务的优缺点：英式服务的气氛活跃，也节省人力，节奏较慢，客人得到的照顾较少，主要适用于家庭宴会，很少在大众化的餐厅使用。

5. 大陆式服务

大陆式服务是一种融合了法式、俄式及美式的综合服务方式，这也是当前西餐服务中普遍采用的服务方式。现在各国的西餐服务都不是指某一种服务方式，而是指根据每道菜的特点和价格选用不同的服务方式。通常用美式服务上开胃品和色拉，用俄式服务上汤或主菜，用法式服务上主菜或甜点。不同餐厅或不同餐次选用的服务方式组合不同：可能有俄式而没法式，也许有法式而没俄式，但总少不了美式。

不管使用何种服务方式，都必须遵循方便宾客就餐、方便员工操作两个原则。

(二)西餐零点餐厅早餐服务

通常较简单，但很受重视，来自欧洲、北美等客人喜欢在午晚餐吃中国菜，但早餐一般习惯用西餐，为此我国二星级以上饭店要求提供西餐早餐。

1. 西餐早餐的分类

按各国饭店提供的早餐一般分美式和欧陆式两种。但因各国的饮食不同，还可细分为各种早餐类型。

美式早餐(english breakfast)。其内容丰富，有蛋有肉。早餐的种类和数量由客人自由选择，可由客人的消费水平决定。

欧陆式早餐(continental breakfast)。又称大陆式早餐，内容简单，只有咖啡、果汁、面包类，无蛋无肉。当今欧美国家的许多饭店把欧陆式早餐包括在房价之中，住店客人住宿一夜，可免费享用一顿简单的“标准早餐”。

2. 早餐服务程序和方法

早餐是一天中的第一餐，其用餐气氛好坏直接影响客人的全天情绪，因此要求服务员速度要快，态度要好，饮食质量优良，餐厅环境整洁。

(1)做好开餐的准备工作。摆好台，备好面包、黄油、果酱、果汁、热咖啡、鲜奶、水果等。

(2)主动迎接客人，微笑问好，了解客人人数，适当安排席位，并为客人拉椅让位，同时根据客人的人数增减餐具。

(3)接受点菜。递上餐牌请客人点餐，介绍当日新鲜水果，并做好记录。当客人点用蛋类时，要听清客人的要求，然后请客人稍候，立刻传送菜单。

(4)摆上与客人菜单相匹配的餐茶具。

(5)按顺序上菜，并在客人用餐时提供及时的服务，如添加热饮、清理桌面、更换烟灰缸等。

(6)收款结账。待客人打招呼要求结账时递上账单，并告别客人。客人离开后及时清理台面，重新摆台，以备迎接新的客人。

(三)西餐零点餐厅正餐服务

中西餐零点餐厅正餐服务程序基本相同，只是具体内容有区别，特别是开餐服务和就餐内容差别较大，这里主要就这两个方面作一简介，而餐前准备及餐后整理就不再述及。

1. 开餐服务

主要是迎宾、领座、开胃酒服务、点菜、点酒水等

迎宾引座。客人进入餐厅，要由迎宾员或经理在餐厅门口面带微笑向客人问候；问清客人是否预订，并视人数将客人引领到预留的或适当的餐台，拉开椅子，按女士优先的原则安排客人就座。

开胃酒或鸡尾酒服务。当所有客人入座后，可以开始接受点开胃酒或鸡尾酒。接受客人点酒时，应介绍餐厅的开胃酒或鸡尾酒的特色，记下每位客人所点的酒水，并向客人复述。送酒水时应事先核对，以免出差错，未点酒的客人应为其倒上冰水。送鸡尾酒时，应用托盘送上，并报出名称。

点菜与餐具调整。上酒水后，由领班按先女后男、先宾后主的顺序为每位客人递上一份菜单，并介绍当天特色菜等；等客人从容选择5～10分钟后，正式点菜，点菜完毕应立即下单；服务员随后根据点菜单，给每位客人按上菜顺序摆放刀、叉、勺。

点佐餐酒与酒杯调整。领班或酒吧调酒师根据客人所点的菜肴，介绍推荐与

其相匹配的佐餐酒，在留给客人一定的选择时间后正式接受点酒。点酒完毕，服务员应根据酒单重新调整每位客人的酒杯。

2. 就餐服务

上黄油、面包。服务员将新鲜的面包、黄油，按先女后男的顺序放在餐盘左边的面包盘内。

斟入佐餐酒。斟白葡萄酒时，应先示酒，让主人确认是他所点的酒后，放回冰桶里；在宾客面前用开瓶器将木塞取出，木塞直接递给主人，主人闻闻木塞，待其确认酒品没有问题后再用餐巾擦拭瓶口；用餐巾包裹瓶身，但需露出牌子；先在主人杯子里斟少许让主人品尝，然后按先女后男的顺序从客人右侧斟酒，最后再给主人斟至标准量；将斟后的酒瓶放回冰桶，上面覆盖餐巾；随时替宾客添加。如果酒瓶空了，征求宾客意见是否再订一瓶。斟红葡萄酒时，直接用右手托住酒篮给客人斟倒，斟倒方式与白葡萄酒相同。

上头菜。根据订单，用餐厅规定的服务方式上菜。有的餐厅用手推车将厨房分盘装好的菜推至桌边，有的餐厅则用银盘分派。一般情况下，上菜时服务人员用右手从宾客右边端上，直接放入装饰盘内。当客人都用完头菜，要及时撤走菜盘。

上汤。服务人员用手推车或旁桌服务方式上汤，直接放装饰盘内。宾客用完汤后，服务人员应将汤盘连同装饰盘一起撤下，餐位上只留下吃主菜的刀叉用具。

上主菜。许多餐厅的主菜是由服务人员在客人面前烹制表演、切割装盘的，服务员要提前做好准备，然后由领班进行操作表演。将菜肴装盘时，一般要将蔬菜等配菜放在大块肉的上方，汁酱不要挂在盘边。服务人员从客人右侧上菜，上完后报菜名，牛、羊排要告之几成熟；放盘时，让主菜肉类靠近客人面前，蔬菜靠桌心方向。

当客人吃完主菜后，服务人员撤走主菜盘及刀、叉，用服务毛巾和面包碟将桌上面包屑清扫干净，并征求客人对主菜的意见。

上奶酪和水果。将各式奶酪展示在木板或手推车上，将客人所点奶酪当场切割装盘、摆位，并配上胡椒盅、盐盅、黄油盅、面包、蔬菜。待客人吃完奶酪后，用托盘将用具撤下，只留下甜品叉、勺及有酒水的杯子、餐巾、烟灰缸、花瓶、蜡烛等，展示车，服务甜点水果。

上咖啡或茶。先问清客人喝咖啡还是茶，随后送上糖缸、奶壶或柠檬片，放上咖啡具或茶具，从客人右边斟上咖啡或茶。

推销餐后酒。展示餐后酒车，问客人是否在餐后来点儿利口酒或白兰地，用酒车上准备好的各式酒杯斟倒，并随之记账。

结账。只有在客人要求结账时，服务人员才能去账台通知收银员汇总账单。

服务人员要检查账单是否正确，然后用账夹或小托盘递送账单，不需读出金额总数。客人付款后，服务人员应站在客人身边将从客人处收到的现金清点复述，而后道谢，随即将现金送至收银处，找回的现金用呈递账单的方式送回。

送客。客人起身离座时，要帮助拉椅，并提醒客人带上自己的物品，向客人道谢告别。

（三）西餐宴会服务

西餐宴会的接待服务程序与中餐宴会基本相同，只是有些具体内容不同。但其上菜顺序与要求与西餐零点正餐服务相似，所以这里就不再进行特别介绍了。

另外，咖啡厅服务、酒吧服务、鸡尾酒会服务等这里也不再介绍，有兴趣的同学可参看其他资料。

第四节　餐厅服务质量管理

准确地说，餐厅质量应包括餐厅环境设计质量、员工服务质量等。这里我们重点讲述餐厅员工服务质量管理。

一、餐厅服务质量控制基础

餐厅员工服务质量的控制，首先必须建立和完善餐厅的服务程序和标准，因为有了它，就可以对员工进行培训，统一服务的程序和标准，提高员工整体素质；同时，有了它，管理者才能有效实施服务质量的检查与评判工作。其次，应加强服务质量信息的收集，以尽快发现质量问题，并尽快加以控制与解决。第三，应重视员工素质培养，因为员工素质提高才是服务质量的关键所在。所以，餐厅服务质量控制的基础应主要做好三方面的工作。

（一）建立服务规程

服务规程即餐厅服务所应达到的规格、程序和标准。为了保证和提高服务质量，我们应将服务规程视为工作人员应普遍遵守的准则和内部管理工作的“法规”。

餐厅服务规程，要依据中外宾客的不同生活水平、消费习惯和对服务的要求来制定（如西餐厅的服务规程更应适应欧美宾客的生活习惯），同时要根据市场需求状况、餐厅档次风格等因素，结合具体服务项目内容、过程制定出适合本餐厅的服务标准、服务规格和程序。

餐厅的工种很多，各岗位的服务内容和操作要求不同。制定服务规程时，要分别对零点、团体包餐和宴会及咖啡厅、酒吧等整个服务过程制定出迎宾、引座、点菜、走菜、酒水服务等全套服务规程。对每项服务规程首先确定服务的环节程序，再确定每个环节服务人员的动作、语言、姿态、时间要求及用具、手续、意外处理、临时要求等。制定服务规程不要照搬其他饭店的现成规范，而应在广泛吸取借鉴国内外先进管理经验、接待方式的基础上，结合本地、本店的特点而定。

餐厅管理人员的主要任务是执行和控制规程，用服务规程统一各项服务工作要求，注意抓好薄弱环节，使服务质量控制达到服务质量标准化、服务岗位规范化和服务工作程序化、系列化。

(二)必须收集质量信息

餐厅管理人员必须及时了解质量控制的结果，应通过信息反馈了解服务的结果，即宾客是否感到满意，从而采取改进服务、提高质量的措施。因此，餐厅管理人员应根据餐厅服务的目标和服务规程，通过巡视、定量抽查、统计报表、听取宾客意见等方式来收集服务质量信息。

(三)抓好全员培训

企业之间服务质量的竞争主要表现为人才的竞争、员工素质的竞争。没有经过良好训练的员工不可能有高水平的服务。因此，新员工上岗必须进行严格的基本功训练和业务知识培训，未经职业技术培训取得一定资格的人员不能上岗服务。在职员工也须利用服务淡季或空闲时间进行再培训，以进一步提高业务水平。

二、餐厅服务质量控制方法

餐厅服务质量控制方法主要有预先控制、现场控制和反馈控制等。

(一)预先控制

所谓预先控制即对可能出现的质量问题进行先期控制，以防质量问题的发生。在员工服务质量预先控制上，主要应注意：

(1)对员工经常出现的服务质量问题，通过培训或事先加强检查等方式进行事先控制。如员工服务态度有问题，应加强服务理念的培训与教育；员工常常在服务程序上出问题，应加强服务规程的操作培训；员工常常对突发事件束手无策，则应加强员工应对力方面的培训。

(2)对新员工必须经过必要的岗前培训，达到一定要求后才能上岗。

(3)餐厅主管要与厨师长加强沟通联系，防止由于餐厨缺乏配合而造成的服务质量问题。如餐厅员工不知道厨房今天是否推出了新菜，以致菜品上桌后，服务员无法介绍；不知道哪些菜已经缺货，以致客人点菜时大为不满；也不知道某些菜肴的烹制时间居然需要一小时以上，急着赶路的客人点了这类菜后总上不来，想要退菜时而菜已经开始烹调。还有客人催菜问题，亦需要餐厅厨房密切配合才能很好地解决。

（二）现场控制

虽然预先控制已做得很充分，但是实际服务中新的问题总会出现，现场控制是必要的。所谓现场控制，是指监督现场正在进行的餐厅服务，使其规范化、程序化，并迅速妥善地处理意外事件。这是餐厅主管的主要职责之一。餐饮部经理也应将现场控制作为管理工作的重要内容。现场控制的主要内容是：

1. 服务程序控制

开餐期间，主管应始终站在第一线，通过亲自观察、判断、监督，指挥服务人员按标准服务程序服务，发现偏差及时纠正。

2. 上菜时机控制

掌握上菜时间要根据宾客用餐的速度、菜肴的烹制时间等，做到恰到好处，即不要宾客等待太久，也不应将所有菜肴一下子全上桌。餐厅主管应时常注意提醒掌握好上菜时间，尤其是大型宴会，上菜的时机应由餐厅主管掌握。

3. 意外事件控制

餐饮服务是面对面的直接服务，容易引起宾客的投诉。一旦引起投诉，主管一定要迅速采取弥补措施，防止事态扩大，影响其他宾客的用餐情绪。如果是由服务态度引起的投诉，主管除向宾客道歉外，还应主动为宾客上一道菜，并换一位服务人员，以缓解宾客的不满情绪。发现有醉酒或将醉酒的宾客，应告诫服务人员停止为其添加酒精性饮料。对已经醉酒的宾客，要设法让其早点离开，安排在休息室休息，以保持餐厅的良好气氛。

4. 人力控制

开餐期间，服务人员实行分区看台负责制，在固定区域服务。然而，主管应根据客情变化，进行第二次分工、第三次分工……如果某一个区域的宾客突然来得太多，就应从另外区域抽调员工支援，等情况正常后再调回原服务区域。当用餐高潮已经过去，则应让一部分员工先去休息一下，留下一部分人工作，到了一定的时间再交换，以提高工作效率。这种方法对于营业时间长的餐厅（如咖啡厅等）特别必要。

（三）反馈控制

所谓反馈控制，就是通过质量信息的反馈，找出服务工作中的不足，采取措施，提高服务质量，使宾客更加满意。

只有建立和健全质量信息的内部和外部两个反馈系统，餐厅服务质量才能不断提高，从而更好满足宾客的需求。

三、餐厅服务质量监督检查

(一)餐厅服务质量检查的主要内容

一般而言,餐厅某个员工服务质量或餐厅员工队伍整体服务质量的检查都可以从这样几个方面进行判断,即仪容仪表、礼节礼貌、服务态度、服务技能、服务效率和清洁卫生等。

1. 仪容仪表

餐厅服务人员上岗时必须着装整洁规范,举止优雅大方,微笑待客。一般企业都规定:餐厅服务人员上班前先要搞好个人卫生,勤洗澡、勤剪指甲、牙齿清洁、口腔清新、衣服整洁。男服务人员要剃胡须、头发梳理整齐、不留长发;女性化妆淡雅、不戴饰物。

2. 礼节礼貌

礼节是人们在日常生活和交际场合中,相互问候、致意、祝愿、慰问以及给予必要的协助与照料的惯用形式。礼貌是人与人之间相互表示敬重和友好的行为规范,它体现了时代风格和人的道德品质。礼节是礼貌的具体表现。

对宾客的礼节礼貌主要表现在语言和行为上。服务人员工作时的语言特别是规范的接待服务用语,标志着一个企业的管理服务水平。掌握服务用语是提供优良服务特别是提供感情服务的不可缺少的媒介。服务动作快速敏捷、准确无误,举手投足训练有素,也是对宾客的尊重和礼貌的体现。

3. 服务态度

餐厅的整个销售过程,从迎宾、开餐到送走宾客,自始至终伴随着服务人员的服务性劳动。无论是出售餐饮产品的技术性劳动还是供餐的服务性劳动,都要讲究服务态度。

服务人员要用良好的服务态度取得宾客的好感和信任,以使双方一开始接触就能建立起友善的关系。良好的服务态度是进一步做好服务工作的基础,是贯彻“宾客第一”原则和增强员工服务意识的具体表现。

在餐厅服务中,良好的服务态度主要体现在以下几点:

(1)面带微笑,向宾客问好,记住并最好能重复宾客的名字。

(2)主动接近宾客,但要保持适当距离。

(3)含蓄、冷静,在任何情况下都不急躁。

(4)遇有宾客投诉时,应让其发泄。最好是请其填写宾客意见书,如果证明是我们错了,应立刻向宾客道歉并改正。

(5)遇有宾客提出无理要求或宾客错了,只需向宾客解释明白。不要求宾客认错，坚持体现“宾客总是对的”原则。

(6)了解各国、各阶层人士的不同心理特征，提供针对性服务。

(7)在服务时间、服务方式上处处方便宾客，并在细节上下工夫，让宾客体会到服务的周到之处。

4. 清洁卫生

餐饮业有很高的卫生要求，从员工的个人卫生、食品卫生到餐厅公共卫生都体现着餐厅管理水平和服务质量，必须认真对待。

5. 服务技能技巧

餐厅服务人员的服务技能和服务技巧是服务质量的重要标志。如果服务人员没有掌握过硬的基本功，服务技能、技巧水平不高，就不能为宾客提供周到、满意的服务。

6. 服务效率

服务效率是服务工作与效能统一的概念，它是指餐厅服务人员为宾客提供的某种服务在规定时限内达到的要求。服务效率不但反映了服务水平，而且反映了餐厅管理水平和服务人员的素质。

(二)餐厅服务质量检查实施

根据餐饮服务质量内容中的礼节礼貌、仪容仪表、服务态度、清洁卫生、服务技能和服务效率等方面的要求，将其归纳为服务规格、就餐环境、仪表仪容和工作纪律四项，并将其列表分述如下。这个检查表既可作为常规管理的细则，又可将其量化，作为餐厅与餐厅之间、员工与员工之间竞赛评比或员工考核的标准，见表6.4。

表 6.4 餐厅服务质量检查表

部门：________ 时间：________ 检查者：________

<table>
<tr><th rowspan="2">检查项目</th><th rowspan="2">检查细则</th><th colspan="4">等级</th></tr>
<tr><th>优</th><th>良</th><th>中</th><th>差</th></tr>
<tr><td>服务规程</td><td>1. 对进入餐厅的宾客是否问候，表示欢迎
2. 迎接宾客是否使用敬语
3. 使用敬语时是否点头致意
4. 在通道上行走是否妨碍宾客
5. 是否协助宾客入座
6. 对入席来宾是否端茶送巾
7. 是否让宾客等候过久
8. 回答宾客提问是否清脆流利悦耳
9. 要跟宾客讲话，是否先说“对不起，麻烦您”了
10. 发生疏忽或不妥时，是否向宾客道歉
11. 告别结账离座的宾客，是否说“谢谢”
12. 接受点菜时，是否仔细聆听并复述
13. 能否正确地解释菜单
14. 能否向宾客提建议，进行适时推销
15. 能否根据点菜单准备好必要的餐具
16. 斟酒是否按操作规程进行
17. 递送物品是否使用托盘
18. 上菜时，是否介绍菜名
19. 宾客招呼时，能否迅速到达餐桌旁
20. 撤换餐具时，是否发出过大声响
21. 是否及时、正确地更换烟灰缸
22. 结账是否迅速准确无误
23. 是否检查餐桌、餐椅及地面有无宾客失落的物件
24. 是否在送客后马上翻台
25. 翻台时是否影响周围宾客
26. 翻台时是否按操作规程作业
27. 与宾客谈话是否点头行礼
28. 是否能根据菜单预先备好餐具及佐料
29. 拿玻璃杯是否叠放？是否握下半部
30. 领位、值台、上菜、斟酒时的站立、行走、操作等服务姿态是否合乎规程</td><td></td><td></td><td></td><td></td></tr>
</table>

续表

<table>
<tr><th rowspan="2">检查项目</th><th rowspan="2">检查细则</th><th colspan="4">等级</th></tr>
<tr><th>优</th><th>良</th><th>中</th><th>差</th></tr>
<tr><td>就餐环境</td><td>1. 玻璃门窗及镜面是否清洁、无灰尘、无裂痕
2. 窗框、工作台、桌椅是否无灰尘和污斑
3. 地板有无碎屑及污痕
4. 墙面有无污痕或破损处
5. 盆景花卉有无枯萎带灰尘现象
6. 墙面装饰物有无破损
7. 天花板有无破损、漏水痕迹
8. 天花板是否清洁、有无污迹
9. 通风口是否清洁，通风是否正常
10. 灯泡灯管灯罩有无脱落、破损、污痕
11. 吊灯是否照明正常、是否完整无损
12. 餐厅内温度和通风是否正常
13. 餐厅通道有无障碍物
14. 餐桌椅是否无破损、无灰尘、无污痕
15. 广告宣传品有无破损、灰尘及污痕
16. 菜单是否清洁、是否无缺页破损
17. 台面是否清洁卫生
18. 背景音乐是否适合就餐气氛
19. 背景音乐音量是否过大或过小
20. 总的环境是否能吸引宾客</td><td></td><td></td><td></td><td></td></tr>
<tr><td>仪表仪容</td><td>1. 服务员是否按规定着装并穿戴整齐
2. 制服是否合体、清洁、无破损油污
3. 标志牌是否端正地挂于胸前
4. 服务人员打扮是否过分
5. 服务员是否留有怪异发型
6. 男服务员是否蓄胡须、留大鬓角
7. 女服务员头发是否清洁清爽
8. 外衣是否烫平挺括、无污边皱折
9. 指甲是否修剪整齐，不露出指头之外
10. 牙齿是否清洁
11. 口中是否发出异味
12. 衣裤口袋中是否放有杂物
13. 女服务员是否涂有彩色指甲油
14. 女服务员发夹式样是否过于花哨
15. 除手表戒指外，是否还戴其他首饰
16. 是否有浓妆艳抹现象
17. 使用香水是否过分
18. 衬衫领口袖口是否清洁并扣好
19. 男服务员是否穿深色鞋袜
20. 女服务员着裙时是否穿肉色长袜</td><td></td><td></td><td></td><td></td></tr>
</table>

续表

检查项目	检查细则	等级			
		优	良	中	差
工作纪律	1. 工作时间是否相聚闲谈或窃窃私语 2. 工作时间是否大声喧哗 3. 是否有人放下手中工作 4. 是否有人上班时打私人电话 5. 是否在柜台内或值班区域随意走动 6. 有无交手抱臂或将手插入衣袋现象 7. 有无在前台吸烟、喝水、吃东西现象 8. 有无上班时间看书、干私事行为 9. 有无在宾客面前打哈欠、伸懒腰行为 10. 值班是否倚、靠、趴在柜台上 11. 有无随背景音乐哼唱现象 12. 有无对宾客指指点点的动作 13. 有无嘲笑宾客失慎的现象 14. 有无在宾客投诉时作辩解的 15. 有无不理会宾客询问的 16. 有无在态度、动作上向宾客撒气的 17. 有无对宾客过分亲热现象 18. 有无对熟客过分随便的现象 19. 对宾客能否做到既一视同仁,又个别服务 20. 能否对老、幼、残顾客提供方便服务,对特殊情况提供针对性服务				

这个餐厅服务检查表在使用的时候,可视饭店本身的等级和本餐厅的具体情况增加或减少检查细则项目,还可将四大类检查项目分为四个检查表分别使用。在"等级"栏目中,也可将"优、良、中、差"分别改为得分标准,如"优"改为得 4 分,"良好"改为得 3 分,"中"改为得 2 分,"差"改为得 1 分。

第五节 餐厅卫生与安全管理

一、餐厅卫生管理

餐厅的清洁卫生工作在餐厅服务工作中占有重要的地位,是反映餐厅服务质量的重要标志之一。它关系到广大消费者的身体健康乃至生命安全,关系到餐厅的服务质量和社会声誉，也关系到餐厅的经营成败。因此，在餐厅管理工作中，决不能忽视卫生工作。

(一)餐厅卫生工作主要内容

餐厅卫生工作主要包括环境卫生、餐具用具卫生、服务员个人卫生、操作卫生及食品卫生等。

1. 餐厅环境卫生

餐厅的环境卫生直接反映了餐厅服务人员的精神面貌和文化素养，反映了餐厅的管理水平。服务人员应为宾客创造一个清洁雅静、美观整洁、空气新鲜的就餐环境。餐厅环境卫生包括餐厅的通道、走廊、洗手间、休息室、工作间等场所的卫生，包括地面、墙面、门窗、灯具、装饰品、餐桌椅的卫生等。这些卫生工作，要做到事前准备、事后清理、平日小扫、每周大扫，以保证卫生工作经常化、制度化。

2. 餐具用具卫生

这里的餐具、用具卫生是指餐厅所用餐具、用具的洗涤、消毒、存放等环节的卫生。

餐具卫生。餐具洗涤的卫生要求是一刮、二洗、三冲、四消毒，保证餐具无油腻、无污迹、无水迹、无细菌。刮：即餐具洗涤前，先刮去盘、碗中的剩菜与污物；洗：即用含有洗涤剂的热水清洗；冲：即洗涤后用清水冲洗干净；消毒：可用蒸气消毒、煮沸消毒、药物消毒、红外线消毒等。服务人员可根据不同材料，采用不同的消毒方法。

用具卫生。餐厅服务人员使用的抹布、托盘等用具，应每天清洗、消毒，确保清洁无菌；菜单、收银夹等不能洗涤的用具，应该定期用红外线消毒，以防止细菌、病菌的传播；餐桌上用的台号、花瓶或花盆也应定期清洗、擦净；对于佐料等各种容器，应按规定加盖、加罩、防尘、防菌。

3. 服务员操作卫生

餐厅服务人员是面对面地、直接地对宾客进行服务的，在服务操作中，保持良好的操作卫生习惯是十分重要的，它不但直接影响宾客的健康，而且也会因为不卫生的操作而失去回头客，影响餐厅的声誉。所以在操作中，服务人员应做到：

严格遵守服务规程。现在，我们既提倡规范化、标准化服务，也提倡个性化服务，所谓个性化服务主要是不仅仅拘泥于表面上的服务规程，要根据不同的客人或客人的不同需求进行针对性的变通的服务。但是与卫生相关的服务规程则不可变通，应严格遵守实行。如摆台的服务规程中就明确要求，拿餐具时手法要正确，手指不能接触杯口、刀尖、筷子前端等部位；上菜服务规程要求上菜时，服务员的拇指禁止与盘边有较大面积的接触，更不能伸入菜中；宴席服务规程中要求冷菜不可过早上桌,必须在客人到达前十分钟或到达后再上,以免受到污染。值得一提的还有结账服务规程,它要求值台员必须使用收银小圆盘或收银夹进行操作,一是显示服务的规范性,同时亦是防止值台员的手直接与钞票接触。

管理者要加强餐厅现场巡视,发现服务员操作卫生方面的问题应及时引导解决,不断提升服务员的卫生观念,改掉坏习惯。如有些服务员在餐厅服务中常常不自觉地有抓头皮或身上某部位、梳理头发、挖鼻、剔牙等动作,这些动作在客人面前既不卫生又不文明,亦大大损坏餐厅形象,必须将其从餐厅中消灭。

4. 服务员个人卫生

要保证食品卫生,员工个人卫生是关键之一,因为服务员每天与食品打交道,直接接触食品和餐具,服务员的个人卫生直接影响食品卫生。

要做好服务员个人卫生管理工作,主要注意三点:首先要定期进行体检,凡患有不能从事饮食服务工作的疾病的员工,必须离岗;其次重视服务员“四勤”方面的监管,所谓“四勤”,即勤洗手、勤剪指甲、勤理发、勤换工作服;第三要重视操作卫生。

(二)餐厅卫生管理要求

1. 组织上层层落实

进行餐厅卫生管理,首先须有专人负责,或建立卫生管理领导机构,各餐厅设置卫生管理人员,各班组下设卫生员,做到组织上层层落实。

2. 制定卫生标准和建立责任制

在人员落实的基础上,结合餐厅实际情况,对餐厅工作的每一环节、每一岗位制定具体卫生标准,建立卫生责任制,对环境卫生实行五定,即定人、定时、定任务、定标准、定期检查。对个人卫生也要制定相应标准。

3. 专人负责检查

坚持利用班前会检查个人卫生,管理人员在餐前、餐中、餐后都必须认真检查各部门、各班组、各岗位的卫生工作,发现问题,及时改进。

4. 进行卫生知识教育

餐厅管理人员要定期组织每一员工学习食品卫生法,掌握餐厅的各项卫生标准,以确保卫生工作质量的不断提高。

二、餐厅安全管理

餐厅安全管理主要是对餐厅设备和财产安全、就餐客人及员工的人身与财产安全的管理。

餐厅设备和财产安全,主要应做好以下几方面工作:一是要防范客人或员工对餐厅各种餐具、用品的偷盗；二是要防范有些客人的恶意逃账和员工在结账中做手脚；三是一定要有突发事件的应急方案，如遇餐厅有人打架闹事或火灾等，餐厅都应有相应措施以便从容应对并减少餐厅损失。

餐厅有义务保证就餐客人的人身与财产安全，餐厅主要应做到：一是做好客人财物的看护工作，如客人的各种车辆；二是做好安全提示工作，如“地面滑，小心摔倒”、“小孩要注意看护”、“谨防小偷”等警示或提示。

第六节　餐厅员工管理

这里我们主要讨论餐厅员工——服务员的管理。

一、招聘应注意的问题

在我国，餐厅员工招聘，前后曾出现过不少问题，其中主要有这样几个方面。

（一）招聘不切实际

以前，餐厅服务员招聘重身材重相貌，招聘会成了选美会。西安一酒店将选美的那一套标准来招聘服务员，选出了“五朵金花”，但很快都被别人高薪挖走。虽然酒店因此名声大振，但竟为别人作嫁衣裳，并未找到适合自己的服务员。招聘的一个原则：适合的才是最好的！

（二）招聘条件限定太多太死

许多餐厅招聘服务员限定值台服务员、迎宾员必为女性，而且要求年龄在25岁左右，另外还有身高甚至体重的要求。但由于人们工件选择余地增加，加之餐厅服务又苦又累，餐饮业要招聘到满意的服务员越来越困难。在这种情况下必须去掉招聘限定的条条框框，走创新之路。如北京饭店从下岗女工中招聘“宴会嫂”获得成功；成都光头火锅店以男服务生取代女服务生亦获成功；而一古色古香的酒楼，门口迎宾的并不是漂亮的小组，而是一位穿长衫的留着山羊胡的拄着拐杖的老人，居然使酒楼生意越来越火。这样的事例正越来越多。

（三）招聘方式单一，用工缺乏灵活性

我国餐厅服务员招聘几乎都是正式工，招临时工的则非常少。在欧美国家，餐厅服务员招聘往往两者并重，特别是宴会厅，正式工只有几位，而绝大多数招聘的都是临时工，当有宴会接待任务时，这些临时工招之即来，接待任务完成后，他们又挥之即去，由此宴会部省了不少人工成本。欧美餐厅的这种做法与他们有成熟的临时工市场有关，而我国这种人力市场还没有形成。

二、岗位培训

餐厅服务岗位培训有三大内容,即服务理论知识、操作技能、应变能力。

(一)服务理论知识培训

主要是端正服务员的服务态度,认识服务的重要意义,提升服务员的服务理论素质。服务员服务理论素质的提高是餐厅服务水平提升的根本动力。此项培训一般采取讲授法。

(二)操作技能培训

此项培训一般按岗位要求,干什么学什么,主要是基本技能的培训,如托盘、摆台、斟酒、上菜分菜等。人们说,熟能生巧,操作技能培训要长期不断地加强这方面培训才能达到这一效果。此项培训一般采取讲授、演示及员工练习相结合的方法。

(三)应变力培训

服务员在服务中常常遇到许多麻烦,如客人怀疑菜品质量有问题,客人要求服务员喝酒,服务员上菜时汤汁洒在客人衣服上等,服务员将如何应对?如果服务员未经相关培训常常会束手无策,这不是一位优秀服务员的表现。所谓应变力培训,就是针对各种突发事件的应对服务策略或方法。其培训方法可用讲授法、讨论法、案例分析法、角色扮演法等。

三、加强日常考核

对员工进行考核,是餐厅管理的一项重要工作。通过对餐厅员工进行考核,可以掌握员工的敬业精神、业务技术、思想作风、劳动态度、接待能力等情况,也能够鼓励先进、鞭策后进、调动全体员工的积极性,使他们更努力地搞好学习、搞好工作。因此,饭店要实行正常的考核制度,并结合晋级调资、评比奖励等进行。

员工的考核有日常考核和定期考核、长期考核和短期考核。日常的、长期的考核可结合评定技术等级标准或晋级调资等进行;定期的、短期的考核是对日常业务技术学习的检查,也是评比奖励的依据。

餐厅管理人员要善于运用各种方法开展日常考核。日常考核可以多渠道进行,诸如:可以把服务人员每天的工作表现记载于表格中(见表 6-4),由领班评定成绩;也可组成检查小组进行本餐厅的自查或餐厅间的对口检查;还可请企业质量检查小组进行暗查或突击检查;亦可利用餐厅午市和晚市之间休息的时间,分别采用笔试、口试、技能操作等方法进行考核。管理人员每天应深入第一线,观察现场,掌握实况,把每一员工的各项考核成绩汇总起来全面分析,力求比较全面、准确地反映员工的实际工作情况。

所有考核成绩都应列入员工业务档案，作为今后使用、转正、定级、晋级、升职的依据。对于考核成绩优秀的应给予表彰；对成绩不合格的，应定期补课、定期补考，务求取得实际效果，达到考核目的。

思考题六

1. 餐厅内部环境设计主要内容？
2. 餐厅气氛营造意义？
3. 餐厅服务基本技能有哪些？
4. 中式宴会台型设计一般要求？
5. 简述中式宴会服务过程。
6. 西餐服务方式有哪些？各自的特点？
7. 餐厅服务质量控制的基础？
8. 餐厅服务质量控制的方法？
9. 餐厅卫生管理要求？
10. 餐厅员工招聘、岗位培训、日常考核应注意哪些问题？

案例七　服务案例分析

出了一个服务案例，作为管理者，要全面透彻而准确地给予剖析，让它充分发挥培训借鉴的作用。案例分析主要抓好五方面分析，即服务意识、服务规范、应变力、安全意识和职业道德等。下面试一一作出界定与分析。

一、服务意识

服务意识是服务态度的本质表现，是对服务工作的主观认识和行为观念，它要求服务员处处为客人着想。许多饭店倡导"视客人为亲人、家人"，"客人永远是对的"等，都是对良好服务意识的积极追求。良好服务意识的外化突出表现在超常服务、超前服务、超值服务、情感服务和细微服务。

（一）超常服务

超常服务，即超越一般规范的服务，亦可界定为个性化服务，在遵循饭店即定规范服务要求的原则基础上，针对每个客人不同的特殊需求而给予的一对一的服务。如客人喜欢高枕，那么给他增加一个枕头；客人要求"盐水虾"剥壳，我们热情照办。

（二）超前服务

超前服务是指想在客人之前，做在客人开口之前，甚至满足客人潜在需求，这是超常服务的一个具体表现类型。这是最具传奇魅力的一种服务，最易打动客人，给他们留下深刻印象。如意大利总统佩尔蒂尼下榻锦江饭店，服务员在盥洗台上看到他的剃须刀是三插头的，而客房内只有双眼插座，于是在总统未开口之前将三眼插座送上门来，令总统惊叹不已。

（三）超值服务。

其实，超常、超前服务及下面将述及的情感服务和细微服务，都是属于超值服务的范畴，我们把它称之为广义的超值服务。但为了更深刻地揭示其丰富内涵，再给出一个狭义的界定，即指饭店整体的超标准服务，即四星级饭店提供五星级服务，五星级饭店提供超五星级服务。

（四）细微服务

细微服务是指对客人一些细小的需求或潜在需求也给予特别关注，提供服务到每一个"毛孔"的无微不至的服务，这也是超常服务的一个具体表现类型。如发现客人衣服掉了纽扣，主动给予缝补；准备小药箱等。

（五）情感服务

情感服务是指针对客人都有对情感的外在或潜在渴求而提供的特别服务。如姓名辨认、生日祝贺及中秋之夜送月饼等，使客人感受到家外之家亲情般的照顾与温暖。

饭店服务案例中，涉及服务意识方面的很多，怎样分析似乎无章可循，上述五种服务可能不失为一种可行的分析方法。拿到一个有关服务意识方面的案例，把它放到这五个方面进行一一的对照分析，从而得出较全面的结论，因为许多案例常常涉及许多方面。如给意大利总统送三眼插座一例，它同时充分体现了超前服务、细微服务的精髓。

二、服务规程

服务规程，即为达到饭店规定的服务水平，而制订的相应的服务程序与标准。这是服务的法则，人人必须遵守。涉及服务规程的案例也很多，但多为反例，这是它的一个突出特点。

(1)没有严格遵循服务规范，造成失误，甚至酿成大错。特别是一些重大失误，究其原因仅仅是未遵循一个简单的工作程序。

(2)服务员对“规程”的理解过于死板教条，工作中谨小慎微不敢越雷池半步，从而使服务缺乏灵活性，以致造成客人不满、投诉。

(3)由于“服务规程”本身的不完善，导致服务漏洞百出。其实，对于“规程”，不管它现在是否完善，都要在未来的工作中不断加以改进提高。

(4)还有管理者自身对“规程”学习与把握不到位，指挥失当，使员工违规作业造成失误。对此，管理者要进行深刻反省。

三、应变力

应变力是指服务员要有敏捷的思路，以应对服务中随时可能出现的突发事件。许多饭店对此培训较为重视，甚至编写了“饭店服务应变500例”。涉及应变力的案例亦较多，其分析主要注意这样几点：

(1)因缺乏基本的培训，连简单的常见突发事件也束手无策，造成应变不力。

(2)因缺乏语言技巧和必要的服务知识造成应变不力。

(3)因突发事件的独特性，如从未出现过此类事件，造成应变不力等。

当然，对于好的应变案例也要多加学习、借鉴。

关于应变力，等于培训＋急中生智＋语言技巧。其中“培训”主要解决一个“快”字，后两者主要突出一个“巧”字。所以，提高应变力的关键是“快”与“巧”。

对应变力的重要性应提高认识。第一，作为一名合格的服务员，仅仅有服务意识和规范意识是不够的，还需要一种服务润滑剂——应变力；第二，良好的应变力更有利于展示我们的服务素质与水平，更有利于树立服务形象。

四、安全意识和职业道德

关于这两者的案例很少，但我们不能因为少而忽视这方面的关注，恰恰相反，要给予特别重视，经常给予强调。因为这两者一旦疏于管教，给饭店带来的灾难可能是毁灭性的。

一个案例分析不仅仅只涉及一个方面，而是同时涉及多个方面，所以需将某一案例进行全方位的对照与分析。只有这样，才能将它全面系统而准确地给予破译，使其充分利用成为可能。为更好阐明这一方法，试演示一例：

著名演员陈佩斯，随中央电视台《人与人》系列电视组在福州拍外景，住进了海山宾馆。那日，正逢正月元宵节，餐桌上陈佩斯说了句“今天是我生日”。饭罢他走出餐厅，门口服务员微笑致意：“祝你生日快乐！”当他走到自己房间门口，为他开门的服务小组柔声细语：“祝你生日快乐！”推门而入，桌上一束鲜花，一个生日蛋糕。

蛋糕上生日蜡烛正在燃烧，烛光摇曳，好温馨的气氛。陈佩斯拿起电话，又是一句“生日快乐！”总机小组的亲切问候在他耳边响起，他一阵激动，拉开房门，门把手上插着一张贺卡：“海山祝你生日快乐！”陈佩斯禁不住热泪盈眶。

有人对此案例的分析仅仅停留于“充满人情味”服务的作用与对行动“效率之快”的赞叹。这里试作一全面分析：

(1)这是个典型的“情感服务”的案例，这是重点。

(2)把案例放到“应变力”中去分析：服务员都具有良好的应变力，其过程与效果充分体现了“快”与“巧”。

(3)把案例放到“服务规程”中去分析：我们完全有理由相信，海山宾馆给住店客人提供“生日祝贺”的“情感服务”，具有一整套的久经考验的成熟规范，为迅速反应提供了良好的条件，以致环环相扣，准确到位，恰到好处。

(4)再把它放到“服务意识”中去分析：服务员强烈的服务意识令人赞叹，值台员对客人哪怕一言一行都予以高度重视更让人称道。但是，这一“生日祝贺”完全可以搞成“超前服务”。可以肯定地说，宾馆在对客人档案建立方面出现了措施不力之处，连陈佩斯这样的重要客人的详细档案也没建立，不仅没有提供“超前服务”，反而差点失去这一机会。试想，如果提前在餐桌上为陈佩斯祝贺生日，效果可能更好。同时，由于没有建立详细的顾客档案，提供超常服务也成了一句空话。

思考题

1. 服务案例应从哪些方面进行分析？
2. 案例分析的意义是什么？

案例八 “丝绸之路”主题宴会的启示

1996 年初春，一位美国老先生来到长城饭店宴会销售部，他自称是来自美国的学者，刚在中国的西部游历了数月，回国前想在该店宴请在京的 160 多位同行人士及重要贵宾。老先生愿意支付很高的餐价，但非常希望饭店宴会厅装饰出中国西部风情，因为他实在很留恋新疆的大山和草原的驼铃。老先生还说：“我个人不能提出具体的宴会方案，因为我不是饭店专家，但我知道贵店在京城餐饮业一向享有盛誉，我相信你们一定能令我满意。”

客人走后，与客人直接洽谈的金小姐及宴会部的其他同事们开始了认真地策划。经过对几个方案的比较优选，最后终于决定为客人举办以“丝绸之路”为主题的晚宴。

两天后，当老先生及其数位随从人员在宴会前一小时出现在宴会厅时，他们的惊喜无法用语言表达。展现在他们面前的宴会厅宛如一幅中国西部优美的风景图。从宴会厅的3个入口处至宴会的3个主桌，服务员用黄色丝绸装饰成蜿蜒的丝绸之路；宽大的宴会厅背板上，蓝天白云下一望无际的草原点缀着可爱的羊群；背板前高大的骆驼昂首迎候着来宾，其形象逼真使人难以相信这仅仅是饭店美工人员在两天内制作出来的。宴会厅的东侧，古老的长城碉堡象征着中国5000年文化的沧桑，西侧还有一幅天山图的背板，宽大的舞台上，一对新疆舞蹈演员已开始载歌载舞。16张宴会餐台错落有致地散立于3条丝绸之路左右，金黄色的坐椅与丝绸颜色一致，高脚水晶杯和银质餐具整齐地摆放在白色的台布上，每个餐台上的艺术型插花又令人感到了宴会设计的高雅。面对文化氛围强烈的宴会厅，老先生激动地说："你们做的一切大大超过了我的期望，你们是最出色的，真令我永生难忘"。宴会的成功不言而喻。

几天以后，总经理收到了这位来自美国的老先生热情洋溢的表扬信。他在信中说，回国后，他已经向许多朋友谈起了这个宴会，并高度称赞了长城饭店宴会部的员工。他认为这些员工是全世界最优秀的，因为这些员工能够理解顾客的期望，并大大超过了顾客的期望。

现在，"丝绸之路"已成为北京长城饭店一个非常有特色的主题宴席，多次服务于来自世界各地的顾客。每一次，顾客们都反应强烈，非常满意。

资料来源：李任芷编. 旅游饭店经营管理服务案例. 北京：中华工商联合出版社，2000

思考题

1. 餐厅布置对主题宴席设计的意义？
2. 此次主题宴会成功的原因？

第七章

餐饮销售管理

餐饮产品的生产制作、餐饮服务人员的服务劳动,最终都必须依赖于有效的餐饮产品销售业务管理,方能完成产品到商品的转变。抓好了餐饮销售管理这一环节,就能使餐饮生产的产量和品种进入规范、有序的状态,生产出适销对路的产品;同时能够促使企业根据市场的变化,确定相应的价格水平;也能让企业在市场中调整自己的经营策略和服务方法。

第一节　餐饮销售计划与经营分析

如同其他产品一样,餐饮产品的销售同样需要计划进行指导。因为餐饮的采购、制作与销售服务之间的时间间隔极其短暂,需要餐饮管理人员精心筹划,尽可能做到采购多少、生产多少、销售多少。而餐饮经营分析,主要是管理者对菜点结构和客源等进行分析,有目的地创造自己的竞争优势,获取更佳的收益。在餐饮业竞争越来越激烈的今天,科学的经营分析越来越重要。

一、餐饮销售统计

餐饮销售统计是一件麻烦又很重要的工作,因为它是餐饮销售计划制订和餐饮经营分析的基础。

(一)餐饮销售统计内容要求

餐饮销售统计内容主要有营业收入、就餐客人人次及点菜率等三个方面。

1. 营业收入的统计主要要求

(1)不同的餐厅必须分别进行统计。如零点厅、宴会厅、咖啡厅、酒吧等都必须分别进行统计。

(2)同一个餐厅不同的食品类型要分别进行统计。如酒水等营收必须分别统计,就是菜点亦有必要将热菜、冷菜和面点的营收分别统计。另外,如有服务费亦应分开统计。

(3)同一餐厅不同时段要分别进行统计。如早、午、晚、夜宵等营收要分别统计。

(4)汇总方式。每一个餐厅除了每餐次、每日的基本统计外,还必须按每周、每月、每季度及全年进行汇总统计。

2. 就餐客人人次的统计主要要求

(1)不同的餐厅要分别进行统计。

(2)同一餐厅不同的时段要分别进行统计。如早、午、晚及夜宵等的就餐客人人次要分别进行统计,有的还要求同一餐次再分时段进行统计,如午餐分10：00～11：00、11：00～12：00、12：00～13：00等三个时段对就餐客人人次分别进行统计。

(3)对于饭店餐饮部各餐厅进行就餐客人人次统计,还要注意将住店客人与外来就餐客人人次分别进行统计。

(4)餐厅还可针对自己的需要对就餐客人进行各种各样的分类统计。这类统计主要是按人口统计特征进行统计,如不同性别、不同年龄、不同职业、不同学历、不同的经济水平及不同区域等进行。

(5)汇总统计。其要求与营收汇总方法相同。

3. 点菜率统计主要要求

点菜率统计主要是针对零点餐厅而言的,是对零点餐厅每一个菜点的销售数量进行统计。其统计主要要求是:

(1)不同的餐厅要分开进行统计。

(2)对每一个菜点销量统计,一般按每日的时段进行初步统计,可以不再分餐次等进行统计,当然对个别菜点特别是哪些新推出的菜点或需要长时间烹制的菜点或对烹制和储存有要求的菜点是可以的,也是必要的。

(3)汇总统计。其要求与前者亦相似。

4. 统计时的其他注意事项

天气状况。在国内不理想的天气,尤其是恶劣的天气一般会导致就餐人数减少销售额下降(对零点餐厅而言);但在欧美国家却是雨天或者阴天反而会使餐厅的外来就餐人数增加。

特殊日子和特殊活动。重要的节日、假日对餐饮销售量有一定的影响。有些节日使外出就餐人数增加,而有些节假日使某些餐厅的销售量减少。另外,如饭店举办重要活动,像举办展览会、举行会议等,会影响住店客人在餐厅消费。其他像餐厅附近翻修马路、城市建设,甚至对饭店门前实施一定的道路交通管制,都会使销售受到不同程度的影响。

(二)餐饮销售统计方法

餐饮销售统计方法主要有两大类:一是手工统计,这是最原始的一种方法,统计速度慢,而且因受人为因素影响易造成数据的不准确;另一种就是电脑统计,这需要具有相应的业务管理软件,特点是快捷、及时、准确。

一般而言,餐厅营收、就餐客人人次及点菜率统计都可交由收银员完成,亦可将其中的点菜率统计交由厨房划菜员进行统计。

营收及就餐客人人次统计方法都比较简单,只举一例说明。点菜率统计方法大家较为陌生,下面加以重点介绍。

1. 营收与就餐客人人次统计举例(见表 7.1)

表 7.1 某咖啡厅中午 12:00 到晚上 24:00 销售额和客人数统计表

时段	客人数(人)	销售额(元)
12:00～13:00	16	800
13:00～14:00	45	2350
14:00～15:00	45	2450
15:00～16:00	26	135
16:00～17:00	3	160
17:00～18:00	4	210
18:00～19:00	23	1150
19:00～20:00	39	2005
20:00～21:00	48	2410
21:00～22:00	49	2500
22:00～23:00	36	1810
23:00～24:00	24	1200
总计	358	18095

2. 点菜率统计举例(见表 7.2 和表 7.3)

表 7.2　零点菜品点菜率统计

统计人：　　　　　　　　　　　　　　　　　　　　　　年　　　月

菜名	1	2	3	4	5	6	7	8	9	10	11	12	13	14	15

表 7.3　零点菜品档案

填表人：　　　　　　　　　　　　　　　　　　　　　　　　编号：

菜名	一月		二月		三月		四月		五月		六月		七月		八月		九月		十月		十一月		十二月	
	上	下	上	下	上	下	上	下	上	下	上	下	上	下	上	下	上	下	上	下	上	下	上	下

点菜统计需要两种表格配合使用,见表 7.2 及表 7.3。这两种表格相互联系,主要因汇总周期不同而有所不同,其汇总周期可以是半个月一次(如上例),也可以是一周、双周或一个月,不同的餐厅可根据自己的需要进行选择。

《零点菜品点菜率统计》是每日对每个销售菜品的数量进行统计,可采用手工或电脑进行统计,手工统计较为麻烦,主要是通过账单对当日销售的每一个菜品数量进行归总统计,并将数据填入表中。如“申城肉排”11 月 5 日销售了 26 份,则将

26填入对应日期的表格之中。

如上例，半个月后则要填写《零点菜品档案》，例如11月1日至15日，"申城肉排"共销售了306份，则将306这一数据填入档案中，即"申城肉排"11月上半月的表格中。《零点菜品档案》的意义在于：一是简洁明了地展示每一菜品在一个季度、一年甚至几年的销售状况；二是通过对每一菜品的销售状况的掌握，便于对菜品质量进行分析改进或淘汰等。

二、餐饮销售计划

(一)销售预测

预测是利用可得到的相关数据对未来进行估计，是对未来的一种有根据的推测。如果能对未来的销售量作较精确的预测，就能适当地做好餐饮采购和生产计划，能够正确地安排每天各种菜肴的生产份数，避免盲目采购和生产，有效地降低食品饮料变质和丢失的几率，减少浪费。

对菜肴销售总量的预测需要应用销售记录的数据。酒店若能按每天分别统计各种菜肴的销售量，进行销售预测就比较容易。假如酒店要求预测畅销菜砂锅鱼头下周一的销售量，就要先分别列出上一个月中各星期一的销售总数，然后采取加权平均法求出预测值。

例如，砂锅鱼头在11月份各星期一的有关的销售总数以及加权值如表7.4所示。

表7.4 砂锅鱼头在11月份各星期一的销售总数表

日期	菜肴销售总数Q(份)	各销售数据的权数W	加权值QW(份)	理论预测值(份)
11.01	128	1	128	
11.08	124	1	124	
11.15	123	2	246	
11.22	131	2	262	
11.29	125	3	375	
合计	631	9	1135	
09.05				1135÷9≈126

加权平均预测法是给予以往的销售数据以不同的权数，越近的数据给予的权数越大，然后将加权值相加除以总权数，求出平均值。其计算公式为

$$X=\frac{Q_1W_1+Q_2W_2+\cdots+Q_nW_n}{W_1+W_2+\cdots+W_n}$$

式中：Q_i 为销售数；W_i 为权数。

在上例中，理论预测值的计算如下：

$$X=\frac{128\times1+124\times1+123\times2+131\times2+125\times3}{1+1+2+2+2}\text{份}=126.11\text{份}\approx126\text{份}$$

加权平均法能反映销售趋势，也能消除由于偶然事件而引起数据非规律性的变化。尽管如此，按数学公式计算出来的预测只能是理论预测值，实际工作中还要考虑季节、天气等因素，若是饭店中的餐厅，还要考虑客房出租率，是否有会议和团队用餐、宴会预订等因素。用数学方法测得的数据考虑上述几种因素，再加上一定保险值，就可得出菜肴销售的预测值，即

预测值＝理论预测值±特殊情况增减值＋保险值

在上例中，若根据气象预报下周一会下雨但无其他特殊情况，管理人员根据经验，估计下雨砂锅鱼头大概销售量会减少 50 份，为保证供应，加上理论预测值 10％的保险值，这一天的预测值应为

$$126\times(1+10\%)-50=88.6\approx89(\text{份})$$

这种预测方法十分简单，也比较实用，适合需要每日计划生产量的餐厅使用。

(二)餐饮生产与销售计划制订

餐饮产品的生产与销售计划，规定了各菜肴计划生产的份数，反映了各菜肴的预测销售数量，为制作人员和服务人员规定了生产和服务销售指标。餐饮生产与销售计划由餐饮部经理或相应的管理人员负责编制，如表 7.5 所示。

表 7.5　餐饮产品生产与销售计划表

日期：2005 年 12 月 6 日　　星期一　　餐别：午餐

菜肴名称	预测值(份)	调整后预测值(份)
炒秃卷	15	13
申城肉排	25	20
真如羊肉	41	31
砂锅鱼头	126	89
总数	207	153

三、餐饮经营分析

餐饮企业在经营管理过程中要不断地进行经营分析，对经营中存在的问题要及时发现、及时解决，以创造良好的经营效果。

餐饮经营分析重点在以下几个方面：一是菜点分析；二是客源结构分析；三是员工创收能力及服务效率的分析；四是成本分析（这一点将放到下一章再讨论）等。

（一）菜点分析

点菜率统计不仅仅提供销售预测之用，而且是进行菜点分析的基础。对一个菜点的评价，并不是它的销量越高就越好，这是不全面的，还必须看它的盈利能力，如果一个菜点销量高且毛利高，那才是最好的菜点。

1. 菜点分类

我们一般根据菜点的销售数量及盈利能力将其分为四类，即明星类、耕马类、疑惑类和狗类。明星类即销量大、毛利高的菜点。耕马类即销量大但毛利低的菜点。疑惑类即销量少但毛利高的菜点。狗类即销量少且毛利低的菜点。

2. 菜点分类方法

首先，我们要了解什么叫每一产品的平均边际利润贡献和每一产品的平均应该被接受的销售率。

$$\text{每一产品平均边际利润贡献}=\frac{\text{全部产品边际利润贡献总和}}{\text{产品总销售量}}$$

$$\text{每一产品平均应该被接受的销售率}=\frac{1}{\text{产品总销售量}}\times 70\%$$

其次，我们要知道明星、耕马、疑惑和狗类四类产品的各自的特点。(1)明星类产品的特点是：其产品的边际利润贡献高于每一产品平均边际利润贡献。同时，其产品销售量占全部产品销售量的比率也要高于每一产品平均应该被接受的销售率。(2)耕马类产品的特点是：其产品的边际利润贡献低于每一产品平均边际利润贡献，同时，其产品销售量占全部产品销售量的比率要高于每一产品平均应该被接受的销售率。(3)疑惑类产品的特点是：其产品的边际利润高于每一产品平均边际利润，同时，其产品销售量占全部产品销售量的比率低于每一产品平均应该被接受的销售率。(4)狗类产品的特点是：其产品的边际利润低于每一产品平均边际利润，同时，其产品销售量占全部产品销售量的比率也低于每一产品平均应该被接受的销售率。

第三，我们要用上述产品分类标准对产品进行分类。现在，我们通过对下述菜单里菜肴品种分类来说明应该如何做好这方面的工作。

表 7.6 某西餐厅菜品分类 单位:美元

菜 名	销售量	占总销售量比率(%)	每份菜原料成本	销售价格	每份菜边际利润	每类菜原料成本总计	每类菜总收入	每类菜总边际利润	每类菜边际利润状态	每类菜占总销售比率状态	菜肴分类
茄汁鱼块	420	42	2.21	4.95	2.74	928.2	2079.0	1150.8	低	高	耕马
纽约牛排	360	36	2.50	8.50	4.00	1620.0	3060.0	1440.0	高	高	明星
三纹鱼刺身	150	15	4.95	9.50	4.55	742.5	1425.0	662.5	高	低	疑惑
苹果鸡	70	7	4.00	6.45	2.45	280.0	451.5	171.5	低	低	狗
总计	1000					3570.7	7015.5	3444.8			

对表 7.6 中的数据要说明的是:(1)每份菜的边际利润等于每份菜的销售价格减去每份菜的原料成本。(2)每类菜原料成本总计等于每类菜的销售量乘上每份菜的原料成本。(3)每类菜的总边际利润等于每类菜的总收入减去每类菜的原料成本总额。(4)每类菜的边际利润状态是用该类每份菜的边际利润与每份菜平均边际利润比较得出的,前者低于后者为低,前者高于后者为高。(5)每类菜占总销售量比率状态是用该类菜占总销售量比率与每类菜平均应该接受的销售率比较得出的,前者低于后者为低,前者高于后者为高。(6)每一份菜平均边际利润是各类菜的边际利润总额 3444.8 美元,被各类菜的销售量总计 1000 份除,每份为 3.44 美元。(7)每一份菜平均应该被接受的销售率为:1/4×70%=17.5%。

3. 对不同类型菜点的调整与经营策略

继续以上面菜单里的菜肴品种为例。对耕马类产品的经营策略有:(1)提高销售价格。(2)将这类菜的名字放在菜单不显著的位置上。(3)将更多的需求量转移到边际利润贡献高的产品上去,如转移到疑惑类产品上去。(4)降低产品成本。(5)减少每份菜的分量。

对明星类产品的经营策略有:(1)通过遵循严格的作业规程来保持菜肴的质量。(2)将这类菜的名字放在菜单的显著位置上。(3)测试销售价格弹性,如果弹性小于 1,还可以提价;如果弹性大于 1,则可以降价。(4)利用建议性的销售技术。

对疑惑类产品的经营策略有:(1)把对其他产品的需求转移到这些产品上来。(2)降低价格,以增加销售量,从而增加销售额。(3)增加新的价值到这类产品上去,以增加吸引力。

对狗类产品的经营策略有:(1)从菜单上去除掉。(2)提价,这样做至少能保证具有较高的边际利润。(3)降低成本。

(二)客源结构的分析

餐饮企业开业之前就有自己明确的客源对象的考虑,但开业后其客源状况到底如何,恐怕许多管理者自己也很难说清楚。

客源结构分析主要根据餐厅有关客人的历史数据进行分析,如人均消费额,酒水消费比例;住店客人就餐比例,外来就餐客人比例;以及与客人相关的如性别、职业等统计资料等进行比较研究分析,从而找出餐饮企业真正的目标客源。

这种分析的意义主要在于客源市场是在不断变化的,因为经济社会的不断发展,人们的喜好也在悄悄发生变化,所以应及时发现目标客源的变化,在菜点创新和个性化服务上作出相应调整,打造自己的竞争力,吸引客人。

(三)餐厅服务人员服务效益和效率分析

通过对餐厅服务员人均创收能力和人均服务客人数量等指标的统计,可以对服务员的服务效益和效率等进行分析。例如某餐厅两名服务员服务效益和效率分析如表7.7所示。

表7.7 某餐厅服务员服务效益和效率分析

	服务员甲	服务员乙
平均每月服务客人数	1950	2008
平均每月生产销售额	51675	51832.2
客人平均消费额	26.5	25.81

上述数据明显地反映了,服务员乙无论在服务客人数和产生的销售额方面都超过了服务员甲,说明他在积极主动接待客人方面及他的工作量都比服务员甲更为出色。但是他服务的客人平均消费额为25.81元,比服务员甲的26.5元少0.7元。说明服务员乙在推销高价菜、劝诱客人追加点菜和点饮料方面不如服务员甲。管理人员可向服务员乙指明努力方向,指出如果他在上述方面努力,则他在提高餐饮销售额方面还有潜力,还能增加销售额的潜力为:0.7×2008=1405.6(元)

服务员的销售数据可由收银员对账单的销售数据进行汇总,也可由餐厅经理对账单存根的销售数据进行汇总而得。

(四)其他分析

1. 平均消费额分析

管理人员一般十分重视平均消费额。平均消费额是指平均每位客人每餐支付的费用。这个数据之所以重要,是因为它能反映菜单的销售效果,反映餐饮销售工作的成绩,能帮助管理人员了解菜单的定价是否过高或过低,了解服务员和销售员是否努力推销高价菜、高档宴会和饮料。通常,餐厅要求每天都分别计算食品的平均消费额和饮料的平均消费额,其计算方法是:

$$平均消费额=\frac{总销售额}{就餐客人人数}$$

管理人员应经常注意平均消费额的高低，如果连续一段时间平均消费额都过低，就必须检查食品饮料的生产、服务、推销或定价有何问题。

2. 每座位销售额

每座位销售量是以平均每座位产生的销售金额及平均每座位服务的客人人数来表示的。其中平均每座位销售额是由总销售额除以座位数而得。

$$每座位消费额=\frac{总销售额}{座位数}$$

每座位销售额这一数据可用于比较相同档次、不同餐厅的经营好坏的程度。比如A餐厅的年销售额为450万元，具有餐座200座；而B餐厅的年销售额为250万元，具有餐座100座；A餐厅的每座位年销售额为22500元，而B餐厅的每座位年销售额为25000元，可见B餐厅的经营效益要好一些。

每座位销售额也常用于评估和预测酒吧的销售情况。在酒吧中，一位客人也许喝一杯饮料就匆匆而去；也许整个下午都在那里商谈公务，要订十几次饮料。这样难以统计座位周转率和平均消费额，很难真实反映酒吧经营状况，所以往往用每座位销售额来统计一段时间的销售状况。

3. 平均每座位服务的客人数

也常常被称作座位周转率，它以一段时间的就餐人数除以座位数而得。其公式：

$$座位周转率=\frac{某段时间的就餐人数}{座位数\times餐数\times人数}$$

仍为上例，如果A餐厅的某年就餐人数为25万，而B餐厅的当年就餐人数为12万，这两个餐厅每天都供应两餐，它们的座位周转率分别为

$$A餐厅座位周转率=\frac{250000}{200\times2\times365}\approx1.72$$

$$B餐厅座位周转率=\frac{120000}{100\times2\times365}\approx1.65$$

餐厅早、午、晚餐客源的特点不同，座位周转率往往分餐统计。座位周转率反映餐厅吸引客源的能力。上例中，A餐厅吸引客源能力高于B餐厅。但每座位产生的收入却低于B餐厅，说明A餐厅的菜单价格较低或销售低价菜的比例较高等。

第二节　餐饮销售控制

餐饮销售控制是从控制角度保证餐饮产品最终转化为餐饮商品的过程。这一

过程的圆满实现，需要餐饮经营管理人员建立一个完整的餐饮销售控制体系，这个体系包括对点菜单的控制、对出菜检查过程的控制、对收银员的控制、对酒吧销售的控制，以及相应的销售控制指标与销售报表的建立与考核。

一、餐饮销售控制的意义

销售控制的目的是要保证餐厅向客人提供的菜品都能产生收入，成本控制固然重要，但销售的产品若不能得到预期的收入，则成本控制就失去了意义。假如餐厅售出金额为1000元的食品，耗用原料的价值为350元，食品成本率为35%。如果餐厅销售控制不好，只得到900元的收入，则成本率会提高到38.9%，这样毛利额就会减少100元，成本率就提高了3.9%。

由此可见，对销售过程要严格控制。如果缺乏这个控制环节，就可能出现有的人内外勾结，钻制度空子，使企业利润流失等问题。销售控制不利通常会出现以下现象。

(一)侵吞现款

对客人点的食品和饮料，不记账单，将客人收取的现金全部侵吞。

(二)少计品种

对客人点的食品和饮料少计品种或数量，而向客人收取全部价款，两者的差额，装入自己的腰包。

(三)重复收款

用同一账单重复向两位客人收款，私吞一位客人的款额。在营业高峰期往往容易造成这种投机取巧的空子。

(四)不收费或少收费

服务员对前来就餐的亲朋好友不计账也不收费，或者少计账少收费，使餐厅蒙受损失。

(五)偷窃现金

收银员(或服务员)将现金柜的现金拿走并抽走账单，使账、钱核对时查不出短缺。

(六)欺骗顾客

在酒吧经营中，将烈性酒冲淡或售给顾客的酒水分量不足，将每瓶酒超额量的收入私吞。

上述现象说明，如果餐厅对销售控制不严，会使餐厅蒙受损失，管理人员忽视销售控制这一环节会造成很大的漏洞。

二、账单控制

当客人点菜后,值台服务员或点菜员将点菜单交到餐厅收银台记账员处,由记账员根据点菜单开列账单,账单往往一式三联,一联留底以此向客人收款,一联交厨房照单生产,一联交值台员便于上菜核对。零点餐厅最好为四联,其中一联交划菜处。

(一)账单编号

大多数企业要求账单编号,账单编号制度具有以下控制作用:

1. 账单编号能防止收入流失

若在营业结束时核对账单编号,可以很快查出账单是否短缺。如果账单短缺,可能是顾客拿走账单未付账而走,也可能是服务员或收银员不诚实,拿走账单,吞没现金。采用账单编号制度,可促使服务员监督客人结账付款,并控制服务员和收银员严格按账单收款,防止现金的短缺。一旦发现账单短缺,管理人员要追查责任,堵塞漏洞。

2. 账单编号能规定各位服务员对哪些账单负责

账单上的菜品价格不正确或账单短缺,一般会追查到服务员,因而一些餐厅规定服务员对哪些账单和账单号负责并要求签字。采取这种制度,在开餐前各餐厅计账员领账单本时要记下账单的起始号;营业结束后要记下结束号。

如果计账员粗心或有意在账单上开错价格(例如将18.90元的牛排记成13.90元)或账单缺号,则通过查找账单编号的负责人,就很容易追查责任。为加强控制,有些企业要求餐饮成本控制员每天检查账单有无漏号,价格填写是否正确。

(二)前后台账单核对

餐厅收银中账单和厨房账单都必须整理上交财务部,财务部应设专人对两份账单进行一一核对,同一正副联的账单上如果菜点数或价格等不同,必须进行追查,主要防止记账和收银处从中作弊,保证餐厅收入不流失。

三、划菜检查控制

许多餐饮企业一般都在厨房中设置一名划菜员,有的餐厅称此岗位为“查头”。划菜员的岗位设在厨房通向餐厅的出口处,他是食品生产和餐厅服务员之间的协调者,是厨房生产的控制员,因此他必须熟悉餐厅的菜品品种和价格,了解各种菜肴的质量标准,他的责任是:

(1)保证所有订单上的菜品都能及时得到生产,并保证服务员取菜和送菜正确。

(2)保证厨房只根据账单副联所列的菜品生产,每份送出的菜都应在副联上有所记载。这样可以防止服务员或厨师无订菜单私自生产并擅自免费把食品送给熟人、朋友。

(3)检查客人账单上的价格是否正确,防止服务员为了私利或者粗心将价格写错。

(4)检查每份生产好的菜肴的分量和质量是否符合标准。

(5)保管客人账单副联,以防丢失。

四、销售中舞弊行为及防范

(一)餐厅服务员舞弊行为及防范

(1)从厨房领取饭菜或从酒吧领取酒水后没有在客人订单上记录而把这些食品和饮料的收入私吞。

防范措施:不准生产岗位员工在没有拿到客人订单副联前给服务员工提供食品或饮料;或者像鸡尾酒服务员那样,服务员一面领取酒水一面付账。

(2)用私带客人账单收取现金。

防范措施:使用企业特有的客人账单。

(3)为亲友提供高价食品,但在订单上却以低价记录。

防范措施:重视划菜员的作用,加强对订单及账单上每道菜及价格的核查。

(4)为亲友订单少算账或少算项目以获取较多的小费。

防范措施:对客人订单进行审计;核对正、副联账单。

(5)从客人处收款后却说客人未付款就溜走了。

防范措施:健全制度,严格纪律,一般要求相关责任人对此账单的损失负全责,并给予纪律处分。

(二)餐厅收银员、记账员舞弊行为及防范

(1)客人结账时,在收款总额中故意多加一定数额,收款后将多收部分收入私囊。而一旦客人发觉,则称由于不小心计算错误。

防范措施:结账高潮期,管理者加强监督;值台员结账时认真核对,加强监督。

(2)收款后,将账单中某些菜点划掉,将现金收入私囊,却称这些菜点没有上。

防范措施:加强对前后台账单核对。

(3)篡改账单,把账目减少,如客人喝了20瓶青啤,客人结账后,将20改为18,

差额私吞。防范措施:加强餐厅酒水的盘点,发现缺额及时查核。

(4)毁掉账单,私吞现款。防范措施:加强账单编号管理,并加强对账单编号和数量的查核。

(5)为亲友少算账或少算项目。防范措施:核对正、副联账单。

(三)酒吧服务员的舞弊行为及防范

(1)克扣酒水量,把扣下酒水销售所得放进私囊。如果酒吧服务员每次克扣1/4盎司,每卖四份酒水就可私吞一份酒钱,而并不影响已订的酒水成本百分比。防范措施:要求调酒师准备全部酒水时用量杯,不要信手倒来,并加强监督。

(2)携带私人酒水进店,把酒水出售给顾客。防范措施:使用有标记的酒瓶,并采用相应的监督措施以防这类事件的发生。把酒瓶标识(如企业识别牌)妥善保管(如放在保险柜中),以防职工盗用。

(3)把零卖酒合在一起算成瓶卖酒(售价一般低于零售价),并把差额装进私囊。防范措施:执行有效地收银机操作控制,密切监视职工并要求酒吧服务员在客人订单上记录全部酒水账。

(4)销售酒水得了现钱,却在记录上说是泼洒掉了、退还了或免费赠送掉了。防范措施:不准酒吧服务员把酒水免费赠人,不经经理同意不准把退回的酒水倒掉。

(5)稀释烈性酒并把额外所得私吞。防范措施:调查顾客对酒水质量的意见,并关注客人经常性的投诉。加强调酒师制酒水质量检查。

(6)顾客要高档白兰地酒,却供应低质白兰地酒,而把差额私吞。防范措施:调查顾客对酒水质量的意见,并关注客人经常性的投诉。加强调酒师制酒水质量检查。

(7)用仿造酒瓶标识和其他企业的识别牌来装扮自带酒水售出。防范措施:在你企业中使用独特的难以复制的酒瓶标识。把识别物品妥善保管好。

(8)用自带量杯在量酒上舞弊。防范措施:经常检查在使用中的各种计量工具。调酒师只准使用企业提供的计量工具。

(9)用酒水慷慨招待朋友。防范措施:不经经理人员允许不准酒吧服务员提供免费招待酒水。客人订单在任何时候都要放在客人面前,以便于管理者监督检查。

(四)顾客的舞弊行为及防范

1. 交纳空头支票,或使用无效信用卡

防范措施:训练收银员在任何时候都遵守有关接受支票和使用信用卡的规定程序。

2. 不付账就离开,或只付部分账目就溜走

防范措施:训练餐饮服务员、收银员和其他人员注意什么时候客人准备离开。

服务人员应该及时呈送账单。

3. 否认在大厅喝的酒水转到餐厅的账目

防范措施：先让顾客在大厅里签字确认酒水账，然后转到餐厅。由于酒水账转账需要更多的处理工作，你可以不鼓励，但不要禁止顾客转账。

4. 偷盗玻璃器皿、银制餐具、餐厅饰物和其他物品

防范措施：训练餐饮服务人员尽快撤除全部用过的服务器皿。例如，客人要了第二份饮料，服务员应该在端上第二份饮料时把第一个杯子拿走。服务员还应该在顾客离桌时看看是否有餐具等物品不见了；如果他们在顾客离桌时发现失物问题，应告知经理人员（而不要自己去指控顾客）。

第三节 厨房产品价格制定

一、厨房产品价格构成

厨房产品价格主要由四部分构成，即产品价格＝产品成本＋费用开支＋税金＋利润。

（一）产品成本

产品成本主要是指制作某一菜点的所有原料调料等的成本。如青椒肉丝，主料：肉丝和青椒，配料：胡萝卜丝及葱姜丝，调料：油、盐、味精、淀粉、酱油等。

（二）费用开支

餐饮经营的各项费用开支应分摊到每一个菜品或每一杯饮料上，这些分摊费用主要是人工费，其次还包括租金、折旧费、水费、电费、煤气费、行政管理费以及其他杂费。

（三）税金

任何经营企业都需要向国家和地方税务局交纳税金。餐饮企业应把营业税分摊到每一菜品或饮料上。

（四）利润

利润是任何资本经营所追求的目标，餐饮企业经营的主要任务就是获取最大限度的利润。餐饮产品的销售应能弥补原料成本开支、费用开支、税金开支，同时应有盈余，这就是利润。销售价格扣除原料成本所剩下的称为毛利。

在实际工作中，除食品原材料成本以外，餐饮产品的流通费用、税金和利润很难按花色品种单独分摊到各个产品中去进行单独核算。这是由餐饮产品花色品种

繁杂、各品种批量小、产品销售随时处于变化之中的特点决定的。因此，其价格构成中的流通费用、税金和利润融合在一起，形成产品毛利。所以厨房产品的价格是由成本和毛利构成的。其公式为

厨房产品价格＝产品成本＋产品毛利

二、价格制定方法

（一）产品成本核定

原材料成本是厨房产品生产加工过程中合理耗用原材料的货币表现。它由主料、配料和调味料三部分构成。核定原料成本的基本要求是：从当地购进的食品原材料，按当地实际进价核定（其中以多种价格水平购进的食品原材料按加权平均价格核定）；季节性合理库存的食品原材料，按定价用料日的市场牌价核定；从外埠或国外采购的食品原材料，前者按当地购进的食品原材料处理，后者按进口价格附加关税等实际耗用核定。食品原材料采购、储藏过程中发生的各种耗费，一律作流通费用处理。

在餐饮产品价格制定中，其原材料成本核定的具体内容又包括三个方面。

1. 主料成本核算

主料是构成厨房产品的主要原材料，在单件产品中一般用量较大。其核定方法是：可以全部利用的主料，按实际耗用量和原材料价格核定；需要去皮、刮鳞、剔骨、去老根等加工处理的食品原材料，按测定的利用率和实际耗用量核定。

2. 配料成本核定

配料是配合主料制作厨房产品的辅助原材料。其用量一般较少，但在各种厨房产品中所需配料的种类和用量却各不相同，少者有 1～2 种，多者 10 种以上。因此，配料成本核定的方法是：进价较高、用量较多的名点名菜或特殊产品，可按产品配方和实际用量单独核定；需要经过加工处理，损耗较大、用量较多的配料，可按主料成本核定方法核定；其他各种配料，因其种类多、用量少，可在测定平均配料金额后再确定。

3. 调料成本核定

调料也是制作厨房产品的辅助原材料，主要起色、香、味等调节作用，调料在各种厨房产品中一般种类较多，但用量很少，很难具体核定每种产品中各种调料的成本金额。因此，其核定方法是：价格较高、用量相对较多的调料，可估计各种调料用量，然后根据相应调料的价格来核定；其他各种厨房产品的调料成本，都采用在测定平均调料金额后再确定。

在主料、配料和调料成本核定的基础上，即可完成厨房单位产品的成本核定，

其计算方法是：产品成本＝主料成本＋配料成本＋调料成本

（二）确定毛利率

餐饮企业应根据企业的档次等情况，先确定企业的总毛利率，如有的企业要求总毛利率必须达到45%，有的则要求达到50%以上。但总毛利率对每一菜点定价并无实际的意义，它只是规定了所有菜点的平均毛利率。

不同类型的菜点，其毛利率是不同的。如热菜、冷菜、面点的毛利率就不同，其毛利率应依次增高；如荤菜、素菜的毛利率亦是不同的，后者高于前者；再如高价菜、低价菜，其毛利率亦不同，后者应高于前者。确定了不同类型菜点的毛利率后就可以进行定价了。

（三）价格制定方法

价格制定有许多方法，如主要成本法、价格乘数法、边际成本法等。这时只简要介绍毛利率定价法。而此法又分为销售毛利率法和成本毛利率法两种。

1. 销售毛利率法

产品原料的净料率，即

产品原料净料率＝原料净重/原料毛重×100%

而原料净料价格＝毛料价格/净料率

产品销售毛利率，即

销售毛利率＝（产品价格－产品成本）/产品价格

例1 某餐厅销售“五彩鱼丝”，此菜取鳜鱼肉切丝，配青椒丝、红椒丝、姜丝、葱丝、胡萝卜丝等，再加上各种调料拌制而成。若鳜鱼进价42元/kg，盘菜用净料0.3kg，配料成本3元，调料成本1元，另规定销售毛利率为45%。求“五彩鱼丝”售价。

解 (1)先确定“五彩鱼丝”盘菜成本

五彩鱼丝成本＝42/60%×0.3＋3＋1＝25（元/盘）

(2)计算售价

五彩鱼丝售价＝25/（1－45%）≈45.5（元）

2. 成本毛利率法

采用成本毛利率法制定产品价格，通过事先制定单位产品原料定额，计算出成本，然后根据规定的成本毛利率定价。成本毛利率因其比较的基础和销售毛利率不同，毛利水平一般比销售毛利率更高。

成本毛利率，即

产品成本毛利率＝（产品价格－产品成本）÷产品成本×100%

则产品价格＝产品成本×（1＋成本毛利率）

例 2 某餐厅推出海派回锅肉(是上海厨师对川菜回锅肉的改良主料选猪后臀肉,配青蒜等及调料炒制而成,吃时夹肉入荷叶饼中食用,油而不腻),主料猪肉 0.5kg,进价 18 元/kg,经煮制切片后,下脚料折价 2 元,配料成本 1.5 元,调料成本 1 元,规定毛利率为 85%,请计算海派回锅肉售价。

解 (1)先确定回锅肉成本。

回锅肉成本=0.5×16−2+1.5+1=8.5(元/盘)

(2)计算回锅肉售价

回锅肉售价=8.5×(1+85%)≈15.7(元/盘)

在餐饮产品价格管理中,财务部采用的毛利率指标都是销售毛利率。它直观地反映出毛利在销售额中的水平,但部分企业厨房工作人员喜欢用成本毛利率,他们认为使用比较方便。这就需要进行换算。

两者的转换公式为:

成本毛利率=销售毛利率/(1−销售毛利率)

销售毛利率=成本毛利率/(1+成本毛利率)

用换算后的销售毛利率计算海派回锅肉价格,或用换算后的成本毛利率计算五彩鱼丝的价格,结果都是一样的。

三、定价目标

餐饮定价目标应与企业经营总体目标协调,餐饮产品价格制定必以定价目标为指导思想。

(一)以企业的经营利润作为定价目标

企业定价目标往往要以经营利润作为目标。管理人员根据利润目标,预测经营期内将涉及的经营成本和费用,然后计算出完成利润必须完成的收入指标。

要求达到的收入指标=目标利润+食品饮料的原料成本+经营费用+营业税

例如,某餐厅要求达到的年利润为 20 万元,根据以前的会计统计,餐饮原料成本占营业收入的 45%左右,营业税占 5%,部门经营费用占 30%,餐饮部分摊的企业管理费占 5%。预计明年这些项目占营业收入的比例相差不大,那么明年餐饮营业的收入指标为:

TR=200000 元+45%TR+5%TR+30%TR+5%TR

TR=200000 元/(1−45%−5%−30%−5%)=1333333 元

式中:TR 为餐厅要求达到的收入指标。

决定销售收入的大小有两个关键指标:一是座位周转率;一是客人平均消费额。通过预测餐厅的座位周转率,就能预测出客人的平均浪费额指标:

客人平均消费额指标＝计划期餐饮收入指标/（座位数×座位周转率×每日餐数×期内天数）

如果上述餐厅具有100个餐座，预计座位的周转率为1.1，每天供应晚餐和午餐，则客人的平均消费额指标为：

客人平均消费额指标＝1333333元/（100×1.1×2×365）＝16.6元

根据目标利润计算出的客人平均消费额指标，还应与顾客的需求和顾客愿意支付的价格水平相协调。在确定目标客人平均消费额指标后，就可以根据各类菜品占营业收入的百分比来确定各类菜的大概价格范围。

（二）注重销售的定价目标

在有些情况下，管理人员出于经营的需要，在定价时追求增加客源和菜品的销售数量。

例如有些餐厅所处的地点过于僻静，或餐厅的知名度较低，管理人员为吸引客源、增强菜单的吸引力，往往在一段时间内将价格定得低些，使顾客喜欢光顾而使餐厅的知名度提高。有些餐厅在遇到激烈竞争时，为了扩大或保持市场占有率，甚至为了控制市场，也以确定低价的餐饮来增加客源。这些企业虽然会因低价而生意兴隆，但也可能会得不到应得的利润，甚至不能产生利润。

（三）刺激其他消费的定价目标

有些餐厅为实现企业的总体经营目标以增加其他产品的销售作为餐饮定价的目标。在我国许多饭店中，餐饮部在定价时往往考虑企业的整体利润，以较低的餐饮价格来吸引会议、旅游团体以及公务客人，以此提高客房出租率，使企业的整体利润提高。

（四）以生存为定价目标

在市场不景气或竞争激烈的情况下，有些餐饮企业为了生存，在定价时只求保本，待市场需求回升或餐厅出名后再提升价格。当餐饮收入与固定成本、变动成本和营业税之和相等时，企业能求得保本，保本点的餐饮收入等于固定成本除以贡献率（即1－变动成本率－营业税率）。保本点的客人平均消费额等于固定成本除以贡献率和客人数之积，即

保本点客人平均消费额＝固定成本/［客人数×（1－变动成本率－营业税率）］

例如某餐厅每月固定成本预计为120000元，餐饮变动成本率为40%，营业税税率为5%，该餐厅具有200个座位，每天供应午、晚两餐，预计每餐座位周转率能达到1.5，该餐厅若要保本生存，客人平均消费额要达到：

120000/［200×1.5×2×30×（1－40%－5%）］＝12.12（元）

四、餐饮定价策略

（一）高价策略

市场高价策略是指当餐厅开发新产品时，将价格定得高高的，以牟取暴利，当别的餐厅也推出同样产品而顾客开始拒绝高价时再降价。市场高价策略往往在经历一段时间后要逐步降价。这项策略适合用于企业开发新产品需要的投资量大、产品独特性大、竞争者难以模仿、产品的目标顾客对价格敏感度小的情况。采取这种策略能在短期内获取尽可能大的利润，尽快回收投资资本。由于这种价格策略能使企业获取暴利，因而会很快吸引竞争者形成激烈的竞争，从而导致价格下降。另外，在采取这种高价策略时，一定要考虑到政府对价格的监督程度。

（二）渗透价格策略

这项策略是将新产品价格定得很低，目的是为了使新产品迅速地被消费者接受，企业能迅速打开和扩大市场，尽早在市场上取得领先地位。企业由于获利低而有效地防止竞争者挤入市场，使自己长期占领市场。市场渗透政策用于产品竞争性大且容易模仿，且目标顾客需求的价格弹性大的新产品。新餐厅开业往往采取这一策略。

（三）诱饵定价策略

有些餐厅为吸引顾客光顾，将一些菜品的价格定得很低，甚至低于这些菜品的成本价格。其目的是为了把顾客吸引到餐厅来，而顾客来到餐厅后一定还会点别的菜，这些菜品就起到诱饵作用。

诱饵菜品的选择十分重要。通常选择一些顾客熟悉并选用较多的菜品，选择做工简单的菜品，选择其他竞争餐厅也有的菜品作诱饵，这样能吸引较多的顾客。顾客会与其他餐厅作价格比较而选择价格便宜的餐厅。价格便宜符合顾客追求实惠的心理，并且这类菜品做工简单，企业不易赔本。

（四）心理定价策略

1. 心理低价策略

零头标价往往使客人产生一种产品价格低于实际价格的感觉。如：芙蓉鸡片19.8元、爆炒腰花28元、凉拌活海参99元等，这些价格看起来比20元、30元、100元显得要便宜许多的感觉。

2. 心理高价策略

有很多顾客都坚持这样一种看法：“便宜没好货”、“价格高，说明档次高”。我们经常看到有些卖服装的，标价98元卖不动，而当在98元前面再加上一个3，变成

398 元时，却被一抢而空。有人在美国卖中国的真丝围巾，5 美元一条没人买，认为是假货，而当价格提到 100 美元一条时却被蜂拥抢购。餐厅或酒吧可以进行市场分析，如果确信其顾客具备这种心理时，可以尝试此种策略，但不要违背国家反暴利经营规定。

第四节 餐饮促销

一、餐饮产品促销方式

餐饮产品促销方式主要有广告推销、人员推销和公关推销三大类。

(一)广告推销

广告是餐饮推销常见方法之一。它通过各种宣传媒介，把有关餐饮经营和服务的信息有计划地传递给消费者，从而促进产品和服务的推销。

常用的广告推销有以下方面。

1. 报刊广告

餐饮企业在报刊上做广告非常普遍。报刊广告要注意几点：一是报刊读者群应明确了解；二是要了解报刊发行周期，是每日一期、每周一期还是每月一期；三是要了解它的发行量；四是要了解它们不同的广告费用。餐饮企业做报刊广告前应考虑这四个方面的因素，根据自己的目标客源和财力做出决策。但一般而言，餐饮企业绝大多数选择报纸广告，特别是当地的晚报和晨报等，因为这类报纸每日一期，内容贴近大众，受众面广泛，故销量亦很大。

2. 广播电视广告

选择广播电视广告要注意以下几点：一是注意频道及内容的选择，因为不同的频道有不同的受众的针对性，如交通广播台针对司机，少儿电视频道针对少年儿童，而某广播台或某电视频道中的“夕阳红”栏目则针对老年人等。二是要注意广告时段的选择，不同时段吸引的对象不同，如白天上班时间只能吸引老年人和家庭主妇，而午饭后或周末则受众更为广泛。三是广播广告更为亲切，因为广播广告做法比较灵活，常常客人可以与主持人及餐饮企业管理者进行实时的双向沟通；广播广告更适于做菜点特色介绍的广告；而电视广告更为生动形象，但费用较高，一般只在餐饮企业开业或重新装修改造后等进行企业形象宣传。

3. 直接邮寄广告

直邮广告，或称 DM 广告(Diret. Mail)，即通过邮政把餐饮企业的餐饮产品特色等推销信息直接邮寄给顾客和潜在顾客的一个推销方式。直邮广告一般不针对单一个人而更多是针对团体，如企事业单位等。

直邮广告优点是：针对性强，给哪些人哪些企事业寄广告非常明确；个性化强，特别的广告设计给客人以深刻印象；操作比较灵活，没有其他广告在版面上、时间上的限制，何时邮寄亦较为方便。

直邮广告缺点是：费用较高，手续繁杂等。

4. 餐厅内部广告

餐厅内部许多地方都可以做广告，是最为经济的一种广告，主要针对进店消费的客人。

餐台广告。餐厅新推菜点和服务可以印制成传单等形式在每个餐桌上摆放，便于客人阅读了解。

店内广告牌。利用广告牌推销餐厅特色菜、季节菜、时令菜、创新菜等，由于其非常醒目，能给客人留下更深刻的印象。

天花板广告。一些快餐厅喜欢用彩条、小旗等悬挂在天花板上，彩条或小旗上可以写上餐厅特色菜（每个彩条或小旗只宜写一个菜，为加强推销效果，最好都写某一菜品的菜名）。天花板上的彩条和彩旗还能为餐厅营造一个独特的气氛。

电梯广告。这在饭店常见。饭店为宣传餐饮部，往往利用店内所有客用电梯张贴餐饮部餐厅形象和菜点特色的广告。

5. 户外广告

户外广告主要是路牌广告。路牌广告主要应考虑：一是位置选择，一般宜选人流或车流量大的地方；二是注意路牌高度和大小，如路牌高度太高，走路或坐车的人抬头才能看见就肯定不好；三是要考虑晚上的效果，是否有霓虹灯设计或打射灯；四是价格，路牌价格以块计费，按期收费，建议在条件许可时定期轮换地点，有利于扩大宣传面。

（二）人员推销

人员推销是推销人员通过面对面洽谈业务，向餐厅的客户提供信息，劝说客户购买本餐厅产品的过程。

与其他推销形式相比较，人员推销有以下的特点：(1)它是一种面对面的洽谈推销形式，便于双方及时沟通，避免误解，有利于推销人员针对客户的需求提供餐饮信息，帮助客户购买。(2)有利于建立和培养关系，通过面对面的沟通，取得互相之间的信任，可以建立起长期的业务联系。(3)人员推销当面直接成交的机会较高。当然人员推销也是成本费用较高、效率较低的一种推销方法。

餐饮企业人员推销主要适用于宴会推销，就是指很多大、中型饭店在宴会部设专门的推销人员，从事餐饮活动的推销工作，他们对餐饮业比较精通，受餐饮部领导，职责明确，推销效果比较好。

1. 人员推销的程序

收集信息。发现可能的目标客人，并进行筛选。餐饮推销人员要建立各种资料信息簿，建立宴会客史档案和用餐者档案，注意当地市场的各种变化，了解本市的活动开展情况，寻找推销的机会。特别是那些大公司和外商机构的庆祝活动、开幕式、周年纪念、产品获奖、年度会议等信息，都是极有推销意义的。

计划准备。在上门推销或与潜在客户接触前，推销人员应做好推销访问准备工作，确定本次访问的目的，要访问的对象，列出访问大纲，备齐推销用的各种餐饮资料、菜单和照片等。

销售访问、洽谈业务。访问一定要守时，注意自己的仪容和礼貌，自我介绍，并直截了当地说明来意，尽量使自己的谈话吸引对方。

介绍餐饮产品和服务。着重介绍本店餐饮产品和服务的特点，针对所掌握的对方需求介绍，引起对方的兴趣，突出本店所能给予客人的利益和额外利益，还要设法让对方多谈，从而了解对方的真实要求，再证明自己的产品和服务最能适应客人的要求。介绍餐饮产品和服务还要借助于各种资料、图片、场地布置图等。

处理异议和投诉。碰到客人提出异议时，餐饮推销人员要保持自信，设法让顾客明确说出怀疑的理由，再通过提问的方式，让他们在回答提问中自己否定这些理由。对客人提出的投诉和不满，首先应表示歉意，然后要求对方给予改进的机会，千万不要为赢得一次胜利而得罪客人。

商定交易和跟踪推销。要善于掌握时机，商定交易，签订预订单。这里要使用一些技巧，如代客下决心，给予额外利益和优惠等争取订单。一旦签订了订单，还要进一步保持联系，采取跟踪措施，逐步达到确认预定。即使不能最终成交，也应通过分析原因，总结经验，保留继续向对方进行推销的机会，便于以后的合作。

2. 电话推销

电话推销包括餐饮推销人员打电话给顾客进行推销和推销人员接到客人电话进行推销。电话推销要注意：(1)迅速接电话或找到客人要寻找的推销人员；(2)做自我介绍，询问客人的要求；(3)语言诚恳、礼貌；(4)做好电话记录，以免遗忘；(5)中途不要让客人久等；(6)电话中推销自己的产品和服务时力求精确，突出重点；(7)商定面谈和进一步接触的时间地点，感谢客人来电。

3. 人员推销的管理

(1)制订推销计划，特别是餐饮经营的淡季推销计划。

(2)推销计划持之以恒，只有不断地和客人联系，才能收到推销的效果。

(3)保持精确的推销记录，建立客史档案。

(4)做好市场分析，了解竞争对手的推销方法，知己知彼。

(5)建立合理的推销网络，可按地理布局划分推销范围，也可按自己的产品和服务种类划分推销范围，或者根据不同行业的顾客划分推销范围。

(6)建立客户资信档案，以确定不同客户是否给予赊账优待。

(7)认真检讨取消预定报告和丧失营业机会报告，及时总结，以利进一步推销。

(8)加强推销质量控制，不断培训餐饮推销人员。定期评估推销绩效，检查每日推销日记和销售访问报告。加强对销售访问的控制。

值得强调的是，除了上述意义的人员推销外，还应强化全员推销的概念。所有与顾客接触的企业员工都是义务推销员，要将餐饮活动的各种信息传播给每一个员工。此外，在我们的仪容仪表、微笑、优质的服务本身，以及所给予客人的任何建议，从广义上说都是人员推销的组成部分。

(三)公关推销

两个相同档次和相同的餐饮产品特色的餐饮企业，顾客更愿意选择企业声誉更好的一家。而公关推销能创造良好的企业声誉。

公关推销即企业通过各种手段与社会广大公众加强沟通，塑造良好的企业形象，从而吸引人们了解、喜欢、偏爱、确信、购买并忠诚于餐饮企业的一种新兴推销方式。

公关推销要塑造良好的餐饮企业形象或声誉，主要应做到：

1. 密切与各新闻媒体关系，及时提供与餐饮企业有关的新闻线索或新闻稿

如餐饮企业承办的一些重要宴会活动，如有明星或重要领导人参加的宴会；餐饮企业举办的捐资助学活动；餐饮企业员工助人为乐、拾金不昧的好人好事等。

2. 密切与社区及广大公众的关系，积极参加与社区及广大公众有关的活动

如捐资救灾、捐资助学、捐资助残等各种公益活动，以及聘用下岗工人、关心社区孤寡老人等，逐渐在社区和广大公众心目中树立起良好的企业形象，提高知名度和美誉度。当年济南有一家退伍军人开的餐饮企业招聘下岗军嫂，为驻地官兵排忧解难，不仅赢得了军区上下官兵的心，而且也赢得了广大市民的好感，好人缘带来好生意，企业发展蒸蒸日上。

3. 做好危机公关，化不利为有利

如遇食物中毒或其他事故，餐饮企业应积极配合各方面的检查，主动承担责任，加强整改工作，避免企业声誉受损。当年郑州有一家酒店，一位客人就餐回家后发现酒店多收了几毛钱，就向酒店投诉表示不满，虽然这并不算什么事故，也不可能给酒店造成什么危机，但是酒店总经理非常重视，他不仅带餐饮经理等亲自登门道歉并赔偿一百元，而且花费几千元在郑州一报纸上大做道歉广告，从而得到了广大市民的关注和好感。有一位作家曾经说过：“比被人议论更糟的事情只有一

件,那就是不被人议论。”这位酒店总经理的行为是这句话最好的注脚,他小题大做,主动挑起社会舆论,以达到宣传自己的目的。

二、常见的餐饮促销策略

(一)价格优惠

1. 团体用餐优惠

为促进销售,餐饮企业常常对大批量就餐的客人进行价格折扣,比如会议就餐、旅游团队就餐等,其价格往往比较优惠。

2. 累积数量折扣

有的饭店为鼓励常住户和常客经常在店内就餐,以累积数量的折扣鼓励客人在店内就餐。一般饭店中的常住户,其在店内就餐的需求只是一种日常生理性需求,而不是享受性需求,因此他们不愿在餐厅中花费很多的钱和时间。饭店如能提供价格折扣,就能有效地吸引他们在店内就餐。南京一家饭店以每天 15 元的折扣包价向常住户提供做工简单、经济实惠的饭菜。一些餐厅为鼓励顾客常来举办宴会,对经常光顾的客人的宴会价格进行折扣。折扣率的大小通常取决于客户光顾餐厅的次数和消费的金额。

有的餐厅给客人发一张优惠卡,第一次消费打对折,第二次来消费打 8 折,依此类推,直至第六次打四折为止。这是一种对客人极具诱惑力的促销方法。

3. 清淡时段价格优惠

餐厅通常在人们习惯的就餐时间达到营业高峰。为鼓励清淡时段客人前来光顾,管理人员常在清淡时段给予价格优惠。这种推销手段对经营时间长的咖啡厅和快餐店十分有效。许多这样的餐厅在下午 2∶00 以后对就餐的客人给予价格折扣。也有的餐厅其午餐营业时间在中午 11∶30～12∶30 达最高峰,为使客人提前就餐以减少高峰时段的压力和增加总客源,对提前结账的就餐客人进行价格折扣。

(二)赠品促销

餐饮企业往往采用赠送礼品的方式来达到促销的目的,赠送的礼品及赠送的方式应有讲究,以达到最佳效果。

1. 赠品的类别

商业赠品。餐饮推销人员为鼓励大客户经常来光顾,赠送商业礼品给一些大客户。

个人礼品。为鼓励顾客光顾餐厅,在就餐时可免费向客人赠送礼品,在节日和生日之际向客人赠庆祝的礼品或纪念卡。

广告性赠品。这种赠品主要起到宣传餐厅,使更多人了解餐厅,提高餐厅知名度的作用。管理人员要选择价格便宜,可大量分发的物品作为赠品。礼品上要印上餐厅的推销性介绍。比如给客人分发一次性使用的打火机、火柴、菜单、购物提包等。广告赠品对过路的行人和惠顾餐厅的顾客均可赠送。

奖励性赠品。广告性赠品主要是为了让公众和潜在顾客进一步了解餐厅,而奖励性赠品的主要目的则是刺激顾客在餐厅中多购买菜品和再次光临。这种礼品是有选择地赠送,例如根据顾客在餐厅的消费额多少分别赠礼品。有的根据抽奖结果给幸运者赠送礼品。管理人员要选价值较高的物品作为这种礼品。

2. 常用的促销赠品

特制菜点。为吸引顾客到餐厅过生日,可根据客人消费标准和人数免费赠送特制的不同规格大小的生日蛋糕;为吸引儿童前来就餐,夏天可免费为每一位就餐的儿童赠送一个特别的冰淇淋等。

各种小礼品。餐厅常常在一些特别的节日和活动时间,甚至在日常经营中送一些小礼品给用餐的客人,这些小礼品要精心设计。根据不同的对象分别赠送,其效果会更理想。常见的小礼品有生肖卡、特制口布、印有餐厅广告和菜单的折扇、小盒茶叶、卡通片、巧克力、鲜花、精制的筷子等,值得注意的是,小礼品要和餐厅的形象、档次相统一,要能起到好的、积极的推销、宣传作用。

另外,菜单特别是宴席菜单也可以做成精致小礼品。如菜单与折扇相结合,做成折扇菜单;菜单与竹筒相结合,做成竹筒菜单……这些都是很受客人欢迎的赠品。

各种大礼品,如电脑、手机、电视、DVD、自行车等,一般餐厅做大型促销活动时作为抽奖的特等奖和一等奖奖品。甚至有的餐厅有奖励客人一桌高档宴席或一次旅游的机会等。我们认为赠送高档宴席是一个不错的方法,不仅可以让客人对餐厅美食和服务有更深入了解的机会,而且宴席由餐厅自做,故花费并不太高。

3. 赠品要求

要符合不同年龄接受者的心理要求。为使礼品达到最佳效果,有必要针对不同赠送对象选择不同的礼品和场合。

赠品的质量要符合餐厅的形象。一家高级餐厅绝不能送低档次的礼品,如果经费不足,宁可不送或只送一件高档次的小纪念品。与其送大量低价的礼品不如用同等价钱买少量精致的礼品。例如赠送一打劣质汤匙不如送一个质量上乘的杯子。赠品是沟通餐厅与顾客关系的重要渠道,餐饮推销员要注意赠送符合餐厅形象的独特的礼品来招徕顾客。

赠礼品要附上卡片。赠品上一定要附卡片,以表示对赠送对象的尊重。尽量不要使用印刷文字,最好附上经理亲笔写的风趣的文句、贺词或致谢词。这样的卡片更能将餐厅赠送小礼品的诚意传送到顾客心里。

包装要精致。包装漂亮能提高人们对商品价值的评价。原先,包装是为防止商品受到污染起保护商品的作用。现代社会则利用包装点缀商品起到推销商品的作用。赠品的包装一定要精致、漂亮、独特。

赠送礼品时气氛要热烈。为达到最佳赠品效果,在赠送时要尽可能创造热烈的气氛。例如颁发抽奖奖品时与其在收银台上领取,不如在大众"恭喜中奖"的掌声、笑声中颁发。这样赠品能使顾客增加幸运感,并有感染其他顾客的作用。因而餐饮管理者要将赠品作为一项重要的推销活动加以周密的计划。

(三)体验式促销

体验式促销主要是让就餐客人享受在别的餐厅从未享受过的一种独特的就餐经历,以此给客人留下深刻印象,并吸引客人再次光临。体验式促销方式有:

1. 主题餐厅策划

餐饮企业通过选择有吸引力的主题,对餐厅环境、菜点、员工服务等进行主题化设计,给客人一种全方位的全新的就餐体验。

2. 厨师现场烹制表演

将部分菜肴的最后烹制在餐厅里进行是一种有效的现场推销形式。它可以渲染气氛,通过其烹制,让客人看到形,观到色,闻到味,从而促使他们作出冲动型决策,使餐厅获得更多的销售机会。适合在餐厅烹制的菜肴很多,西餐中的煎牛排、甜品和爱尔兰咖啡等更适合于在餐厅表演。中餐中的拔丝类菜肴、拉面、批烤鸭等也可在餐厅操作表演。餐厅烹制要具备一定的条件,特别是要有较好的排风装置,以免油烟影响到其他客人,污染餐厅。另外,餐厅的酒水销售、色拉、甜品服务等,采用餐厅现售的方法,也更有利于推销。

3. 让客人参与促销

最好的体验式促销,应让客人积极参与活动。如客人就餐期间,组织一些娱乐性活动,如让客人猜谜、抽奖、知识问答、与歌手同唱、与舞者同舞等。还可以让客人亲自参与烹饪活动,成都有一家餐厅为客人专辟一个厨房,客人可以亲自下厨为自己及亲朋好友炒一个菜;有的餐厅可以教客人炒一个菜;而有的餐厅则让客人进行烹饪比赛,如包饺子比赛等。这些都能给客人一次美好的就餐经历。

(四)联合促销

餐饮企业还可以与一些销售公司如电脑销售公司、手机销售公司或一些大型百货公司合作,搞联合促销活动。其一般做法是,在餐厅就餐的客人可获得电脑公司或百货公司购物优惠券等。而且双方搞抽奖活动,还可以以对方产品作为奖品。

（五）赞助促销

赞助促销与联合促销不同，餐饮企业通过拉赞助的方式获得电脑或百货公司的支持，让电脑或百货公司免费向餐饮企业提供各种促销用的一定数量的奖品。当然，电脑公司或百货公司愿意免费提供奖品，主要是想借助餐饮企业的知名度、美誉度来提升公司的知名度，达到宣传自己的目的。所以知名餐饮企业要重视赞助促销。

其实，餐饮企业最常用的一种促销手段是寻求一些原料供应商、酒水供应商的合作，从他们那里得到更优惠的价格，把利润更多地让给客人，从而加大促销力度。这种方式兼具联合促销和赞助促销的特点，是一种较好的、易行的促销策略。

（六）展示促销

通过将食品原料或成品进行现场展示，甚至让客人免费品尝的方式进行促销。让客人眼见为实，刺激消费。

1. 鲜活原料的展示促销

餐厅为向客人显示原料的鲜活，常常在餐厅摆放鱼缸和各种原料；让客人亲自点选。如超市餐厅就充分利用了这种促销手段。

2. 推车促销

许多餐厅让服务员带着菜肴、点心，推车巡回于座位之间向客人推销。推车推销的菜品多半价格不是太贵且放置后质量不易下降的冷菜、小菜、点心、糕点。有时客人点的菜不够充足，但又怕再点菜等待时间过久，在这种情况下，推车服务既方便了客人，又增加了餐厅收入。有时客人虽已点够了菜，但看到车上诱人的菜品，会产生再来一盘追加点菜的行为。车上的许多菜不一定是客人非买不可的菜品，它属于冲动性购买决策商品。客人若看不见这些菜品，不一定会有购买动机，但看见后便可能产生购买动机和行为。因而这种推销形式是增加餐厅额外销售的有效措施。粤菜、早茶都是采用这种形式进行推销和服务的。

3. 食品橱窗设计

有的餐饮企业将自己的特色菜点，做成逼真的仿真菜点摆放橱窗中，通过灯光、背景等设计使仿真菜点发挥诱人食欲的效果以吸引客人。日本料理常常使用这种方式加强促销。

（七）外卖促销

外卖是指在企业的餐饮消费场所之外进行餐饮销售、服务活动。它是餐饮销售在外延上的扩大。它不占用企业的场地，可以提高销售量，扩大餐饮营业收入，在旺季可以解决就餐场地不足的矛盾，在淡季也可增加销售机会，使生意相对平稳。

1. 外卖推销活动的组织

外卖部通常属于宴会部的一个部门。由宴会部负责推销和预订，交由外卖部落实安排。外卖部拥有专门的外卖货车和司机、杂工，负责搬运家具、餐具。在外卖车身上，要印上外卖的广告宣传，喷漆成醒目的颜色，以引起人们的注意。这本身也是一种促销的手段。

2. 外卖推销的对象

(1)外国派驻的使馆和领事馆等官方机构，这在首都和一些大型口岸城市较多。

(2)外国的商业机构、办事处，他们频繁的商业往来会给企业带来许多生意，在他们的住所举办宴会比较随便、隐蔽。

(3)“三资企业”，外国企业大都有年庆、酬谢职工的活动，自己的店庆、新产品研制成功、单项工程落成等都会举行一些活动来庆祝，这些企业往往有一定规模，场地条件好，是外卖的好买主。

(4)金融机构，金融机构举办的活动也较多，尤其是银行的年会等，中、外金融机构都有销售的机会。

(5)政府机构和国有企业，政府抓廉政建设，到餐厅大吃大喝是一种消费现象，但如果在本单位举办适当规模的酒会、餐会，既花钱少，又可起到联欢作用，也不违背廉政政策。

(6)大学院校适合于举办一些酒会、自助餐等，通常在开学、毕业、结业等时候举行。

(7)有条件的家庭，随着人民生活水平的提高，住宅条件的改善，家庭外卖筵席在大城市和口岸地区、沿海部分先富裕起来的地区也同样有一定的市场。

3. 外卖的推销方法

外卖同样要借助于宣传媒介，包括利用广告、邮寄宣传品、人员上门推销和新闻媒介的宣传等传播外卖的信息。推销者要做好详细的本地企业名录收集工作，分类记入档案，寻找推销的机会。

三、美食节

举办美食节是许多餐饮企业搞促销活动的最主要形式。

(一)举办美食节时机的选择与要求

举办美食节可以在生意好时为餐厅销售锦上添花，但更应该在淡季为餐厅销售雪中送炭。举办美食节，特别是淡季举办美食节，如果这一时期有节假日或国内外重大事件应充分加以利用，如果没有则应创造机会亦要推出美食节。一般而言，举办美食节最好与节假日及国内外重大事件相结合，这样话题性、新闻性等较强，能达到更好的推销作用。

1. 以各国及各地区节假日为契机举办美食节

这种美食节有三个共同规律：一是时间都选在各国各地区节假日期间，活动期限多在1周到15天左右；二是活动方式同所选国家或地区的节假日民族文化特点相结合，在活动内容安排、就餐环境布置、餐饮服务方式等方面突出该国或该地区的民族风情；三是活动期间以销售该国、该地区的特色食品为主。食品原材料多从该国引进，主持产品生产的名厨技师多从该国短期聘请，以确保食品展销活动能够办出经营特色，产生广泛的吸引力，扩大产品销售。

2. 以我国传统节日为契机举办美食节

这种美食节往往同纪念活动相结合。活动期间演出各种节目，增强节日气氛。其餐饮产品以中餐食品为主，不同的节日有不同的特色，如春节除提供丰富多彩的食品外，必包饺子，端午节必包粽子，中秋节必有各种月饼和点心。餐厅环境布置和美食节内容安排也同具体节日期间我国的传统文化相结合，使海内外客人能够品尝中餐名特食品，领略中华民族文化情趣。有的活动甚至可以到店外举办，搞得生动活泼。如利用中秋节，可以举办室外赏月美食节，亦可以举办室外花园烧烤美食节等。

3. 以国内外重大比赛为契机的食品展销活动

这种美食节的契机选择一般是国内外比较关注的重大事件，又以比较轻松自如的文娱、体育活动为主，如奥运会、亚运会、世界杯足球赛、国际拳王争霸赛、世界著名音乐会、国际大型电影节等。选择这些国内外客人都比较关心的重大比赛为契机，可以为客人提供聚会交谈的场所。餐厅环境布置要和这些重大比赛结合起来，选择有典型代表性的形象进行装饰，墙上电视播放比赛实况，播出比赛新闻，可以引起客人的广泛兴趣，广泛招徕客人，扩大餐饮产品销售，提高经济效益。

（二）美食节组织管理方法

美食节组织管理方法重点是抓好四个环节的工作。

1. 选好契机，拟定美食节计划

美食节具有阶段性，它要求每一次活动前都要选好契机，拟定活动计划。所谓选好契机，就是要确定在什么时候开展什么样的美食节。拟定的活动计划的内容主要包括：

美食节时间和名称。不同时间可以举办不同名称和内容的美食节。如一月份可搞元旦自助餐、新年烧烤会，二月份可搞除夕晚餐会、情人节活动，七月份可搞啤酒节等。每月都可以不同的名义举办不同内容、不同形式的美食节。

美食节的内容和形式。美食节的内容和形式是由活动名称决定的。如一月份搞元旦自助餐或新年烧烤会其内容是围绕自助餐或烧烤会来安排的。菜单设计要与活动名称及内容相符,活动方式要以自助餐或烧烤会的形式出现。每一次活动名称不同,其内容和形式也不一样,计划中要明确规定。

美食节的阶段划分。美食节一般分为四个阶段,即准备阶段、开张剪彩、正式展销和总结阶段。拟定活动计划,要定出每一个阶段的具体工作内容、完成时间、具体要求,以保证活动有目的、有计划、有组织地顺利开展。

活动的客源预测。活动计划要对客源做出预测,分析可能的接待人次,人均消费和销售收入,并对如何组织客源提出解决办法和措施,以供领导决策参考,确保活动能够取得预期效果。

活动的投资预算和效果预估。重要的美食节是饭店宾馆、餐馆餐饮管理中的大事情。其中,不少活动要从国外聘请名厨技师,进口食品原材料,利用设施设备布置就餐环境。为此,活动计划应对投资及效果做出预算。其内容应包括费用开支项目及数额、预算总收入、成本消耗和预计经济效益,以防止活动搞得轰轰烈烈,但经济上却得不偿失。

2. 做好准备,保证活动如期举行

每一次活动前都应按计划周密、细致地做好各项准备工作。其工作内容主要包括:

厨师力量的准备。以外国节假日或重大活动为契机的美食节,大多以西餐为主,聘请哪国厨师、如何聘请、何时聘请、聘请费用如何安排、到来后如何接待以及应当完成哪些主要任务等,都要事先做好准备,给予具体落实。以我国传统节假日为契机的美食节,以中餐为主。活动期间,是否需要外聘厨师、厨师如何安排、产品质量如何保证,也要事先做好准备工作。

菜单设计准备。活动期间,菜单要根据活动名称、活动内容和形式来精心设计。菜单内容和花色品种必须与活动计划、活动内容及形式相吻合。为此,管理人员要事先做好调查研究,同厨师长和外聘厨师共同研究。活动期间的菜单大多是临时性的,只要花色品种适当,适应客人要求,美观、大方、使用方便即可,无须豪华。

食品原材料准备。要根据菜单设计要求,准备好食品材料,要先查库存,然后根据需要提出采购的原料种类、名称、数量和质量要求,及时采购。特别是需要进口或从外埠采购的食品原材料,要提前做好准备,以保证活动的需要。

用餐环境准备。餐厅或特定场所的布置必须和活动的名称、内容、形式等协调一致。如瑞士食品周,必须反映瑞士风土人情;慕尼黑啤酒节,餐厅布置必须具有当地的餐厅风格;花园晚餐会或烧烤会,其活动场所已从餐厅移到了内庭花园,就餐环境更要事先经过特别布置。

3. 加强协调控制，做好美食节过程的管理

活动以厨房、餐厅为主，同时需要各级、各部门的协调和配合。其组织管理工作的内容和方法有：

建立工作单传递制度，加强各级、各部门的协调和配合。每次活动开张前，应根据活动计划的安排，打印出活动工作单，通知有关部门，以便各部门根据食品展销活动要求，提前做好准备，给予大力协调和配合，实现标准化管理。

广泛组织客源，搞好开张剪彩工作，造成声势。活动前就要根据计划安排，做好广告宣传，广泛组织客源。在企业内部，如餐厅门口、选定的活动场所、电梯间等处，可给予特别装饰或制作招贴画，以引起客人的兴趣。对于当地的企事业单位的主管和餐厅的常客等，要发特别邀请信，同时开展订餐、订座业务，以保证客源组织的落实。

美食节正式开张的当天，可举行剪彩仪式。企业领导或上级主管部门负责人前来剪彩，致欢迎辞，热情安排客人前来用餐。比较重要的美食节，还可邀请电视台、电台和报社的记者参加，给予报道。剪彩仪式要搞得生动活泼、短小精悍，形成热烈气氛，造成声势，从而广泛组织客源，提高活动期间的设施利用率。

做好过程的组织工作，提供优质服务。其主要工作内容包括三个方面：第一，要组织服务员每天搞好餐厅卫生，做好铺台服务，热情推销产品，主动介绍特色食品的风味特点，做好上菜、斟酒等桌面服务工作，提供优质服务。第二，加强管理协调，采购部门每天保证食品原材料的供应；厨房按菜单设计生产，保证产品质量；餐厅按展销活动计划要求，每天搞好环境布置，热情推销产品；工程部门保证席间节目设施、设备安全，在空调、灯光、演出设备等方面满足活动需要。第三，管理者要加强巡视检查，随时征求客人意见，不断提高服务质量，并处理各种疑难问题，保证活动的成功举办。

每天分析活动效果，提高经济效益。活动期间，每天要统计出餐厅或场所的接待人次、座位利用率、客人的食品和饮料人均消费、总销售额、餐位平均销售额、毛利额、毛利率、成本消耗等，并分析前后各天的变化情况，从中发现活动期间的成绩和存在的问题，不断改进工作，以降低消耗，提高经济效益，完成或超额完成活动计划指标。

4. 总结提高，不断提高美食节管理水平

食品展销活动结束后，餐厅转入正常的经管工作。管理者要认真总结经验教训，全面分析活动效果。对活动期间的计划安排，准备工作，各级、各部门的协调情况，服务质量问题，客人投诉等，作出具体分析，写出总结报告。成绩要肯定，问题要明确指出，以便为今后的美食节举办提供决策参考。

美食节结束后，菜单、主要原料供应、每天的销售分析报告和总销售分析报告要分类存档。其中，哪些菜点喜爱程度高，哪些菜点喜爱程度低，要特别保存，以便为下次活动提供决策参考。同时，将特别受欢迎的菜点纳入正常经营的菜单之中。

思考题七

1. 餐饮销售统计的内容与要求？
2. 餐饮销售预测？
3. 餐饮经营分析主要包括哪些方面？
4. 餐饮销售控制意义？
5. 账单控制要求？
6. 出菜员检查要求？
7. 销售中舞弊行为有哪些？
8. 餐饮定价策略有哪些？
9. 餐饮产品促销方式有哪些？
10. 常见的餐饮促销策略有哪些？
11. 美食节举办时机的选择？
12. 举办美食节组织管理的方法？
13. 清炖蟹粉狮子头（扬州四大名菜之一），其主料猪肋条肉（肥六瘦四），进价14元/kg，净料率85%，盘菜用量0.4kg，配料如蟹黄、蟹肉、虾子、菜叶、猪皮等需15元，调料如盐、绍酒、葱姜等需用2元，规定销售毛利率为45%，试计算其售价。
14. 东江盐焗鸡（广东客家名菜），盘菜需1只小母鸡，毛重1.2kg，进货价8元/kg，经宰杀去毛去内脏（折价为2元）后进行烹制。调料如葱、姜、盐、味精、沙姜粉、香油及猪油等3元。规定其成本毛利率为85%，试计算盘菜售价。

案例九　龙柏饭店婚宴促销方案

1998年，上海龙柏饭店（五星级）推出了针对白领阶层的婚宴产品。其促销方案是：

一、优惠措施

(一)龙凤呈祥宴(每席 1588＋15％服务费)

凡惠顾 10 席以上,可获赠:

1. 蜜月房一晚(或提供豪华行政房一晚,补差价 800 元)
2. 客房内精美鲜花篮和鲜果篮各一份
3. 次日沙逊花园西餐厅欧式自助早餐两份
4. 婚宴中雪碧、可乐、青啤畅饮(限时 2 小时)
5. 提供主桌鲜花布置
6. 提供音响设备
7. 提供大巴士一辆接送客人(30 公里内)
8. 提供来宾泊车车位

(二)玫瑰双人行(每席 1888＋15％服务费)

凡惠顾 10 席以上,在获赠 1～8 项基础上再增加或升级为:

9. 第 1 项中蜜月房升级为豪华行政房
10. 第 3 项中升级为次日早餐送房服务
11. 提供隆重婚礼仪式(视当日天气而定)
12. 提供迎宾花门 1 个
13. 提供香槟塔
14. 主桌赠送张裕大香槟 1 瓶
15. 赠送三层喜庆蛋糕 1 只
16. 嘉宾签名册 1 本
17. 举行浪漫同心结仪式(视当日天气而定)
18. 制作婚礼 VCD(像带由新人提供)

(三)豪华连理宴(每席 2388＋15％服务费)

凡惠顾 10 席以上,在获赠 1～18 项基础上再增加或升级为:

19. 第 9 项中蜜月豪华行政房两晚
20. 入住期间,综合部所有项目(美容、按摩除外)免费开放(限新婚夫妇)
21. 每桌赠送鲜橙法汁两筒
22. 主桌赠送龙凤立雕 1 座
23. 每桌赠送王朝干红 1 瓶
24. 主桌赠送进口香槟 1 瓶

25. 赠送天然精美押花1幅

(四)宝贵同心宴(每席2888+15%服务费)

凡惠顾10席以上,在获赠1~25项基础上再增加或升级为:

26. 第19项中蜜月豪华行政房升级为豪华套房两晚

27. 提供婚宴前花园婚礼仪式的迎宾饮料(雪碧、可乐、锦碧矿水、青啤)

28. 每桌赠送王朝干红两瓶

29. 赠送度身量做的主题漫画、饭店婚房布置

30. 奉送价值1000元的龙柏消费券

二、广告策划

(一)广告创意和策略

主题:龙柏——您的爱情伊甸园

表现:

1. 强调龙柏饭店独有的森林花园特色,宽大的绿色草坪,几块蓝色的湖面,亭轩楼阁,曲桥潺水,高高的树枝上挂着同心结纪念品
2. 阳光从窗口进入婚房,桌上是精美的早餐
3. 著名球星的婚礼

策略:

1. 让顾客知晓龙柏的婚宴产品

   各媒体发广告(1998年3月开始)

   策划球星的婚宴(1998年5月)

   邀请沪上白领人士参加龙柏游园会(1998年6月)
2. 加深对龙柏婚宴产品的印象

   电视台密集广告(1998年9月,每天有30秒,连续1个月)

   与电视台“爱情牵手”专栏合作办一次节目,地点在龙柏花园
3. 提示顾客:1999年开始每月一次广告,每季一次形象推广活动

(二)媒体策略

1.《上海新娘》杂志

这是一本面向沪上婚宴市场的杂志,针对性很强

作1998年5月—1999年5月全年广告

内容:龙柏婚宴形象、龙柏婚宴产品、新人在龙柏办婚宴的专访

费用预算:RMB37800

2.《That'Shanghai》和《Shanghai Talket》

这两份刊物面向在沪外籍人士和白领阶层，而这些读者是饭店婚宴的重要客人，他们对浪漫婚宴的向往及消费能力，决定了他们会在阅读刊物的休闲阶段，有兴致看龙柏的婚宴广告。作全年广告

内容：龙柏的婚宴形象、完善的健身设施、饭店自然之美

费用预算：RMB53000

3.《申江服务导报》和《新闻报》

这是沪上多数年轻人喜欢的两份报，一份以休闲为主，一份以经济信息为主

内容：婚宴产品

费用预算：RMB70000

三、营业推广活动

时间	活动内容	邀请对象	费用预算(元)
5月	著名球星婚宴(婚礼仪式、同心结仪式等)	由新人确定 新闻界人士(征得新人同意)	新人支付筵席成本，其余费用由饭店负责
6月	龙柏游园会观赏、游戏、抽奖等	沪上白领阶层、向沪上有影响的30家公司发请柬	30000
8月	游泳比赛	与沪上有影响的50家公司合作	20000
9月	龙柏室外音乐会	在沪境外人士、电视台爱情俱乐部专栏嘉宾	10000
	龙柏啤酒节	境内外青年	售票
10月	赏月晚会	情侣们	售票
	焰火晚会	情侣们	售票
11月	桂花节	情侣们	售票
	爱情相约、联谊活动	由红娘公司选择100对寻觅者	1000
12月	圣诞节晚会 圣诞大餐 水上芭蕾	情侣优惠6折	15000

(资料来源：王怡然等编著.饭店营销策划书和案例.2001)

思考题

1. 龙柏饭店为推出婚宴产品采取了哪些促销手段？
2. 有一家快餐企业欲在“六一”节推出针对儿童的餐饮产品，如儿童营养套餐，你能为餐厅设计一个促销方案吗？

第八章

餐饮产品成本核算与控制

第一节　餐饮产品成本的构成与分类

一、餐饮产品成本构成

餐饮产品成本是指餐饮企业在生产餐饮产品时所占用和耗费的资金，其中包括原料成本、水电燃料成本、餐茶用品成本、人力成本及各种经营管理费用等。

餐饮产品成本核算以原料成本为主。一般而言，餐饮产品原料有主料、配料和调料之分。主料是餐饮产品的主要原料，一般成本份额较大。配料是餐饮产品的辅助原料，其成本份额相对较小，但在不同菜点中，配料种类各不相同，有的种类较少，有的种类可多达 10 种以上，使产品成本的构成变得比较复杂。调料也是餐饮产品中的辅助原材料，主要起调节作用，增强餐饮产品在色、香、味、型方面的特点。调料品种很多，而在产品中每种调料的用量则很少。食品原材料的主料、配料和调料价值共同构成菜肴成本。在餐饮经营过程中，要同时销售各种酒水饮料，其中，鸡尾酒又是饭店宾馆、餐馆的重要产品。由此，菜肴成本和饮料成本又共同构成餐饮产品主要成本，加上餐饮经营中的其他各种合理耗费，就形成了餐饮经营中的全部成本。因此，餐饮产品的成本构成可以分为狭义和广义两种，其成本构成见

表 8.1。

表 8.1　餐饮产品成本构成

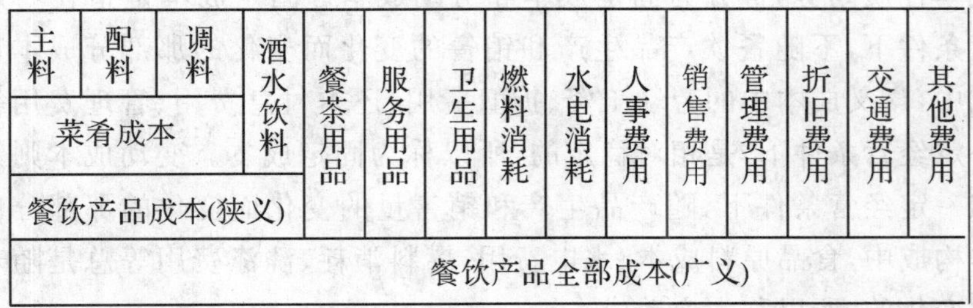

<table>
<tr><td>主料</td><td>配料</td><td>调料</td><td rowspan="2">酒水饮料</td><td rowspan="3">餐茶用品</td><td rowspan="3">服务用品</td><td rowspan="3">卫生用品</td><td rowspan="3">燃料消耗</td><td rowspan="3">水电消耗</td><td rowspan="3">人事费用</td><td rowspan="3">销售费用</td><td rowspan="3">管理费用</td><td rowspan="3">折旧费用</td><td rowspan="3">交通费用</td><td rowspan="3">其他费用</td></tr>
<tr><td colspan="3">菜肴成本</td></tr>
<tr><td colspan="4">餐饮产品成本(狭义)</td></tr>
<tr><td colspan="15">餐饮产品全部成本(广义)</td></tr>
</table>

二、餐饮产品成本分类

成本分类是做好成本核算和成本管理工作的基础。成本核算和成本管理的方法和目的不同,成本分类也不一样。餐饮产品的成本,从不同角度可分成不同的种类,其基本分类方法有:

(一)按成本与产品的形成关系划分

按成本与产品的形成关系划分,可分为直接成本和间接成本两种。直接成本是指在产品生产中直接耗用,不需分摊即可加入到产品成本中去的那部分成本,它包括直接材料、直接人工和直接耗费等三个部分;间接成本是指需要通过分摊才能加入到产品成本中去的各种耗费,如销售费用、维修费用、管理费用等。

直接成本和间接成本的划分从一个方面为餐饮产品的成本核算提供了理论根据。部分成本核算可以直接成本为主,如主料、配料和调料成本等。间接成本因其不易直接分摊到各个产品中去,可以全店核算为主,形成流通费用,再分摊到各有关部门中去。这就为餐饮产品的成本核算提供了方便条件,有利于提高成本核算的准确性。

(二)按成本的可控程度划分

按成本的可控程度划分,可分为可控成本和不可控成本。可控成本是指餐饮管理中,通过部门员工的主观努力可以控制的各种消耗;不可控成本是指通过部门员工的主观努力很难加以控制的成本开支。因为在餐饮管理中,有些成本如食品原材料、水电燃料、餐茶用品等消耗,通过部门人为的努力是可以控制的;而有些成本的支出,如还本付息分摊、折旧费用和劳动工资等,通过部门人为的努力,在一定经营时期是很难控制的。

可控成本和不可控成本的划分为餐饮管理中的成本控制提供了理论依据,它可以引导部门管理人员做好成本管理工作,将成本控制的主要精力放在可控成本的控制上,从而尽量降低成本消耗,提高经济效益。

(三)按成本性质划分

按成本性质划分,可分为固定成本和劳动成本。固定成本是指在一定时期和一定经营条件下,不随餐饮产品生产和销售的变化而变化的那部分成本。在餐饮成本构成中,广义成本中的劳动工资、折旧费用、还本付息费用、管理费用等在一定时期和一定经营条件下,是相对稳定的,所以称为固定成本。变动成本则是指在一定时期和一定经营条件下,随产品生产和销售量的变化而变化的那部分成本。在餐饮成本构成中,食品原料成本、水电费用、燃料消耗、洗涤费用等总是随着产品的产销量而变化的,所以称为变动成本。

固定成本和变动成本的划分,从另一个角度为餐饮成本管理提供了理论根据。因为固定成本和变动成本是根据成本对销售的依赖关系来分类的,它反映了餐饮产品的成本性质。从成本对产品销售的依赖关系来看,固定成本对餐饮产品的直接联系,而变动成本则对产品的销售量影响最大。因此,固定成本和变动成本的划分,可以引导餐饮部门经营者将成本管理的重点主要放在变动成本管理上,采取各种措施,控制其成本消耗,而对固定成本则相对给予较少重视。在成本总额已定的条件下,其控制重点也放在酌量性固定成本上。这样就能减少成本开支,提高餐饮企业的经济效益。但是,对固定成本相应减少控制是对餐饮产品生产过程来说的。对高层管理人员而言,通过控制设备购置、处理闲置设备、控制人事编制等措施,从而降低固定成本,则同样要给予高度重视。

三、成本核算方法

餐饮产品成本核算根据厨房产品生产方式和花色品种不同,有不同的核算方法。总的说来,其成本核算方法有三类:一是按产品生产步骤核算成本;二是按产品批量核算成本;三是按产品类别核算成本。其具体方法主要有四种。

(一)顺序结转法

这种方法是根据产品生产步骤来核算成本的,主要适用于分步加工、最后烹制的餐饮产品的成本核算。方法是将产品的每一生产步骤都作为成本核算对象,依次将上一步骤的成本转入下一步骤的成本,逐步计算出产品成本。在餐饮管理中,大多数热菜食品都是分步加工的,如鱼香肉丝,其成本核算是先核定出肉丝、木耳、竹笋等的成本,逐步相加,最后加上调料成本,才能形成产品成本。

(二)平行结转法

这种方法主要适用于批量生产的产品成本核算,但它和顺序结转法又有区别。在生产过程中,批量产品的食品原料成本是平行发生的。原料加工一般一步到位,形成净料直接使用的食品原材料。这时，只要将各种原料成本相加，即可得到产品成本。如冷荤中的酱牛肉、酱猪肝，面点中的馅料食品，如三鲜馅的饺子、包子等，这些食品在加工过程中，其各种原料成本是平行发生的，只要将各种同时发生的原料成本汇总，即可得到产品总成本和单位成本。

（三）订单核算法

这种方法是按客人订单来核算成本的，主要适用于团队、会议、宴会等成本核算。这些类型的客人用餐事先都预订，且用餐标准十分明确。在成本核算时，首先必须根据订餐标准和用餐人数确定餐费收入，然后根据预订标准高低确定毛利率高低，算出一餐或一天的可容成本，最后在可容成本的开支范围内组织生产，而这一过程都是以订单为基础和前提的。

（四）分类核算法

这种方法主要适用于餐饮成本核算员和餐饮成本会计的成本核算。如成本核算员每天核算成本消耗，先要将各种单据按餐厅和厨房分类，然后在每一个厨房或餐厅内都要将成本单据按食品和饮料分类，再按食品原料种类分类记账，最后才能核算出每个餐厅或厨房的各类成本。此外，在月、季成本核算中还可以分别核算出蔬菜、肉类、鱼类成本或冷菜、面点、汤类等不同种类的成本。餐饮产品成本核算方法分类，为实际业务管理过程中的成本核算指明了方向，可以帮助管理人员根据厨房产品生产和花色品种的不同，分别采用不同的成本核算方法，以提高成本核算的准确性和科学性。

第二节　餐饮产品成本核算(一)

一、原料加工成本核算

餐饮产品核算是从原料加工开始的。食品原料种类不同，加工方式和出料要求不同，其成本核算的具体方法也不一样。主要有四种情况：

（一）一料一档成本核算

一种原料经加工处理后只有一种净料，下脚料已无法使用。其成本核算是以毛料价值为基础，直接核算净料单位成本。

例如，青椒 10 千克，进价 3 元/千克，去蒂去籽后得净料 9 千克，则其净料单位成本为：

$$青椒净料单位成本=\frac{10\times 3}{9}\approx 3.33(元/千克)$$

(二)一料多档成本核算

一种原料经加工处理后可得到两种以上净料,由于各档净料单位价值不同,要分别计算它们的净料成本。

例如,厨房领光鸡 50 千克,进价 10 元/ 千克,经加工后得鸡腿 13 千克、鸡胸 10 千克、鸡翅 5 千克、鸡爪 7 千克、鸡架与鸡脖 10 千克,其余为下脚料无价值。各档净料价值比率分别为:42.5%、30.6%、12.4%、9.5%和 5%。其各档净料单位成本为:

$$鸡腿净料成本=\frac{50\times10\times42.5\%}{13}\approx16.3(元/千克)$$

其他各档净料单位成本可依此分别计算。

(三)多料一档成本核算

多种原料经加工后,得到一种混合净料。这主要出现在有些餐饮产品需要批量生产的情况。

例如,面点厨房生产小笼包一批,其馅料,由猪腿肉、肉皮、红糖、麻油、味精、胡椒、生姜、红醋、酱油、鸡精等按比例要求调制而成,其总成本价值为 187.25 元,得馅为 23.8 千克,则馅料的单位成本为:

$$馅料单位成本=\frac{187.25}{23.8}=7.87(元/千克)$$

(四)多料多档成本核算

多种原料经加工后得到一种以上的净料。这种情况主要出现在餐饮产品半成品加工过程中。

例如,热菜厨房煮制一锅高汤做鱼翅鲍鱼的用汤,煮汤原料需要用老鸭、老母鸡、火腿、干贝、猪骨等,若总成本为 150 元,可熬得高汤 7.5 千克,而制汤原料中的老鸭、老鸡和火腿等还可做别的菜肴使用,故仍具有价值,其价值估计为 100 元,则高汤的单位成本为:

$$高汤单位成本=\frac{150-100}{7.5}\approx6.67(元/千克)$$

而老鸭、老鸡及火腿等可参照前面一料一档或一料多档的方法分别计算各自的单位成本。

二、产品成本核算

餐饮产成品即指菜点。产成品成本核算是在食品原料加工成本核算的基础上进行的。其成本核算方法有三种情况:

(一)单件产品成本核算

单件产品即单个菜点分别进行成本核算。这种成本核算适用于非批量生产的菜点,如零点餐厅许多菜品都是一菜一炒,就是同一菜品,由于客人点选时间不同,亦往往是分别炒制。即使同时有多个客人点选同一菜品,其形成批量的规模亦有限。所以按理论上来讲,零点餐厅每烹制出一份菜都应该分别进行主料、配料和调料的成本核算,但这样做肯定是行不通的,于是有了事先的控制,给每一个菜点制订标准菜谱,规定每一种菜品各种原料的配份标准,这样就事先拟定了每一个菜品的标准成本。这样,管理者只需通过个别菜品的成本核算的抽查就可达到较好的控制效果。

(二)批量产品成本核算

冷菜、面点及团队餐厅的热菜几乎都是批量生产的,其单份产品即盘菜,成本核算方法较为简便。

例如,冷菜厨房用新鲜牛肉 15kg 制酱牛肉,进价 16 元/kg,用各种调节器料如生姜、大料、葱根、蒜瓣、酱油等,其调料成本为 10 元。经煮制,得酱牛肉成品 12kg,而盘菜用量 0.15kg,则盘菜成本为:

$$\text{盘菜成本}=\frac{15\times16+10}{12}\times0.15\approx3.25(\text{元/盒})$$

(三)分类产品成本核算

分类产品成本核算即将热菜、冷菜、面点及不同类别的菜点成本分别计算。其实不管是中餐厨房还是西餐厨房,热菜厨房、冷菜厨房与面点厨房都各自申购、领料、加工生产,其各自的成本亦是分别进行核算的。这三类厨房进行成本核算,可以是对每一个菜点的成本核算,可以是对一天所有菜点销售成本的核算,亦可以是月度的成本核算。

三、宴会成本核算

宴会成本核算较为繁杂一些,因为一席宴会菜点同时由热菜、冷菜、面点及酒水组配而成,故宴会成本核算涉及热菜厨房、冷菜厨房、面点厨房和酒吧等。

宴会一般多为事先预订,宴会部根据订单,应事先做好成本核算。宴会部为做好宴会管理,往往事先制定《分类宴会设计标准》,为宴会经营、菜点设计和成本核算提供依据。《分类宴会设计标准》主要根据不同档次的宴会,以人均费用标准为基础,确定菜点分类和可选择的品种及数量。如宴会标准为 80 元/人,可以上哪些冷菜、热菜、甜点、汤类、水果,每一类又规定出可选择的数量和品种。这样,就为宴会设计和成本核算提供了必要的依据。

宴会成本核算是一个复杂的过程，在日常工作中，每次宴会成本核算主要是核算菜点成本，酒水一般是根据客人实际消耗标准毛利收费。

宴会成本核算可举例加以简单说明。

例 某饭店宴会厨房接到宴会订单一份。主要内容如下：

宴会名称：庆功宴　　举办单位：××公司

菜点风味：淮扬　　出席人数：80

宴会标准：200元/人　　酒水安排：酒水在外

宴会毛利率：热菜55%、冷菜60%、面点75%　　开宴桌数：8

要求与禁忌：无

请根据本次宴会订单核算宴会成本，做出具体安排。

分析：

(一)计算宴会总费用和每桌费用

总费用＝200×80＝16000(元)

每桌费用＝200×10＝2000(元)

(二)计算分类菜点所占总费用及每桌费用的份额

假定查《分类宴会设计标准》，此宴居中档，其分类菜点所占总费用比例为热菜85%、冷菜10%、面点5%。

热菜总费用＝16000×85%＝13600(元)

每桌热菜费用＝2000×85%＝1700(元)

冷菜总费用＝16000×10%＝1600(元)

每桌冷菜费用＝2000×10%＝200(元)

面点总费用＝16000×5%＝800(元)

每桌面点费用＝2000×5%＝100(元)

(三)计算分类菜点成本

热菜总成本＝13600×(1－55%)＝6120(元)

每桌热菜成本＝1700×(1－55%)＝765(元)

冷菜总成本＝16000×(1－65%)＝560(元)

每桌冷菜成本＝560÷8＝70(元)

面点总成本＝800×(1－75%)＝200(元)

每桌面点成本＝200÷8＝25(元)

则总成本＝6120＋560＋200＝6880(元)

每桌成本＝6880÷8＝860(元)

根据分类菜点各自的成本，再安排各自具体菜点的数量和品种，这项工作可以查《分类宴会设计标准》进行确定。

(四)检查分析与提高

宴会实施后应对成本核算执行情况进行检查，发现问题及时分析总结提高。

第三节　餐饮产品成本核算(二)

餐饮产品成本核算，能及时帮助管理人员掌握成本消耗额，核实仓库存货额，杜绝成本的泄露点。现代餐饮企业，除了每月进行一次食品饮料成本核算外，还要每天进行一次成本核算，并制出月、日报表。

一、月食品成本核算及食品成本月报表

(一)月终食品成本核算

只要企业每天对营业收入和各种原料进货、发料备有记录，按时进行仓库原料盘点，就可计算每月月终食品成本。

例如，九州宾馆餐饮部今年 12 月份有以下营业记录：

当月餐饮营业收入：82500 元；

原料期初(11 月末)余额：12000 元；

本期内进货额：36000 元；

原料期末余额即账面库存额：16500 元；

经盘点，实际库存额：16100 元；

库外存货月初额：1570 元；月终额：1425 元。

根据上述记录，九州宾馆当月月终食品成本应作以下计算和调整：

1. 计算领用原料成本

本期原料总额＝原料期初余额＋本期内原料进货额(期内仓库进料、直接进料)

本期领用原料成本额＝本期原料总额－原料期末余额

根据上述公式，该宾馆当月从仓库领用的原料及直接进料的食品成本为：

食品成本＝12000＋36000－16500＝31500(元)

2. 物账差额月终调整

根据仓库盘点结果，九州宾馆当月食品原料实际库存额小于账面库存额，差额

400元,应加入食品成本;库外存货月终额小于月初额,差额145元,同样应加入食品成本。经过这两次调整,食品成本为:

食品成本＝31500＋400＋145＝32045(元)

3. 专项调整

必须指出的是,经过物账差额月终调整所得的食品成本仍然是当月所有直接进料以及从冷库和干货储藏室领用的原料成本,而不一定都是当月营业所消耗的成本。其中可能包括已经转出给宾馆非食品部门的原料成本,也可能未包括从宾馆非食品部门转入的原料成本。为了能正确如实地反映食品经营结果,在一般情况下,应对上述食品成本进行专项调整,才能得出月终食品成本额。例如上例,九州宾馆厨房食品成本还需进一步调整。其调整项目主要有:

(1)加入酒吧转入的作为厨房烹调用酒的成本。

(2)减去厨房为酒吧准备点心和食品所消耗原料的成本。

(3)宾馆常有多余的下脚料、肉骨等可以出售,这些收入应从食品成本中减去以降低食品成本。

(4)宾馆也常常允许本馆职工从厨房购买一些原料,这些收入也必须从食品成本中减去。

(5)任何饭店也免不了发生招待费用(宾馆要经常宴请各方面人士),这些宴请增加了食品成本,但不直接增加营业收入。为了正确地核算食品经营效果,必须把这些宴请的成本从食品成本中减去,另设账目(如公关费用或营销费用)。

考虑以上因素进行调整后得到的食品成本,一般可以看做是已经消耗的原料成本。但必须看到,并不是所有消耗的原料都能增加收入,如职工餐的成本,就不该记入食品成本。

经过专项调整后得到的食品成本为当月的月终食品成本。

例如,九州宾馆厨房食品成本的专项调整结果为:

食品成本	32045元
转入烹调用酒	＋850元
小计	32895元
转出酒吧用原料	400元
下脚料销售收入	125元
为酒吧准备食品原料	540元
职工购买原料收入	480元
宴请餐用料	870元
小计	2415元

那么，九州宾馆月终食品成本为：

月终食品成本＝32895－2415＝30480(元)

$$食品成本率(公式)=\frac{成本}{销售额}\times 100\%$$

那么，九州宾馆今年 12 月份的食品成本率为：

$$食品成本率=\frac{30480\ 元}{82500\ 元}\times 100\%\approx 36.9\%$$

(二)食品成本月报表

根据上述计算，就可编制食品成本月报表，提供给企业管理者。为了使本期数据更具有指导意义，应该把它们与去年同期或与上期的数据进行比较，以便检查本期经营效果，如表 8.2 所示。

表 8.2　食品成本月报表　　2005 年 12 月 31 日

时间	2005.12	2004.11	2004.12
营业收入	82500 元	69500 元	83450 元
食品成本	30480 元	29750 元	31290 元
食品成品率	36.9％	42.8％	37.5％

这虽然是最简单的月结报表，但已可用来检查本期的经营效果。如果宾馆认为去年同期的食品成本率 37.5％尚符合要求，那么，在其他条件，如菜单内容、操作规程、营业量等大致相同的情况下，本期的食品成本率 36.9％也应视作正常。

由于上期(即 11 月份)本宾馆餐饮营业效果不佳，宾饭采取了一系列措施，如控制成本、加强推销、提高营业量等以图改进。要检查这些措施是否已达到了预期的效果，经过审阅本月月结报表就能比较出来。

从表上简单的数字，我们可以得出这样的结论：由于 12 月份的食品销售收入比 11 月份增加 18.7％，达 82500 元，而成本只增加了 730 元，仅增加 2.5％，所以，宾馆在 12 月份所采取的各项改进措施是有效的，达到了预期的目的，因而，应该成为宾馆今后经营管理者中永久性的措施。

企业记录营业数据并时时将它们相互比较，就像船在航行中必须时时测取方位一样重要。任何一条远航的船，如果只有目的地，而不在途中经常测定船只方位，对照海图检查是否偏离了航线，计算偏离距离并及时校正航向，那它将不可能最终到达预定的目的地。这种测定、对照、检查和校正工作进行得越频繁，船就越能紧紧沿着航线前进。如果这种工作只是偶尔为之，船只经常偏航，那么要使船只驶入正确航线，就不得不花掉大量时间和能力。同样，企业的经营要想取得预期效果，在营业期间就必须经常进行这种测定、对照、检查和校正工作，而每月进行一次显然是不够的。在一个月内，经营很可能出现各种问题，月结报表虽然能告诉我们一个月的营业结果，并以百分比的变化揭示出某些问题，但它却不能为管理者提供问题的原因和根源。由于经营业务千头万绪、变化无穷，除非每天都有详尽的营业记录，否则很难精确有效地回忆起半月、数周前发生的影响营业的各种事情，而如果找不到问题的要害，纠正措施当然就无从说起。况且，任何有效的纠正措施，对已经过去的营业期来说，都为时已晚。如果上例中12月份的食品成本率极高，管理者也只能寄希望于在下一月中进行改进了。

鉴于以上原因，许多饭店都建立了食品成本日报的财务制度，以便管理者及时发现问题，及时提出改进措施。

二、日食品成本核算及食品成本日报表

（一）日食品成本核算

与月食品成本核算相比较，日食品成本核算就要容易得多了。食品的日成本主要由直接进料和仓库发料的成本组成。直接进料的成本应记入当天的食品成本，其数据可从饭店每天的进料日报表上得到。仓库发料的成本应记入原料发料日的食品成本，其数据可从领料单上得到。除了这两项成本以外，也同样须考虑厨房与酒吧、厨房与其他非食品部门之间的转料及职工购买原料、余料出售、宴请餐和职工用餐等因素，并作出相应的调整。因此，饭店每天的食品成本及成本率应以下面公式得出：

直接进料成本
＋仓库发料成本
＋从酒吧转入原料成本
－转出由酒吧或其他部门消耗的原料成本
－为酒吧准备食物的成本
－职工购买原料收入
－余料出售收入
－宴请餐成本
－其他杂项扣除额
―――――――――――
当日食品成本

根据当日的营业收入，计算出当日的食品成本率：

$$\text{当日食品成本率}=\frac{\text{当日食品成本}}{\text{当日营业收入}}\times 100\%$$

具体计算可如表8.3所示。值得说明的是，日食品成本的计算并不是十分精确的。因为厨房的直接进货可能是每天进行，也可能是隔一天或两天进货一次，储藏室发出的原料也未必能在当日正好用完。这样就会造成计算的日成本额比真实的消耗额要高。同样，由于有昨天的剩余原材料，今天的进货数量或领料数量就会少于实际所发生的成本额。

为了减少由于人为原因使成本额的计算出现高低波动的情况，有必要记录每天食品营业收入、食品成本以及食品成本率的累计数据，即从本月1日到当日的累计数据。这样，数日后的累计数据就较精确了。积累的天数越多，数据的精确度就越高。

管理人员能根据上表随时了解当日的经营状况，也可以了解自本月初至本月某一天的经营状况。到了月底，只要将食品累计成本进行物账差额月终调整，便可核算当月的食品成本和成本率。

（二）食品成本日报表

根据上述食品成本核算，就可以填制适合管理要求的或简或详的食品成本日报表。最简单的食品成本日报表如表8.4所示。

表8.4列出了当日的营业收入、食品成本和食品成本率，并将此三项的本周累计同上周同期进行比较。由于是近期比较，管理人员容易发现问题所在及其原因，从而帮助管理人员及时进行调整和控制。如果饭店发现当日或本周的食品成本过高，便可对近期的各种业务活动进行检查。如果检查表明其成本率过高是直接进料过多所引起的，那么，便可指示有关部门在手头存货消耗完之前停止进料或减少进料，这样能使今后一两天的直接进料成本下降，并立即对累计成本率产生作用。倘若食品成本率过高是由储藏室进货过多所引起的，则应立即通知厨房有关人员必须先行消耗手头原料方可再行领料。

然而，在实际工作中，要找出某一问题原因，往往不像以上举例那么容易。在很多情况下，引起问题的原因有好几个，而且很难靠分析如上表格中的简单数据就能得到启发。因此，为了减少寻找造成成本过高的原因所需要的时间和精力，就有必要把成本日报表设计得复杂一些，以便为管理者提供更为详细的信息，对此这里就不再深入了。

表 8.3　日食品成本核算表

日期	直接进料	仓库发料	内部转让		职工购买	余料出售	宴请成本	食品成本		营业收入		食品成本率	
			转入	转出				当日	累计	当日	累计	当日	累计
1	180.5	735.2	145	(171)	(45)		(250)	891.7	891.7	3050.0	3050.0	29.2	29.2
2	571	8141.2		(150)		1238.5		2130.0	3425.5	6745.5	36.2	32.9	
3	535	749.4	80	(125)		(50)		1189.4	3319.6	3450.4	9625.9	37.8	34.5
4	671.5	945.0	40	(143)		(180)	1337.4	4657.0	3248.0	12873.9	41.2	36.2	
5	580.3	718.5	75	(135)			1238.8	5895.8	3478.4	16352.3	35.6	36.1	
6	553.9	721.6		(118)	(53)		(240)	867.1	6762.9	3128.4	19480.7	27.7	34.7
7	588.2	738.5		(124)		(35)		1167.7	7930.6	3548.8	23029.5	32.9	34.4
8													
⋮													
30	674.5	789.5	56	(135)			1385.0	32380.0	3756.5	94556.6	36.9	34.2	
31	694.7	829.7		(128)			1068.4	33448.4	2927.0	97483.5	36.5	34.3	

仓库盘存物账调整:348.5　　月终食品成品:

库外存货物账调整:(467.8)　　33448.4＋348.5－476.8－3320.1

$$\frac{3320.1}{97483.5}=34.2\%$$

表 8.4　食品成本日报表　　2005 年 12 月 10 日(单位:元)

	当日	累计	
		本周	上周同期
营业收入	4200.00	15450.00	12700.00
食品成本	1690.00	6335.00	5345.00
食品成本率	40.2%	41%	42.1%

第四节　餐饮管理的成本控制

餐饮经营的最终目的是赚取合理的利润。利润是收入总数减去支出总数的结果。所以要提高餐饮利润,最有效的方法当然是开源节流,也就是用促销的方法尽可能提高销售收入,同时用控制的方法使各项支出都能运用得当,将损失和耗费降至最低。有效的控制系统是非常重要的,因为在其操作上可清楚地看出过程如何进行，是否达到预期的目标，同时也可及早发现问题，以免小问题演变成大麻烦，而管理者也可借助系统的建立，授权给下属，并考察他们正确完成任务的能力。最重要的是，通过控制程序，餐饮管理者可迅速根据市场变化的情况而重新定位，减少错误出现。

一、餐饮成本控制的工作步骤

餐饮成本控制是一个复杂的过程，同时可能受到多种因素的影响，如季节和天气的变化，流行口味的趋势等，所以在控制的过程中应运用一定的方法，按照一定的程序，以保证控制有章可循，有据可依。其具体工作主要包括以下四个方面。

(一)制定标准成本，提供控制依据

成本控制是以制定标准成本为起点的。从理论上讲，标准成本有理想标准成本、正常标准成本和预算标准成本。理想标准成本是指在理想的控制和效率条件下，企业没有任何浪费，不出现废品、停工等情况下所达到的成本水平。正常标准成本是指以过去的统计资料为基础，结合实际情况所达到的平均标准成本。预算标准成本是指以事先估计为基础所制定的标准成本。在餐饮成本控制中，以正常标准成本和预算标准成本为主要依据。标准成本的制定要根据成本控制的各个环节分析成本对象、成本构成，确定各项成本项目的标准成本，其内容可分为直接成本和间接成本。直接成本以食品原材料为主，包括采购成本、原料库存、生产加工、食品销售过程中的各项成本。间接成本主要包括水电燃料消耗、客用消耗用品、餐茶用品、人工成本等计划期内的标准成本。

(二)加强实际控制，掌握成本消耗

标准成本制定后，各项实际成本消耗是在餐饮业务管理过程中发生的，如食品原料采购成本、生产加工中各种菜点的成本、企业全部原料成本、水电费用、燃料消耗、餐茶用品消耗等。管理过程中，要按照标准成本要求控制实际成本消耗，就必须掌握各个环节各项成本的实际消耗，以便和标准成本比较，发现成本管理的问题。以食品成本为例，它是指食品原料或半成品购入时的价格，不包括人工费用和其他费用。食品成本率取决于三个因素：(1)采购时的价格；(2)每一份食品的分量；(3)销售价格。餐饮业中有不成文的规定，如果人事成本不超过销售的 3/4 就应该会赚钱。然而，由于有某些不可抗拒因素，如烹调错误的耗损、食品丢失等，食品成本的控制自然无法准确无误。一般而言，1/10 以下的耗损率应属于正常。为了维持一定的获利率，现在餐饮企业一般将食品成本定在售价的 30%～35%，饮料的成本则定在售价的 18%～25%，而薪资的比例则在 30%左右。这些比例标准通

常是由计算平均数、财务结构报表、操作预算表等计算出来的。

（三）分析成本差额，评价控制绩效

在餐饮业务管理过程中，各项实际成本每天都发生变化，其成本消耗不可能和标准成本完全一致。这时，管理人员要根据各项成本的实际发生额，同标准成本比较，分析成本差额。其成本差额又包括价格差、数量差和成本差三种。分析公式为：

$$P_c = P_1Q_1 - P_2Q_1 = Q_1(P_1 - P_2)$$
$$Q_c = P_2Q_1 - P_2Q_2 = P_2(Q_1 - Q_2)$$
$$C_c = P_1Q_1 - P_2Q_2$$

式中：P_c 为价格差；P_1 为实际价格；P_2 为标准价格；Q_c 为数量差；Q_1 为实际数量；Q_2 为标准数量；C_c 为成本差。

通过成本差额分析，管理人员即可发现餐饮成本管理的效果，对成本控制作出业绩评价。

（四）结合实际业务，提出改进措施

成本差额分析对成本控制业绩作出了评价，但对造成成本差额的原因还要结合实际业务进行具体分析。如价格差是市场物价变动造成的还是采购价格控制不当造成的？数量差是标准成本制定不合理造成的还是实际消耗数量背离标准成本规定的数量造成的？只有结合实际，分析具体原因，才能有针对性地提出改进措施，不断做好餐饮成本控制工作。

餐饮成本控制的工作是一个不断循环的过程，其成本控制流程如图 8.1 所示。

二、餐饮成本控制方法

餐饮产品始于原料采购，终于销售，每一过程都与成本有着不可分割的关系。具体控制方法如下：

（一）菜单设计的控制

在菜单的设计中，每道菜制作所需的劳力、时间、原料、数量及其供应情况都会反映在标准单价上，所以设计菜单时要注意上述因素，合理调配主配料、调料，谨慎选择菜品的种类和数量。

（二）采购成本控制

采购成本控制是在采购预算安排和采购进货原始记录的基础上进行的。采购过量可能会造成贮存的困难，使食物耗损的机会增加（尤其是生鲜产品）；但数量太少又可能造成供不应求、缺货的尴尬局面，而且单价也可能随之提高。所以准确地

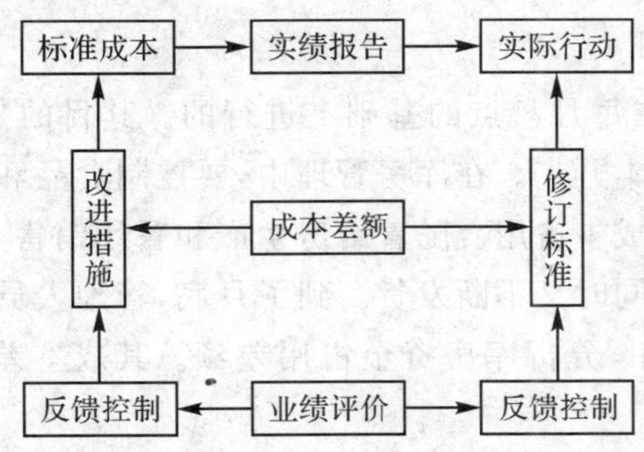

图 8.1 成本控制流程图

预测销售、定时盘点以及机动性地改变部分菜单，以保证使用的安全等，都是采购与库存管理人员需注意的要点。采购预算安排中的各种食品和饮料采购数量和规定价格形成标准采购成本。在分析采购成本差额的基础上，管理人员要进一步查明造成价格差和数量差的具体原因。如价格差可能是市场物价变动造成的，也可能是采购人员价格控制不严、高价进货造成的。数量差可能是计划数量制定不合理造成的，也可能是实际进货过多或过少造成的。在查明具体原因的基础上，有针对性地提出具体控制方法，可以控制采购成本，降低成本消耗，逐步提高采购成本控制水平。

以表 8.5 中原料 1 为例：

价格差＝(7.2－7.31)元/kg×130 kg＝－14.3 元

数量差＝(130－120)元/kg×7.31 元/ kg ＝ 73.1 元

成本差＝130 kg×7.2 元/ kg－120 kg×7.31 元/ kg＝58.8 元

(或成本差等于数量差与价格差之和：73.1－14.3＝58.8。其余依此类推，总成本差等于总价格差之和。

表 8.5 餐饮采购成本控制表

报告部门________ 月度________ 制表人________

原料	采购计划		实际采购		成本差(元)	数量差(元)	成本差(元)
	价格差(元)	数量差(元)	价格差(元)	数量差(元)			
1	120	7.31	130	7.2	－14.3	73.1	58.8
2	156	10.00	145	10.20	29	－110	－81
3	280	3.68	267	3.68	0	－47.84	－47.84
4	200	4.25	211	4.30	10.55	46.75	57.3
____年____月____日			合计		25.25	－37.99	－12.74

(三)库房成本控制

库房成本控制是在每月盘点的基础上进行的。其目的是控制库存资金占用,加快资金周转,节省成本开支。在库房管理中,要控制食品和饮料库存资金占用计划,由此形成库房标准成本占用。随着厨房生产和餐厅销售业务的进行,库存食品和饮料不断采购入库,同时又不断发货。到了月底,管理人员通过库房盘点来掌握库存余额及其资金占用,分析库房资金占用差额。其成本差额分析方法如表 8.6 所示。

表 8.6 餐饮部库房成本控制表

报告部门________月度________制表人________ (数量单位:kg 价格单位:元)

食品原料(饮料)	标准库存		本月盘点						价格差	数量差	成本差
	数量	价格	上月结存	本月入库	本月出库	盘点余额	价格	本月库存			
1	300	2.31	150	250	270	130	2.40	136	12.24	−378.84	−366.6
2	150	7.8	70	80	60	90	7.6	85	−17.00	−507	−524
3	220	3.64	190	100	220	70	3.88	70	16.8	−546	−529.2
4	260	5.28	200	110	180	130	5.10	140	−25.20	−633.6	−658.8
标准库存资金占用						合计		—	−13.16	−2065.44	−2078.6
实际库存资金占用						年____月____日					

库房成本控制是在分析库存资金占用中的价格差、数量差和成本差额的基础上,重点抓住那些价格高、存量大的食品原料或饮料,控制库存资金占用。为此,要明确指出重点控制哪些品种,采用哪些控制方法,如暂停进货、调拨处理、尽快出库使用等,从而迅速减少库存资金占用,加快资金周转。

(四)生产成本控制

生产成本控制是以厨房为基础,以食品原料为对象,根据实际成本消耗来进行的。厨房餐饮产品生产花色品种很多,各种产品既要事先制定标准成本,又要每天做好生产和销售的原始记录,然后根据统计分析结果与标准成本比较,才能确定成本差额,发现生产管理中成本消耗存在的问题,分析原因,提出改进措施。

生产成本控制可以逐日、逐周、逐月进行,其成本差额分析以成本率差额为主。一般说来,各种产品的成本率差额应控制在±1%～2%。如果发生偏差,就应查明原因,对那些成本率差额太大的实际成本消耗采取控制措施。例如改进食品原料粗加工、细加工,提高净料率;严格控制盘菜配料、用料,降低烹调加工损耗等。其成本率差额分析的方法如表 8.7 所示。

表 8.7　餐饮产品成本控制报告表

厨房______　　计算期______　　制表人______

产品	标准成本		实际成本		标准成本/元	实际成本/元	绝对误差/元	相对误差(%)	成本率差额(%)
	成本率(%)	菜单售价/元	生产量/份	单位成本/元					
1	36.1	7.56	1000	2.6	2729.16	2600	−129.16	−4.73	−1.71
2	40.5	33.28	120	12.10	1617.40	1452	−165.4	−10.23	−4.14
3	34.8	47.22	580	16.78	9530.88	9732.4	201.52	2.1	0.73
4	39.6	25.31	430	9.66	4309.78	4153.8	−155.98	−3.61	1.43
合计	37.75	28.34	2130	10.28	18187.22	17938.2	−249.02	−1.36	−1.47

以产品 1 为例：

标准成本＝(36.1%×7.56/份)×1000 份＝2729.16 元

实际成本＝2.6 元/份×1000 份＝2600 元

绝对误差＝(2600−2729.16)×100%＝−4.73%

$$相对误差=\frac{-129.16\text{ 元}}{2729.16\text{ 元}}\times100\%=4.73\%$$

$$成本率差额=实际成本率-标准成本率=\frac{2.6\text{ 元/份}}{7.56\text{ 元/份}}$$

由表 8.7 可知，产品 2 的成本率差额大于±1%～2%，应查找原因。产品 1、3、4 符合要求。

(五)酒水、饮料成本控制

酒水、饮料成本控制与食品的成本控制的不同之处在于，不需要复杂的切配过程，但易携带、易丢失，因此对酒水、饮料成品控制需要特殊的控制方法。

1. 消耗量控制

在饮料成本控制中一个十分必要的手段就是控制消耗量。消耗量控制的方法是对照销售数量来控制库存量。控制饮料消耗量的步骤为：统计销售数量，计算出饮料的标准消耗瓶数；盘点库存数量，计算饮料的实际消耗量；将标准消耗量与实际消耗量进行比较，达到实际消耗量的控制。

(1)整瓶销售饮料的控制。整瓶销售的饮料比较容易控制，采用标准储存量的餐厅和酒吧，要求对销售的整瓶饮料填写整瓶销售单，可有效控制各种酒水数量。用公式表示为

整瓶销售数＋其他用料数＋结存数＝标准储存数

(2)零杯和混合销售饮料的控制。酒吧中大多数烈性酒进行零杯销售或配制成鸡尾酒等进行混合销售。零杯销售和混合销售的份数要折合成整瓶数进行消耗量控制。零杯销售控制首先要求根据销售量具的标准单位来核算。常用的标准用量单位为盎司(oz)、标准量杯(1.5oz)等。

1oz 的液体单位＝30mL　1 量杯＝45mL

一瓶 750mL 容量的酒,如果以 1oz 为单位销售就可以销售 25 杯。如果以量杯为单位只能销售 16～17 杯。所以,零杯销售要考虑每杯的容量以及销售杯数。零杯和混合销售折合的整瓶数可用以下公式计算

$$\text{折合整瓶数量}=\frac{\text{每杯容量}\times\text{销售杯数}}{\text{每瓶容量每瓶允许流失量}}$$

为了控制消耗量,必须要规定标准的允许流失量。有的企业规定一瓶酒允许流失 1oz,有的规定允许流失 3%～4%。

例如,某酒吧用哥顿金酒作基酒配制鸡尾酒出售,其用量如表 8.8 所示,计算折合整瓶数。

表 8.8　酒水用量表

酒名	哥顿金酒	每瓶瓶容量 32oz		
饮料名	每杯容量(oz)	销售杯数(杯)	总量(oz)	允许流失量为每瓶 1.5oz
马天尼	2	96	192	
1# 零杯金酒	1.5	122	183	
2# 零杯金酒	1.8	90	162	
总计			537	

在采用标准储存量的控制方法时,要求核实销售及其他耗用的杯数所折合的整瓶数是否与空瓶数相等;空瓶数及其他用料与结存数之和是否与标准储存数相等。不采用标准储存量,耗用饮料折合的整瓶数应等于其初储存数加上领料数再减去期末结存数。每日营业结束时,有必要对餐厅、酒吧中各种酒水的消耗数和饮料的销售份数做好记录,如表 8.9 所示。

$$\text{折合整瓶数}=\frac{2\text{oz/杯}\times 96\text{ 杯}+1.5\text{oz/杯}\times 122\text{ 杯}+1.8\text{oz/杯}\times 90\text{ 杯}}{(32-1.5)\text{oz/杯}}$$

表 8.9　××酒吧酒水消耗核实表

货号	酒名	每瓶容量(oz)	上日结存瓶数(瓶)	本日领取瓶数(瓶)	本日结存瓶数(瓶)	本日实际消耗瓶数(瓶)	销售杯数(杯)	每杯用量(oz)	总用量(oz)	标准消耗指数
121	朗姆	32	8.5	4.	2.5	10	207	1.5	310.5	9.8
122	伏特加	32	8	6	10	4	125	1	125	0.4
125	白兰地	32	7	8	6.5	8.5	133	2	206	8.2

2. 营业收入差异控制

不论用什么方法计算潜在的销售额，都能控制酒水的消耗和成本，而且还能控制饮料的销售和实际收入。潜在销售额和实际营业收入之差再除以潜在销售额为营业收入差异率。即

$$营业收入差异率=\frac{潜在销售额-实际营业收入}{潜在销售额}$$

管理人员应该规定标准的营业收入差异。有的企业规定为1%，有的为3%。产生营业收入差异最主要的原因有许多，这在第七章中已涉及，即销售作弊现象，此出不再赘述。

(六)标准成本控制法

标准成本控制法在每月成本核算和控制时使用最多。常用的办法是对饮料库房和酒吧、餐厅的存货进行盘点，核算出饮料消耗的净成本。然后根据实际营业收入和标准成本率计算出标准成本额。

标准成本率的确定，最常用的方法是根据标准配方的饮料售价和标准成本，确定标准成本率和各种饮料的销售额百分比，一次性核算出饮料综合标准成本率，如表8.10所示。

表 8.10　饮料标准成本率测试表

(单位:元)

饮料名称	每份标准成本	每份售价	成本率(%)	销售份数(份)	标准成本总额	营业收入
红粉佳人	3.00	12.00	25	105	315	1260
青草蜢	3.20	13.50	20.9	46	147.2	621
彩虹	2.80	10..00	28	70	196	700
黑俄罗斯	2.40	12.00	20	25	60	300
特吉拉日出	3.60	16.00	22.5	98	352.8	1568
总　计					1071	4449

(七)人工成本控制

人工成本控制是在保证服务质量的基础上,对劳动力进行计划、协调和控制,使之得到最大限度的利用,从而避免劳动力过剩或不足,有效地控制人工成本支出,提高企业利润。

1. 定岗、定员

定岗、定员是否恰当,不仅直接影响到劳动力成本的开支、职工队伍士气的高低,而且对餐饮生产率、服务质量以及餐饮经营管理的成败都有着不可忽视的作用。餐饮经营者应综合考虑以下因素,定岗定员才能更合理:①餐厅档次和布局。②食品原料的成品、半成品化。③菜单的品种。④员工的技术水准和熟练程度。⑤客流量和生产规模。

2. 制定各项人工安排指南

人工成本控制的前提是保证服务质量,餐饮经营者必须制定出体现服务质量要求的操作标准,并依此制定出各项劳动安排指南。对于企业经营所必需的、但不随业务量大小浮动的最低劳动力,如餐厅经理、会计、厨师长、收银员等这部分固定劳动力的工资占餐厅人工成本支出的相当一部分,餐饮企业应有固定的劳动力标准,并尽可能安排在关键岗位上。而对于随着业务水平的变化而浮动,即当餐厅生产更多的菜品、接待更多的客人时,将需要更多的服务人员和生产人员,应根据淡、旺季来解雇或招聘,以减少费用开支。餐厅中至少有50%的工种可以根据需要来灵活调配人员,只要餐饮经营者能科学地进行劳动力安排,就能降低劳动成本。

3. 确定劳动生产率

餐饮业衡量劳动生产率的指标主要有两个:一是劳动生产率,二是劳动分配率。劳动生产率是衡量企业中平均每位职工所创造的毛利率,它可以用下述公式来表示:

$$劳动生产率=\frac{销售额-食品饮料原料成本}{职工人数}$$

例如,某餐厅有职工50人,年销售额为95万元,食品饮料原料成本额为32万元,则该餐厅的年劳动生产率为:

$$劳动生产率=\frac{950000元-320000元}{50人}=12600元/人$$

劳动分配率表示人工费占毛利额的比例。假如上述餐厅平均每月的人工费用为10600元,那么其劳动分配率为:

$$劳动分配率=\frac{人工费}{毛利费}=\frac{10600元/月}{(950000-320000)元}\times 100\%=20.19\%$$

如果企业能精简人员或雇用低薪职工，劳动分配率就会降低。劳动分配率越低，说明劳动生产率越高。

劳动生产率与劳动分配率相乘可得出平均每位职工的人工费。计算公式为：

$$职工平均人工费=劳动生产率\times劳动分配率$$

在上述例子中，每位职工的平均人工费为

$$平均人工费=\frac{12600\ 元/月}{12\ 月}$$

从以上公式可知，如果企业收入增加，节约开支，提高了毛利额，而职工人数不变，那么企业的劳动生产率就提高了。如果企业要保持原有的劳动分配率，则企业可以提高每位员工的平均人工费。换句话说，职工加薪了，而企业的净利润仍有提高。

在上述餐厅中，如果年毛利额增至800000元，企业要保持原有的20.19的劳动分配率，员工的工资可以提高至：

$$\frac{800000\ 元}{50\ 人\times 12\ 月}\times 20.19\%=269.19\ 元/人\cdot 月$$

提高劳动生产率的首要因素是培训员工树立经营观念，积极开掘市场，节约开支，提高企业的毛利。其次是要合理地安排员工的班次和工作量，尽可能减少职工的雇用数量，减少员工无事可干的时间，减少人工费开支。

4. 合理配备人员

确定了餐厅所需要的员工定额后，餐饮经营者还应考虑如何把这些职工安置在合适的工作岗位上，使其发挥出最大的工作效能。员工岗位的设置，应注意以下几点：

(1)量才使用，因岗设人。在对岗位人员进行选配时，首先要考虑各岗位人员的素质要求，即岗位任职条件。选择上岗的员工要能胜任其岗位职责，同时要在认真细致地了解员工特长、爱好的基础上，尽可能照顾员工的意愿，使其有发挥聪明才智、施展才华的机会，要力戒因人设岗，否则，将会给餐厅经营留下隐患。

(2)不断优化岗位组合。餐厅员工分岗到位后，并非一成不变。在实际操作过程中，可能会发现一些员工学非所用或用非所长，或暴露出引起班组群体搭配欠佳、团体协作精神缺乏等现象。这些不仅会影响员工的工作情绪和效率，久而久之还可能产生不良风气，影响经营效益。因此，优化餐厅岗位组合是必需的。餐饮管理人员要同时发挥激励和竞争机制，创造一个良好的工作、竞争环境，使各岗位员工的组合达到最优化。

(3)利用分班制。根据餐饮企业每日营业高峰和清淡时段客源的变化，供餐时间的不连贯及季节性显著的特点，可安排员工在上午工作几小时，下午工作几小时。在餐厅不经营或经营清淡时段可不安排或少安排职工上班，这样可节省劳动力。

(4)雇用临时工。为了节约开支，便于管理，餐厅需要有一支兼职人员队伍。事实证明，只要有一些固定工起核心作用，并对兼职人员稍加训练，餐厅经营活动就能正常运行，并不会影响服务质量。雇用临时工应尽量定时，在保证人力需要的同时，应注意进行技术培训，以保证服务质量。

(5)制定人员安排表。人力投入在很大程度上可以进行预算。人员安排表就是一种人力预算。它说明职工人数应随顾客人数的增加而相应增加，随着顾客人数的减少而相应减少。因此，餐饮企业必须根据自己的经营情况和所能提供的服务及设备条件，制定人员安排表，以适应餐厅经营活动的需要。

合理安排人员，就是从实际需要出发，科学地组织和调配人员，使人员的投入与产品的产出形成一个良好的比例。人员的合理安排，可以大大降低餐厅的劳动成本。

5. 提高工作效率

提高工作效率是降低人工成本的关键。餐饮经营管理者首先应认真研究整个工作过程中的每个步骤，改变操作规程，精简职工的无效劳动。其次，要不同程度地使用机械设备，厨房设备的机械化、自动化，改善食品的卫生条件，减轻体力劳动，提高劳动效率：①尽量使用自动化水平高的厨房用具。在保证质量的前提下，缩短切配烹调时间，减少工作人员。②电脑在餐厅中点菜、收银方面的应用，能缩短时间、提高工作效率。最后，应注重员工培训，提高员工服务技能，减少差错率、成本浪费和操作失误。

6. 控制非薪金形式的人工成本支出

具体应针对如下几个方面来实施：

(1)餐厅工作服管理。餐饮经营应掌握员工流动情况，做好工作服发放、回收工作。同时应注意选料、制作、保养、洗涤，以延长使用寿命。

(2)餐厅员工用餐控制。合理安排员工餐时间，尽量避开客人用餐高峰期，实行按定员定额发卡，尽量杜绝非工作人员用餐，减少浪费。

(3)人员流动控制。餐饮业的人员流动非常频繁，这是由餐饮业的特点所决定的，属正常现象。但餐厅职工的流失率过高，不仅会降低总体服务质量，还会增加人员招聘费用和新职工培训费用，影响工作效率，导致人工费用上升。所以管理者应尽量运用一些技巧，将乐趣带入工作中，激发员工的工作热情和信心，提高团队士气，有效地降低员工离职率，减少人员流动。

总之，有效地控制人工成本不单是为节省人工开支，而且也是为了提高员工素质和服务质量，使餐饮经营效益达到最佳。其工作重点应放在如何提高员工劳动生产率上。只有在单位时间内提高劳动产值和效益，人工成本才会得到有效管理。

思考题八

1. 餐饮成本构成有哪些？
2. 餐饮成本分类主要有哪些？
3. 餐饮成本核算方法有哪几种？
4. 什么是餐饮产品成本控制？其目的是什么？
5. 餐饮成本控制包括哪些工作步骤？
6. 分别对采购成本控制、库房成本控制、生产成本控制举例，说明成本控制的方法？
7. 如何进行餐饮人员人工成本控制？
8. 青鱼全身都是宝，其肝、肠都是美味，青鱼 100kg，宰杀后得鱼尾 25kg、鱼中段 40kg、鱼头 15kg、鱼肝肠 7kg；其余下脚料没有价值。各档净料价值比率分别为 30%、20%、10%、40%。请问这是餐饮原料加工成本核算的哪一类型？请计算出各档净料的单位成本。
9. 海天饭店厨房接到一宴会订单，订单主要内容是：

   宴会名称：寿宴　　举办单位：×××

   宴会标准：100 元/人　　出席人数：150 人

   宴会毛利率：热菜 50%、冷菜 60%、面点 70%　　酒水安排：酒水在外

   要求与禁忌：无　　开宴桌数：15

   另已知此宴分类菜点所占总费用比例为：热菜 85%、冷菜 10%、面点 5%。请核算宴会成本，并做出具体安排。

案例十　餐饮成本分析会

1994 年 3 月，南京金陵饭店总办内正举行一次餐饮成本分析会，会议由谭副总主持，与会者有分管财务的总经理助理、中菜与西菜部、财务、总务等部门的负责人以及中厨总厨师长、验货组主管和大堂经理等人。

年富力强的谭副总在会上首先发言："我店的餐饮不仅在南京市内享有盛誉，而且在全省乃至华东地区都有相当的知名度。我店是江苏省仅有的五星级酒店，省内最高档次的客人多下榻在这儿，所以我店的客房率一直居高不下。高客房率和红火的餐饮又起着联动的作用，每个'金陵人'既引以为自豪，又深感压力之大。"

谭副总的这番话绝无夸大之意，所以与会者听了频频点头。金陵饭店的餐饮

收入在全店营业收入中占30%,因此控制成本对于提高整个酒店的经济效益意义重大,但是由于酒店机构庞大,因此控制成本的工作十分复杂,决非一两个成本控制人员能够做得好的。

“这些日子餐饮促销如火如荼,所以店内外慕名前来品尝金陵美食的客人甚众,这样餐饮成本就比较难以控制了”。餐饮部一位负责人不无忧虑地说。“这就是饭店领导决定建立餐饮成本分析会制度的原因”。谭副总接着说道,“从3月份起,分析会每月召开一次,把成本控制的意识直接灌输给饭店的每一位管理者,让他们重视成本控制,并形成自觉行动”。

接着,财务部成本组作示范报告,从当月的营业收入、营业成本、营业费用、部门利润等4个方面作对比研究,有数据,也有分析,一清二楚,令人信服。然后,中、西菜部在财务部的具体指导下分别向出席会议者作成本分析报告。

第一次成本分析会取得了很大的成功。一些原先对成本控制不甚了解的管理人员,开始研究起如何降低成本来了。为了能在以后的成本分析会上向大家如实报告,一些新的制度纷纷出台。例如财务成本核算组每天必须做好日报表,月末累计综合成本率与当月的经营情况的成本率相差不得超过±2%,以制度形式规定核算组必须协助引导中、西菜部加强各餐的成本转账、标准成本卡的制作及酒水的控制和考核等。另外,验货组和物资采购供应部门还制订了关于成本核算的其他一些制度和奖惩条例。这些条例符合实际情况,行之有效。

随着经验的积累,成本分析会的质量越来越高,降低成本的对策越来越富有成效,取得的直接效果一次强似一次,每次分析会都有收获。1995年3月,第一次分析会后的一整年,又一次成本分析会在总经理办公室举行。会上,大家对西菜部璇宫自助餐菜肴所有的原料展开了讨论。原先全部采用进口原料,但实际上来璇宫用餐的客人中,内宾所占比例很大,进口原料制作的菜肴并不完全合他们的口味,结果是成本价高,客人还不感到满意。所以有人提出部分原料改用国产,既满足外国客人,又满足内宾,成本还可以大幅度下降。会上还有人对中菜部的原料提出综合利用的建议。经研究,一致认为切实可行。试行后,效果果然很好,中菜部的菜肴更加丰富,而成本也下降了。

思考题

1. 为什么酒店要定期进行餐饮成本分析会?
2. 你认为餐饮成本分析会应由哪些人员参加?
3. 餐饮成本分析应具备哪些信息和数据?

第九章

餐饮企业连锁经营

第一节　餐饮连锁经营概述

连锁经营作为一种最具活力的经营方式，在许多行业包括餐饮业得到了迅速的发展。对连锁经营企业来说，可以使企业实现低成本扩张；加盟连锁经营，则可以使加盟者的经营启动成本低于其他经营方式，并能在较短时间内收回投资并盈利，在选址、设计、员工培训、市场等方面，得到经验丰富的特许者的帮助和支持，使其运营迅速走向良性循环。本章主要立足于餐饮连锁企业的角度进行探讨。

一、餐饮连锁经营的概念和类型

(一)餐饮连锁经营的概念

一般意义上的理解，连锁经营是指直接或间接的控制或拥有两家以上的餐厅，在平等自愿、互惠互利、共同发展的原则下以相同的店名、店标，统一的经营程序和管理，统一的操作程序和服务标准来经营餐厅，从而取得规模经济效益。

(二)餐饮连锁经营的类型

在我国，连锁经营的类型主要有三种，即标准连锁、自愿连锁和特许连锁。而餐饮连锁目前主要采用标准连锁和特许连锁方式,前者是连锁经营的最初形式,而后者是目前最发达、最规范、发展最快的连锁经营模式。

1. 标准连锁模式

标准连锁,又称直营连锁,即总公司直接投资开设的连锁店。标准连锁具有资产一体化的特征,即每一家连锁分店的所有权都属于同一主体,归一个公司、一个联合组织或单一个人所有;标准连锁实行总公司统一核算,各连锁店只是一个分设销售机构,销售利润全部由总公司支配;标准连锁总公司与其下属分店之间的关系属于企业内部的专业化分工关系,所以在经营管理权方面基本上高度集中。各连锁店不仅店名、店貌等完全统一,经营管理的决策权,如人事权、进货权、定价权、财务权、投资权等也都高度集中在公司总部,总部为每个连锁店提供全方位的服务,以保证公司的整体优势。

标准连锁主要适用于零售业,特别是大型百货商店和超级市场。其主要原因是这类商业企业都需要巨额的投资和复杂的管理,如果采用特许连锁的方式来发展,管理的难度较大。在美国家喻户晓、销售额排名第一的沃尔玛百货公司及排名第二的凯玛特百货公司都采用标准连锁的方式。

标准连锁在市场竞争中体现出的主要优势是:能够通过大批量采购,大幅度降低经营成本和价格;可以统一调配资金、设备、商品及人员,有利于充分利用企业资金,提高经营效益;各连锁店可以将主要精力用在商品管理和改善服务上。另外,由于各连锁店不是独立主体,其关闭、调整和新店的设立、开张基本上属于公司内部的事物,受外界制约相对较少。因此,总公司对分店布局和新店开发具有较大的灵活性和方便性。但是采用标准连锁的方式,总公司一般必须有较强的经济实力,而且要能够处理好集中管理和分散经营的关系。

标准连锁对于想快速扩张的餐饮企业来说是不适宜的,虽然标准连锁所有权单一,易实行统一核算,易建立规范化的管理模式,但资金投入大、见效慢,其规模扩张易受资金、税收、地区法规等掣肘。

不过餐饮企业在实施连锁经营初期往往采取标准连锁模式,这是因为实施标准连锁是进入特许连锁的跳板,亦是最为稳妥的一种方式。通过标准连锁,餐饮企业可以不断地总结经验,完善各种管理体系;让自己的特色产品在市场中得以检验,并不断改进提高;打造自己的品牌,提升品牌知名度与美誉度等。这些都有利于下一步实施特许连锁经营。

2. 自愿连锁模式

自愿连锁的原意是自发性连锁或任意性连锁,因此自愿连锁也可称“自由连锁”、“志同连锁”等。自愿连锁实际上是一种横向发展的合约系统,既可以由某一批企业发起而组成批零一体化的合约关系，也可以由众多的零售企业联合组成一个具有采购和配送等功能的商业机构，为零售企业服务。前一种自愿连锁方式的功能比较单一，主要是通过合同来维持比较稳定的批零购销关系，后一种自愿连锁方式功能比较齐全，成员企业之间以及成员企业与总部之间的关系也比较紧密，是一种类似于特许连锁的自愿连锁方式。自愿连锁一般具有以下三个基本特征：第一，成员店的所有权、经营权和财务核算都是独立的，可以使用成员店各自的店名商标。但是，当自愿连锁店发展到合股建立一家能为成员店提供服务的商业机构时，使用不同店名商标的成员店将会转换成使用统一店名商标的连锁店；第二，总店或主导企业与成员店之间并不存在经营权的买卖关系，他们主要是靠合同和商业信誉建立一种互助互利关系，以达到规模经营的目的；第三，总店与成员店之间是协商和服务的关系。总店主要负责统一进货和配送，各店铺在核算、盈亏、人事安排、经营品种、经营方式及经营规模、经营策略上都具有很大的自主权。自愿连锁既具有连锁经营的规模优势，同时又能保持独立小商店的某些经营特点。因此，对于中小企业众多的地区来说，发展自愿连锁是比较合适的。自愿连锁具有较好的灵活性、转换性和发展潜力，可以逐渐发展成为独资连锁或特许连锁。但自愿连锁的缺点是统一性较差、决策迟缓、组织不稳定、受地域限制较大。

根据我国目前的状况，发展自愿连锁的难度较大，其中很重要的原因是缺乏持久的合作精神以及过多考虑局部的近期利益，当近期利益受到影响时，往往宁愿放弃合作所能带来的长远利益而偏好独立自主的经营。

自愿连锁的方式更适合于商业企业，餐饮企业如采用这种模式，很难把富有特色的菜点及服务很好地“复制”出去，充其量只能是一种采购和配货上的互助合作，产品与品牌的统一性并不强，因此并不是一种比较彻底的餐饮连锁形式。故餐饮企业不宜采取此形式。

3. 特许连锁模式

特许连锁又称合同连锁、加盟连锁。美国商务部规定，特许连锁是指主导企业把自己开发的产品、服务和营业系统（包括商标、商号、企业象征的使用、经营技术、营业场合或区域等），以营业合同的形式，授予加盟店在规定区域内的经销权和营业权。加盟店交纳一定的营业权使用费，承担规定的义务。

实际上，特许经营有两种基本形式：第一种是品牌或商号特许经营；第二种是经营程式特许经营。前者是最简单的特许经营方式，特许经营授权者只是把自己拥有的商号或商标的使用权出售给特许经营者，基本不涉及经营管理。在第二种经营程式特许经营中，特许经营授权者与特许经营者之间存在着更为密切的关系，特许经营者向特许经营授权者购买的是专长、经验和经营之道，特许经营授权者向特许经营者提供全方位的服务，包括选址、培训、提供产品、营销策划和帮助融资，其中最关键的要素是营销策略和计划、操作指南及统一的经营理念。特许经营者需缴纳先期加盟费，以后还要不断缴纳权利金。餐饮企业采取的往往是第二种特许经营模式。特许连锁具有以下特征：

资产独立性。即特许连锁店之间以及连锁店与总店之间的资产都是相互独立的。

实行独立核算。特许连锁店与其总公司都是独立核算的企业，特许店在加盟时必须向总公司一次性交纳品牌授权金，并在经营过程中按销售额或毛利额的一定比例向总公司缴"定期权利金"。

特许人和受许人之间的关系是平等互利的合作关系。所以，在经营管理上往往特许人和受许人之间一般不采用强制性的经营管理措施，特许人对受许人的管理主要通过：一是通过特许合同明确双方的责任和权力，规定双方的权利和义务，二是通过有效的服务、指导和监督来引导特许店的经营行为。因此，对特许连锁公司来说，最重要的是特许转让合同，并树立为特许店服务的观点。

采用特许连锁经营方式，对总公司、特许店及整个社会都具有明显的优势。对总公司来说，能以较少的投资达到迅速发展公司业务的目的，实际上具有融资的功能。同时，通过经营权的转让也能为总公司积累大量的资本，使公司的无形资产变为有形的营运资产，从而增加公司的实力和发展能力。对于投资者来说，尤其是那些具有一定资本，希望从事商业活动，但又苦于没有经营技术和经验的企业和个人，通过购买特许店就是一个很好的发展机会。一旦加盟，既可以利用总公司的技术、品牌和信誉开展经营，又享有总公司全方位的服务，所以，经营风险较小，利润较稳定。对社会而言，通过特许连锁方式来发展商业网点，不仅能够提高商业的组织化程度，而且也有利于中小企业的稳定发展。但若总公司片面追求品牌授权利润，大量发展特许店而又缺乏有效管理和强有力的服务能力，不仅会使企业形象受到严重损害，而且也会使投资者的权益受到侵害，最终将导致整个特许连锁系统的崩溃。

特许经营所涉及的行业类型相当多，几乎包括所有的零售业和服务业，餐饮业一直是特许经营的主力。就美国餐饮业而言，2000 年以前，麦当劳就有 2 万多家，是美国亦是世界上最大的特许连锁公司。

下面，我们将重点对餐饮特许连锁管理加以探讨。

（三）三种连锁模式的比较

三种连锁模式的比较见表 9.1。

表 9.1　三种连锁模式比较

	自愿连锁	特许连锁	标准连锁
总部与加盟店的资本所属	不同资本	不同资本	同一资本
总部对加盟店的人事权和直接经营权	无	无	有
总部的资金构成	全部由加盟店出资	加盟店持有部分股份	——
加盟店意见建议对总部的影响	大	小	——
加盟店的自主性	大	小	小
加盟店上交总部的指导费	5%以下	5%以上	——
总部与加盟店的合同约束力	松散	强硬	按公司规定
合同规定的加盟时间	以 1 年为单位	多为 5 年以上	——
总部机构人员	加盟店参与	专业人员组成	——

二、餐饮连锁经营的发展状况与未来趋势

(一)美国餐饮连锁发展状况

现代餐饮连锁源自美国,1952 年第一家经过特许加盟的方式被授权经营的肯德基餐厅在盐湖城建立,这便是世界餐饮特许加盟的开始,当然,世界上餐饮标准连锁肯定要早于 1952 年。由于特许加盟在规模扩张上的优势明显,对美国餐饮业影响巨大,此后,许多餐饮连锁企业纷纷涌现,陆续出现了一大批连锁企业著名品牌,除经营鸡肉类的肯德基,还出现了经营牛肉汉堡的麦当劳、汉堡王、温迪等,经营三明治的赛百味,经营比萨的必胜客,经营墨西哥食品的塔可钟等。值得注意的是,这些都是快餐品牌,快餐连锁是美国餐饮连锁最重要的业态。

就快餐而言,20 世纪五十六年代是美国快餐业高速发展的时期,到 90 年代以后,发展明显饱和,发展速度明显下降。到 20 世纪末,美国快餐业形势趋于稳定,其门店数达到 12.8 万个(限于美国国内)。据统计,2002 年美国快餐连锁前 10 强的国内门店数就超过 7 万个,可见美国快餐连锁规模大且集中度很高。

20 世纪七八十年代,美国快餐连锁公司纷纷实施国际化战略。1987 年 11 月 12 日,肯德基进入中国市场,是进入中国的第一个洋快餐品牌。随后,洋品牌纷纷抢滩中国,现在世界餐饮十大洋品牌都进入了中国。至 2005 年,肯德基在中国开店超过 1500 家,是中国最大规模的餐饮品牌。

外来连锁餐饮的进入,对中国本土餐饮是一个极大的挑战,同时亦是个极大的

机遇。因为它带来了先进的经营理念、经营模式和管理经验,使许多餐饮业界人士如梦方醒,其经营管理的示范作用、竞争激活、对供货商的促进效应及对人力资源的促进作用,这些对中国餐饮业连锁发展起到了积极的推动作用。

(二)中国餐饮连锁发展与未来趋势

与美国相比,中国本土餐饮企业实施连锁经营至少比美国晚了 39 年,直到 1991 年 7 月,上海才成立了我国首家中式快餐连锁公司,1992 年 4 月,改制为上海新亚快餐食品投资股份有限公司。从此,中国许多餐饮老字号、新字号纷纷采取连锁经营模式拓展市场、扩大规模,老字号如全聚德、东来顺、狗不理、广州酒家等,新字号如内蒙小肥羊、重庆小天鹅、江苏大娘水饺、兰州马兰拉面等都获得了成功,老字号借此重获第二春,新字号则生逢其时借机超越老字号,打造中国餐饮新品牌,其成绩更为显赫。当然在这一进程中,也出现了许多失败者,如上海荣华鸡、郑州红高粱、西安馋嘴鸭等。

据悉,2001 年中国餐饮百强企业(包括外来洋品牌)实施连锁经营的只有 41 家,到了 2005 年,中国餐饮百强企业几乎都采用了连锁经营方式。这些都充分表明了,连锁经营已成为中国餐饮经营发展的大趋势。

与美国相比,我国餐饮业连锁程度还很低。直到 2005 年,中国才开始了餐饮百强企业的评比,这百强企业包括洋快餐、中式快餐、中式正餐、火锅等业态。其中外资百胜餐饮集团以 1725 家名列榜首,中国本土品牌内蒙小肥羊以 716 家名列第二。中国快餐企业 10 强中,前四强分别为百胜、麦当劳、德克士和吉野家,都是洋品牌。可见,中国餐饮业连锁经营上,本土品牌的发展与洋品牌差距很大。

另外,中国本土餐饮连锁品牌实施国际化经营的还很少。如麦当劳实施国际化经营,现在已在 72 个国家开设了 25 万多家餐厅;肯德基在全世界 80 余个国家和地区开设了 1 万多家餐厅,反观中国餐饮连锁老大内蒙小肥羊才 716 家,其数量、层次等的差距有多大,一看便知。国际化发展是中国餐饮必须迈过的一道槛。

但是,差距与机会同在,现在中式快餐的连锁程度还很低,表明餐饮连锁还有非常广阔的市场;中式连锁餐饮国际化程度还很低,表明中式连锁餐饮的国际市场还非常大。只要努力,中式连锁餐饮的未来必定光明!

第二节　实施连锁特许经营的基本要求

餐饮企业如果要实施特许经营,必须事先练好内功,如打造特色产品,完善各种支持服务体系,健全管理制度,以及必要的人、财、物准备和经验,否则盲目扩张,失败在所难免。餐饮企业实施特许经营前,应做好以下几方面的工作:

一、产品与生产方面

(一)打造特色产品

一个餐厅有没有特色菜即招牌菜是很不一样的,能让大众接受的百吃不厌的特色菜,能吸引客人一次次地光顾,成为老顾客,特色菜是餐厅最好的"推销员"。特色产品打造,对于餐饮连锁企业而言尤为重要,因为没有特色产品,无法吸引客人,当然更无法吸引加盟商。

特色产品是餐饮连锁企业的杀手锏,每一个成功的连锁餐饮企业都有自己的杀手锏。麦当劳主打汉堡,肯德基主打炸鸡,特别是肯德基自称"世界炸鸡专家",而其炸鸡块外酥里嫩,让人吮指难忘,确有独到之处。中国新、老字号餐饮连锁企业,亦无不靠各自的特色产品有力支撑而大力扩张,如全聚德的烤鸭、天津狗不理的包子、上海丰裕餐厅的生煎馒头、重庆陶然居的香辣田螺、成都谭鱼头的鱼头火锅、广州食养坊的药膳靓汤等。

如果一个实施连锁经营的餐饮企业,打造出让大众百吃不厌的特色产品,就算成功了一半!如果特色产品除了美味之外,其背后还蕴含深厚的文化,那成功率就更高了。如韶山毛家饭店靠一个毛主席嗜食的红烧肉,成就了大业,值得我们借鉴与思考。

(二)先进、科学、标准化且可复制的产品生产管理支持体系

麦当劳公司为了确保所有麦当劳店都能提供品质一致的产品,采用中央计划制度。由总部设计训练计划,核准并监督供应商,配置自动机器和其他特别设计的设备,以及标准的规格和系统的检查制度。麦当劳在簿记、采购、员工和顾客相处,以及各个营业项目方面都有标准的程序,而最主要的就是用来生产并提供相同规格产品的装配线技术。麦当劳强调这些规格并非任意制造,而是积累了数年的经验和研究成果所得出的结论。麦当劳的加盟店可利用定期出版的公司刊物,将最新的经营信息及产品统一规格。

麦当劳的这种为生产提供标准规格产品的装配线技术,有人称之为"福特主义",即他们认为,连锁经营是模仿福特汽车生产程序的结果。福特在汽车生产中采取了流水线作业,把制造汽车的作业从一种不稳定的、时断时续的过程变为一种平稳的、川流不息的过程,使出产的千百辆汽车模式相同。这要求对流水线的每一个环节都实行科学的设计和管理,如果设计不合理或管理不当,一个环节出错,整个流水线将出现废品。这种"工作定型化"的逻辑是单纯、简洁而且具有强制性的。亚当·史密斯早为此逻辑奠定了基础,而弗里德利克·泰勒的"科学管理制度"更

进一步地使分工变得更细。将工作流程定型化除了可以使员工依照管理层的指示重复执行一定量的任务，增加工作效率外，还能使产品同质，更重要的是这种定型化的市场方式可强化管理阶层对整个企业的控制。餐饮连锁经营也是一种流水线作业，分工较细并且必须进行标准化运行，按统一模式进行快速复制。

福特主义对连锁餐饮企业影响深远，如产品的严格配方和质量标准，严密细致的分工与生产程序，尽量采用机械化作业以及相关的保证措施或管理制度等，在餐饮连锁企业中得到了普遍认同和实施。例如麦当劳对牛肉饼的要求是：直径 98.5 毫米、厚 5.65 毫米、重 47.32 克，试想仅仅靠手工是否能够实现？

二、原料采供方面

(一)严格的供货商选择与管理

现代餐饮连锁企业为降低成本，往往采取工业化分工方式，将许多产品或半成品的生产承包给各个供货商，而为了保证产品质量，餐饮连锁企业对供货商实施严格的选择与管理。

肯德基在这方面就做得很好，肯德基有对供货商实施评估的星级系统，它是一项专门针对供应商管理的全球评估体系，能够科学、严格、客观、公正地从五个方面对供应商进行评估。

质量：评估供应商提供安全、稳定、高品质产品的能力；

技术：评估供应商在技术改进和研究能力方面的水平；

财务：评估供应商财务状况和支持能力；

可靠性：评估供应商的诚信度及供应可靠性；

沟通：评估供应商与百胜的沟通系统和能力。

五个方面涉及的评估内容都非常细节化，而且可操作性非常强。例如，装有金属探测器的供应商，是否每小时都检查一次机器是否在正常运作，并有现场的记录说明他已经这样做了；面包的直径、高度，甚至内部的孔洞的大小是否合乎肯德基要求的标准；供应商是否有成文的系统和固定的管道与客户进行交流。每三个月到半年的定期评估和贯穿全年的随机评估，由公司的技术部和采购部以总分 100 分进行评定，年底的综合评分将决定供应商在下一年度中业务量的份额。

虽然苛刻了些，但对于供应商来说，肯德基这样严格的评估系统并不是为了淘汰供应商，而是“从源头起就对产品质量进行严格的管理”。从最初对供应商的筛选开始，到一步步的技术支持，一次次的培训，最终目的是要不断提高供应商的原料质量，从而保证肯德基能够始终为中国广大消费者提供安全、卫生、美味的快餐食品。

(二)完善物流配送体系

要保证餐饮产品一致,首先必须保证原料质量的统一。从目前的实践情况来看,要对加盟店的原料进行统一管理,比较好的一个办法是建立配送中心。

配送中心是连锁企业总部采购所需的原料物品,经过包装、分类、保管、价格和情报处理等作业,然后按照加盟店的需要,以令人满意的服务水平进行配送。

餐饮连锁企业配送中心的核心优势是规模效益,通过高度集中的采购与配送以及集中的库存行为,降低单位费用。对于特许连锁的餐饮企业来说,特许方通过配送中心保证特许制度的完善,而被特许方能够以较低的价格取得优质的食品原料,又可以增加特许权转让的诱惑力,从而使连锁店数量不断增加,配送规模不断扩大,形成良性循环。餐饮连锁企业实行统一采购、集中储备、集中加工,然后把加工后的原料和半成品送到各加盟点,使其稍作加工便可销售,可以更好地保证产品质量,降低产品成本,提高经营效率。配送中心通过聚集作用,把各个加盟店的分散进货转变为集中进货,由分散的小规模汇集成大规模,最终取得较低的进价并降低流通费用。配送中心还可以利用专业化的储运装卸设备和现代化的信息系统,使物流作业达到高效。

配送中心的工作过程主要包括以下几个环节:首先,根据各个加盟店需要的品种、数量组织采购;其次,根据各个加盟店的订货量、品种、时间进行选择与退货,存放在一个特定地点,按计划日期进行装车和运送。对于餐饮连锁企业而言,一定要实行定时定量申请,定时定量配送。为保证食品原料的鲜活,加盟店一般一天申请一次,原料的量应控制在当天消耗为宜。

三、重视企业形象设计

餐饮连锁企业必须实施科学规范的企业形象设计,并在每一个加盟店中进行复制,使加盟店不仅在外在表现上如招牌、门面、员工制服等得以统一,而且使每一位员工认同企业文化,使每一位员工的工作理念与行为得以统一。同时对公众亦产生影响。

(一)餐饮连锁企业的企业形象识别

餐饮连锁企业的品牌形象是通过企业形象识别系统(Corportation Identity System,CIS)来加以体现的。所谓企业形象识别系统,就是将企业经营活动以及运作企业经营活动的理念和经营哲学等企业文化,通过传播媒体来增进社会认同的符号系统。它是以商标为造型,以色彩设计为核心,将企业的经营理念、管理特色、社会使命感、产品包装风格及产销策略等,通过整体性营销传播对话尤其是视觉沟通技术，传达给企业的公众(包括员工、社会大众、政府机关、团体和个人)，使他们对企业产生一致的认同感和价值观，最终赢得社会大众及消费者的信赖与肯定。

从餐饮连锁企业形象识别系统的组成来看，它包括理念识别、行为识别、视觉识别三大组成部分。

1. 理念识别是企业的经营理念，也是企业识别的基本精神所在

完整的企业识别系统的建立，完全依赖于企业经营理念的确立。理念识别包括经营目标、精神标语、企业风格文化、经营哲学与方针政策等，其中精神标语是其具体的表征。麦当劳快餐连锁公司有一套明确独特的经营理念，那就是“Q、S、C、V”。Q：代表麦当劳严格的高品质管理。例如麦当劳规定汉堡出炉超过 10 分钟，炸薯条出锅超过 7 分钟，均不得再销售。S：代表麦当劳高品质的服务。从店堂装饰设施的舒适感和美感以及营业时间的设定、服务方式都是从顾客的角度出发来考虑的。服务人员主动热情、轻松活泼地与顾客交谈，并为顾客服务，让顾客有一个良好的心境都是麦当劳服务所必须具备的。这种轻松、热情的背后是极为严格的规定，如客人从选定食物到收到食物一般不能超过一分钟。C：代表清洁。麦当劳员工行为规范中有一条：“与其靠墙休息，不如起身打扫。”正因为这样，麦当劳的餐厅总是留给人们清洁的印象。V：代表了价值。它体现出麦当劳始终“提供更有价值的高品质的物品给顾客”的观念。在这样的企业理念指导下，麦当劳员工逐步形成了自觉的行为方式和优良的服务模式。整个服务活动直接体现出连锁企业理念的生命力和内涵。

2. 行为识别是一种动态的识别形式，它的动力源自理念识别

行为识别规划了企业内部的组织、管理、教育培训以及对社会的一切活动。从特许联营对加盟店的管理角度看，总部对加盟店的行为识别管理主要是通过经营手册、培训手册、市场营销手册、现场支持手册和质量控制手册制度为基础来进行的。

总部通过这些手册的制定，并通过手册对员工进行培训，对员工及加盟商进行督查与指导，使其行为得到规范，从而逐渐形成餐饮连锁企业独特的行为识别体系。

3. 视觉识别是静态识别符号，是一种具体化、视觉化的传播方式

通过组织化、系统化的视觉设计方案，向公众传播企业经营的信息。视觉系统的基本要素由企业名称、名牌标志、标准字体、标准色、象征图案、企业造型、宣传标语及口号等，应用于产品、包装、事务用品、办公用品、办公环境、设备、招牌、旗帜、建筑外观、室内装修、交通工具、制服、橱窗、广告及陈列展示等内容。视觉识别的感染力极强，而且十分具体。通过视觉识别，能够充分地表现企业的基本精神及独

特性,使消费者能一目了然地掌握所传达的信息,达到识别的目的。

(二)餐饮连锁企业实施企业形象设计的意义

1. 能最大限度地提升连锁餐饮公司的形象与知名度

现代的餐饮竞争已经进入了一个品牌竞争的时代,而品牌竞争本身主要是一个企业信息扩散的过程,因此要求企业把品牌信息和其他企业区分开来。企业识别系统包含了企业的各种信息,层面较广,表现方式最直接,因此可以取得较好的信息传播效果。餐饮连锁企业统一的形象管理,目的是要以各种不同的方式、在最广大的范围内给潜在的消费者传递信息,帮助他们认识熟悉餐饮连锁企业的名称、标识或者符号,最终使餐饮连锁公司产生稳定的消费群体和稳定的市场。餐饮连锁公司有计划的企业识别系统,还容易产生组织严谨、制度完善的认同感与信任感。所以,通过组织化、系统化、统一化的企业形象识别系统管理,有助于整个连锁体系的形象确立与知名度的提高。

2. 对员工起激励作用,创造良好的组织氛围

企业形象识别体系中一些应用要素,如制服、办公环境设计、企业标志、标准字体和色彩,具有很强的包装功能,能激励员工士气,提高工作效率,同时也能体现企业对员工的重视程度,增强员工在企业工作的自豪感以及对企业的认同感,最终创造出良好的组织气氛,充分发挥员工的积极性和创造力。

3. 提高广告宣传效果、增加销售额

餐饮连锁企业统一的形象管理和广告促销,能够增加企业传达信息出现的频率与强度,从而增加广告的效果。企业识别系统的统一性和系统化,无疑可以提升企业与产品的知名度,并产生倍增的扩散效果。

4. 统一形象管理可以节约制作成本

统一形象确立以后,各加盟店可以遵循统一的设计形式,应用在各种项目设计上。这样做一方面可以节省制作、设计时间与成本;另一方面又可以起到视觉统一的效果。对于连锁餐饮企业来说,如果由分散在各地的加盟店分别设计,就不可能发挥连锁企业的品牌优势和成本优势。

5. 增强股东、金融机构的好感与信心,便于融资

餐饮连锁公司统一的形象管理,本身是一种组织完善、制度健全的表现。因此,连锁餐饮公司统一的形象管理,不仅可以增强社会大众的好感,同时也会增加金融机构及投资方的信心。这样,对企业的融资能起到积极的帮助作用。

6. 有利于吸引人才

企业对人才的吸引力,在相当程度上取决于企业良好的实力形象和社会形象,因为吸引人才和减少人才的频繁流动,必须依赖于良好的企业形象。餐饮连锁企

业统一的形象管理，对稳定原有的职工队伍，培养和吸引新的人才，有着积极的作用。

7. 有助于内部管理

餐饮连锁公司统一的形象管理，能够使整个连锁体系的管理注重流程规范化、系统化、简单化。通过企业形象识别的统一管理，可以缩短新员工的培训时间，尽快使他们适应企业的工作，有利于内部管理。

四、重视品牌的打造

品牌，是企业形象的一种标志，它代表了企业的产品质量与特色，代表了企业的信誉等。一个产品有好的品牌，能使顾客放心购买或消费，甚至使顾客产生偏爱，所以，餐饮连锁企业必须打造良好的连锁品牌。良好的品牌能迅速提升连锁餐饮企业的形象与知名度，在一个高度信息化的社会，这一点尤为重要，消费者对品牌的认知能够使餐饮连锁企业产生稳定的消费群；良好的平台能增强股东、金融机构、加盟者的好感与信心，容易募集资金和吸引加盟者；同时良好的品牌也能提高广告效果，促使营业额增加。

对市场而言，餐饮连锁企业的品牌形象主要包括经营理念、企业行为和视觉识别系统。经营理念虽然包括了经营目标、精神标语、企业风格文化、经营哲学与方针政策等，但具体操作中主要应通过精神标语把这些内容具体的表现出来。如品质、服务、清洁、价值很好地表达了麦当劳的经营理念，使麦当劳员工逐步形成了自觉的行为方式和优良的服务模式。其整个服务活动直接体现出企业理念的生命力和内涵。如“微笑”也是麦当劳服务的一个特点，所有的员工都面带微笑地为顾客服务，在与顾客接触的过程中，这个形象自然会使顾客感到轻松、亲切。在视觉形象上，麦当劳的金色拱门像一把叉子，牢牢地叉住了千百万消费者的心。越是成功的连锁企业，越是容易被别人模仿和抄袭。良好的品牌形象代表的质量、特色和正宗，在相当程度上能够防止竞争者的日益模仿。

五、对加盟模式及加盟商的选择

(一)加盟模式选择

餐饮特许加盟主要有三种模式：

第一种是餐饮连锁企业只向已有店面并正在经营的加盟商提供品牌使用权并派驻厨师，这种模式由于缺乏对加盟商的管理与控制，不管是对加盟商还是餐饮连锁企业，往往寿命短暂。

第二种是餐饮连锁企业不仅授权品牌，而且在选址、开业、培训、原料配送等给予全面的服务与支持。如麦当劳等就采取这种方式。

第三种可称为“肯德基模式”。肯德基在中国的特许加盟是“不从零开始”的加盟,它是将一家成熟的餐厅转售给加盟者,加盟者不需要从零开始,避免了自行选址、开店、招聘、训练及管理员工的大量繁杂工作,加盟者轻松加盟,而且风险低、成功率高。当然这种加盟对加盟商的资金要求也是很高的。

(二)对加盟商的选择

餐饮连锁企业应重视对加盟商的选择,因为并不是所有的愿意加盟者都适应这一行,一个能力缺乏的加盟者可能导致加盟店的失败,这将大大影响连锁企业的声誉及其他加盟店的生存。所以对加盟商的选择,不仅是对加盟商负责,亦是对连锁企业负责。

一般对加盟商都应有思想品质、经历、学历、能力、财力等方面的要求。如肯德基就要求加盟商必须具备企业家精神,在相关行业中有很好的企业人员管理的经验,没有犯罪和破产的纪录,有大专以上的学历,愿意从事服务行业的经营管理,有足够的资金等。这些都是为了保证加盟者的成功率。

六、完善的培训和指导体系

(一)完善的培训体系

餐饮连锁企业应特别重视培训工作,因为连锁企业跨区域甚至进行国际化扩张,加盟商及员工的生活背景、习惯不同,素质亦参差不齐,如果没有强有力的培训支撑,实施企业形象统一的工作将大打折扣。加强培训工作,首先必须做好培训体系的建设。

培训体系,主要是建立培训队伍,编写培训教材,针对不同的对象制订合理的长期的培训计划等。

中国百胜在中国特别建有适用于当地餐厅管理的专业训练系统及教育基地。自 1996 年专为餐厅管理人员设立的教育发展中心成立以来,每年为来自全国各地的数千名肯德基、必胜客的餐厅管理人员提供上千次的培训课程。中心里备有先进的视听设备及一流的培训教材。各种培训课程包括品质管理、产品品质评估、服务沟通、有效时间管理、领导风格、人力成本管理、团队精神等。

从见习助理、二级助理、餐厅经理到区经理,每一次职位的升迁都有不同的培训发展课程,在学习中,餐厅管理人员结合实践经验和理论知识,并根据自己的经验提出新的建议,从而进一步改正和完善培训教材。据了解,肯德基最初的培训课程来自于国际标准的范本,但最主要的是来自于当地资深员工的言传身教及对工作经验的总结。

近年来随着肯德基、必胜客的飞速发展，公司员工正逐年增加，中国百胜餐饮集团每年都不断开发新的培训教材，基本每两年就要对旧有教材进行重新审定和编写，可以说，每一位参加教育发展中心培训的员工都既是受训者，也是执教者。

中国百胜不仅重视加盟商、各店员工、职能部门员工的培训，甚至对供货商亦实施培训。

肯德基公司的技术部和采购部在以“星级系统”完成每年对供应商的各项评估的同时，也针对供应商们各自的弱点和不足进行相应的培训，从而把餐饮业的国际标准质量要求带给肯德基的供应商。技术部主要负责技术转移，比如对各家禽厂家推行养殖技术中“公母分饲”技术、鸡肉深加工技术、分阶段屠宰技术等；采购部则经常拜访供应商，积极举办交流会，安排一些经验不足的小型企业参加有经验的大型供应商的交流会，从中扶持小型供应商的发展。

(二)必要的督查和指导体系建设

餐饮连锁企业制定了严格的产品与服务标准，实施了必要的培训计划，但要保证出品与实际服务的质量，还必须有严格督查与指导的工作。随着加盟店的不断增加，这个工作就显得愈加重要。

七、必备的加盟合约和手册准备

(一)加盟合约

加盟合约是规定总部与加盟店的关系以及加盟权利义务的法律文件，也是特许经营这种业务发展形式的基础。对特许人而言，所授权的内容是特许制度的根基，是特许体系得以发展的依据。如果没有加盟合约对之进行约束和保护，一旦一家加盟店经营失败，整个体系的发展就会严重受挫。对受许人而言，加盟合约规定了特许人收取的特许费金额，并保证特许人全套经营技术的提供。

加盟合约的主要内容包括如下方面。

1. 经营区域限制

合约内应写明特许人授权的区域独占权，即在该区域内不再指定其他受许人或特许人自己经营业务；特许人不将其生产的产品或其商标交与受许人所在区域的第三方使用；受许人可被限制在合约中指明的场所进行营业活动；在特许人的同意下，受许人可以改换其营业场所；禁止受许人去授权区域外吸引顾客，但不得要求受许人拒绝向主动前来的区域外顾客提供服务；总受许人应被禁止在其区域外销售特许权。

2. 产品要求

受许人销售和使用符合特许人制定的最低标准的产品和服务；销售和使用权由特许人制造的产品和服务；销售和使用指定第三方生产的符合特许人标准的产品和服务；尽其最大努力销售产品；为其提供的产品和服务作出保证。

3. 竞　争

受许人不得制造、销售和使用特许人竞争对手的产品；为了保护特许人的权利，或特许体系的整体形象和声誉，受许人不得直接或间接卷入某一区域的相似经营活动，此项活动将面临与体系内的其他受许人或特许人本身的竞争；为了保护特许人的权利，或特许体系的整体形象和声誉，受许人不得接受体系竞争对手的财务资助，以避免竞争对手对受许人的行为施加影响。

4. 经营诀窍

受许人在合约期间和合约中止以后，不得为除开发特许权以外的目的使用经营诀窍，但当此经营诀窍成为常识后则不在此限；受许人在合约期间和合约中止后，不得向第三方泄露此经营诀窍；要求受许人的员工保守经营诀窍的秘密，受许人应告之员工必须忠于职守。

5. 其　他

特许人必须促使受许人明确指出受许人作为独立经营者的地位；为了保护特许人的权利，或特许体系的整体形象和声誉，受许人需要为体系的广告活动作出贡献，并只在经过特许人认可的方式下开展自己的广告活动。

（二）加盟手册

特许人把加盟手册提供给受许人作为其今后业务经营活动的指导。加盟手册中包含以书面形式提供的经营特许业务的详细手法，包括日常经营业务所需的各个细节方面的指导资料。

1. 特许体系的简介

介绍本公司的发展历程、发展前景、加盟方法和管理制度。简单介绍业务的基本特征和经营哲学，指出受许人对特许人的期望和特许人对受许人的期望。

2. 业务体系介绍

详细说明业务体系的各个细节。例如业务如何建立及业务的各个组成部分如何相互配合。

3. 设　备

专门说明业务经营所需的设备，详细解释设备功能及操作方法。提供设备供应商及维修商的资料。

4. 经营指令

营业时间；交易方式；员工工作安排；标准工作形式和服务程序；对员工仪表的要求，如对员工容貌、着装及个人卫生的要求；员工培训方法及程序；员工招聘和奖惩制度；定价政策；采购政策、交货安排及食品原料存放规定；餐饮产品质量标准，如菜点配方、菜点制作方法和程序、菜点份额；员工职责规范；受许人应采用的会计方法、内容和程序；现金和信贷管理程序；地方性广告、促销和公共关系活动；对营业场所风格的要求及使用特许人商业符号及服务标志的方式；废物处理、夜间经营、噪音和停车等问题；顾客投诉处理程序等。

5. 标准形式

提供对上述各项的参考样本，如员工的劳动合同、要求员工保守商业机密的合同、经营中所需的各种与顾客有关的合同。

6. 特许人信息

特许人信息包括特许公司人员构成，及其与受许人直接联系的部门、人员信息。

第三节　特许经营持续发展应注意的问题

一、本土化战略

餐饮连锁企业跨区域甚至国际化经营，应注意实施本土化战略。本土化战略内涵很广，不仅仅是指招聘当地人做管理者和员工，也不仅仅是产品的本土化改良，还包括原料的本土化改造。如麦当劳进入中国市场之前（即 1984 年），麦当劳的土豆专家到中国考察土豆，4 年多才在承德培育出符合要求的土豆品种。可见，为实施原料的本土化供给，麦当劳下了许多精力和财力，但这种付出是值得的，这使原料成本大大降低。据悉，号称“美国快餐之父”的艾德熊进入中国北京开展连锁经营业务，但很快就关门大吉了，其失败原因有很多，其中许多产品由于无法实施本土化制造而必须从美国进货，造成成本的增加，甚至由于货运不畅导致缺货亦时有发生，这对艾德熊的经营带来了麻烦。

现在本土化战略还在进一步深入，如肯德基自 1987 年进入中国后，就不断探索、学习中国社会与市场，逐步打造具有中国特色的管理模式。

本土化战略使餐饮连锁企业的异地加盟店迅速融洽地融入当地人们的生活之中，而且使加盟店及连锁企业更具竞争力。

二、产品战略

(一)技术壁垒

餐饮连锁企业对自己的特色产品必须进行技术壁垒的保护措施，这不仅能够保持企业的技术优势，而且能防止竞争者抢占市场。

特色产品的技术壁垒设计主要有两种方式，有些产品有秘密配方，可以将配方妥善保管，实际操作配制工作由自己个人完成。肯德基家乡原味鸡的调味配方就是由创始人桑德斯上校用 11 种香料、调味品配制而成的，现在仍被藏在美国某个安全的地方，而实际的调料配制工作由计算机完成，达到了很好的保密效果。

有些产品的生产过程中的操作有诀窍，可以通过设计专门的设备进行全部或部分机械作业，使设备将一些关键的操作过程加以隐蔽，或者通过详细的分工，使每一员工只知道其中一部分操作，以达到保密的目的。如北京金三元的“扒猪脸”一菜烹制实施机械化电脑控制的作业，就是一个典型的例子。

(二)重视产品创新

餐饮连锁企业产品要不断创新，否则跟不上当地的“食尚”潮流就很容易被淘汰出局。产品创新是总部对加盟店服务支持的重要任务之一。

麦当劳、肯德基在中国市场就实施了标准食品加本土化食品的战略，一些重要的产品保持不变，而一些产品进行本土化改良或开发本土化新产品。希望以中国味吸引客人，留住客人。如麦当劳推出中国风味的馅饼，肯德基推出“脆笋煲老鸭”、“芙蓉鲜蔬汤”等都是传统的中国特色。另外，肯德基针对中国人冬天喜食热制蔬菜的特点，2004 年冬天首次推出此品牌的第一款热蔬菜。

三、沟通与控制

餐饮连锁企业必须加强与加盟商的沟通，一是要确立自己的信任度，当他们遇到困难时要及时帮助解决，只有总部首先向加盟商伸出援手，才可能有日后当总部面临难关时，加盟商对其不离不弃，携手共进；另一方面，总部也必须善于倾听加盟商的意见，这有利于其开发当地资源。因为最先发现潜在问题、消费者需求改变以及竞争压力的，决不是总部，而是当地的加盟商。只有认真听取他们的意见才可能及时应对市场变化。而事实上，现在有越来越多的餐饮连锁企业通过组建受许者顾问团来加强网络中的沟通，顾问团普遍参与企业的营销、产品开发和战略指导，对总部提出许多有价值的建议，其中最著名的例子是麦当劳的标准产品——巨无霸汉堡包，就是根据加盟商的建议和尝试推广到整个网络中并获得成功的。

总部在加强与加盟商的沟通的同时,还必须加强对整个体系的控制。如果对体系不能实施有效控制,那么即使他通过沟通知道了应如何调整,也不具备能将这些调整推行下去的能力。所有加盟店的一致性,是以总部的有效控制为前提的。目前,我国许多加盟商擅自更改菜单,而总部却无力约束的现象常有发生。就是仙踪林也曾出现过分店因红茶销售不佳而添加销售啤酒的行为,直至总部以中止合同相威胁,才得以解决。所以一个成熟的特许体系应是沟通和控制并重,总部必须具有权威和行动力,才能确保经营策略在所有加盟店中贯彻实行。

四、多方共赢的战略

餐饮连锁企业应与供应商、加盟商等建立命运共同体的关系,相互依赖,相互促进,共同发展。如果供货数量、质量没有保证,或者总部缺乏服务支持,或者加盟商三心二意,只要有一个环节出了问题都会对加盟体系造成影响。

在这个命运共同体中,餐饮连锁企业占据主导地位,一个想长期发展的餐饮连锁企业应主动通过各种方式与供货商、加盟商结成命运共同体。肯德基非常重视供货商与加盟商的选择、培训与管理控制,都充分体现了这种主动性和积极性。现在,经过十几年的中国本土化发展,肯德基的发展带动了中国几百家原料供应商的发展,其中有的已成为全国知名企业,这些企业已经与肯德基紧紧联在了一起。而肯德基现在在中国已开设 1500 多家,每年以开 71 家的速度不断扩张,而良好的经济效益得到了许多有意加盟者的追捧。肯德基的发展不可估量。

思考题九

1. 餐饮连锁经营概念?
2. 餐饮连锁经营的类型?
3. 中国餐饮连锁发展的趋势?
4. 实施餐饮特许经营的基本要求?
5. 餐饮特许经营持续发展应注意哪些问题?

案例十一 “艾德熊”败走京城

“艾德熊”号称“美国快餐之父”,1996 年北京爱得威公司从美国引进“艾德熊”快餐品牌,在北京实施连锁经营。很快在京城开出了 8 个餐厅,但是在 2003 年,爱得威公司宣布倒闭，各个餐厅亦纷纷关闭。

艾德熊，1924年在美国建立，1960年开始海外代理业务，至今全球已有1000家连锁店。这个著名的洋快餐品牌为何倒在了北京？

一、并非品牌之过

艾德熊是1996年进入中国的，比麦当劳、肯德基晚了许多年，如果说与这些占领市场的洋快餐相比品牌过于趋同，其失败倒也情有可原，而事实上，艾德熊有自己的品牌优势，以及他人无法效仿的"秘密武器"。相对其他快餐一贯标榜的更新与时尚，艾德熊代表着正宗的美国传统风味，而且有许多其他快餐店没有的招牌食品，如各种各样的热狗，具有传奇色彩的饮料"乐啤露"等。而且艾德熊的就餐环境比麦当劳、肯德基更有风格和品位，从而受到了许多20岁左右年轻人的追捧，这些都表明艾德熊与麦当劳、肯德基等有着较大的差异。

二、并非选址有误

北京的8家店都在闹市区，如当代商城、燕莎、友谊商城、木偶剧院、城乡贸易中心、北京站对面的恒基中心……

三、亦非管理人员素质太差

爱得威公司曾有豪华的管理阵容，许多高层都是"海归派"。

但是自2000年底开始，爱得威公司就开始拖欠特许经营费，至2002年1月，爱得威公司代理经营艾德熊的经营合同被美国爱德熊总部终止。其间，还拖欠员工工资、供货商贷款、房租费、水电费等，从而最终走到破产的边缘。因为合同终止和贷款拖欠，使一些原料断了档，如灵魂产品"乐啤露"被自制的"多果露"所取代，失去了一大批老顾客。加之员工工资被拖欠，工作无激情，艾德熊终于走到了尽头。

究其失败的原因有很多，主要在于以下方面。

（一）盲目扩张，造成资金链断裂

爱得威公司在京开的8家店都是在1996至1999年开设的，此后就再无新店面市。有专家认为，根据随后出现的欠费情况看，这是公司由于盲目扩张造成资金链断裂所致。

（二）发展方向失误

艾德熊有自己的风格与品位，受到许多年青人欢迎，但是北京艾德熊在经营上并没有坚持这一差异化路线，反而逐渐跟风麦当劳和肯德基，推出鸡翅类产品，走儿童市场的文化定位，但它在品牌知名度和推广力度上却又远远无法与麦、肯相比，竞争力极为有限。

（三）对好品牌认识的偏差

应该说，选择一个口碑良好、管理成熟的品牌，是特许经营中加盟商首先应考虑的，有了强大的品牌支撑，就好比不会游泳的新手有了一个质量优良的救生圈，可助其前进，甚至乘风破浪，但是始终学不会游泳，始终依靠救生圈随波逐流，则好品牌也不会给你带来成功。对好品牌功能的过高估计，使爱得威公司认为有了好品牌就能成功，于是一开始就盲目扩张。而且在2001年，艾德熊品牌的特许加盟商缪希在接受国内一家杂志采访时，还表示："30年内在中国开10000家分店"、"未来三年之内在海外二板市场上市"等。甚至在美国总部的合同终止之后，爱得威公司仍然使用艾德熊品牌，而产品已经面目全非。这些都表明了爱得威公司对品牌的崇拜，大大忽视自己能力的发挥，只想用品牌的动力来取代稳扎稳打、艰苦务实的成长过程，想用品牌的光辉来文过饰非。

爱得威公司的破产倒闭与美国总部的管理落后亦有关系，由于缺乏本土化的原料配送，成本较高，加之总部对各种费用的索取，对代理商缺乏管理与指导等都有一定关系。2005年百胜以3.2亿美元低价收购了艾德熊，百胜将如何收拾中国的这一败局呢？

思考题

如果你是艾德熊的北京代理商，你将如何开发中国市场？

附录一

2009年中国餐饮企业百强排名与分析报告

2010年5月24日，中国烹饪协会和中国商业联合会、中华全国商业信息中心联合发布了2009年度中国餐饮企业经营业绩调查统计信息，公布了2009年度中国餐饮百强企业报告。

一、2009年中国餐饮企业百强排名

1. 百胜餐饮集团中国事业部
2. 美心食品有限公司
3. 内蒙古小肥羊餐饮连锁有限公司
4. 内蒙古小尾羊餐饮连锁股份有限公司
5. 上海锦江国际酒店股份发展有限公司
6. 天津顶巧餐饮服务咨询有限公司
7. 重庆陶然居饮食文化(集团)有限公司
8. 重庆德庄实业(集团)有限公司
9. 中国全聚德(集团)股份有限公司
10. 重庆市毛哥食品开发有限公司
11. 味千(中国)控股有限公司
12. 苏州迪欧餐饮管理有限公司
13. 内蒙古草原牧歌餐饮连锁股份有限公司

14. 重庆骑龙饮食文化有限责任公司
15. 深圳市麦广帆饮食策划管理有限公司
16. 重庆秦妈餐饮管理有限公司
17. 真功夫餐饮管理有限公司
18. 北京合兴餐饮管理有限公司
19. 浙江凯旋门澳门豆捞控股集团有限公司
20. 北京东来顺集团有限公司
21. 狗不理集团股份有限公司
22. 重庆孔亮饮食文化有限公司
23. 浙江两岸食品连锁有限公司
24. 重庆东方莱根香餐饮连锁管理有限公司
25. 重庆巴将军饮食文化发展有限公司
26. 重庆奇火哥快乐餐饮有限公司
27. 重庆五斗米饮食文化有限公司
28. 成都谭鱼头投资股份有限公司
29. 小南国(集团)有限公司
30. 北京华天饮食集团公司
31. 四川海底捞餐饮股份有限公司
32. 顺峰饮食酒店管理股份有限公司
33. 广州酒家集团股份有限公司
34. 大娘水饺餐饮集团股份有限公司
35. 净雅食品集团有限公司
36. 广州市绿茵阁餐饮连锁有限公司
37. 绍兴市咸亨酒店有限公司
38. 河南一尊实业有限公司
39. 北京湘鄂情股份有限公司
40. 浙江五芳斋实业股份有限公司
41. 索迪斯中国
42. 北京市金汉斯餐饮连锁管理有限责任公司
43. 浙江向阳渔港集团股份有限公司
44. 永和大王
45. 重庆家全居饮食文化有限公司
46. 中快餐饮集团

47. 成都味道江湖菜餐饮娱乐管理有限公司
48. 重庆苏大姐餐饮文化有限责任公司
49. 温州云天楼实业有限公司
50. 河南百年老妈饮食管理有限公司
51. 安徽包天下餐饮管理有限公司
52. 厦门市舒友海鲜大酒楼有限公司
53. 重庆和之吉饮食文化有限公司
54. 山东银座旅游集团有限公司
55. 武汉市小蓝鲸酒店管理有限责任公司
56. 成都大蓉和餐饮管理有限公司
57. 四川省成都市饮食公司
58. 广州市越秀区鸿星海鲜酒家
59. 重庆市武陵山珍经济技术开发有限公司
60. 宁波市来必堡餐饮有限公司
61. 大连亚惠美食专门有限公司
62. 北京首都机场餐饮发展有限公司
63. 福州佳客来餐饮连锁有限公司
64. 上海老城隍庙餐饮(集团)有限公司
65. 厦门豪享来餐饮娱乐有限公司
66. 宁波石浦酒店管理发展有限公司
67. 上海世好餐饮管理有限公司
68. 宁波市海曙顺旺基餐饮经营管理有限公司
69. 上海丰收日(集团)有限公司
70. 慈溪市阳明餐饮有限公司
71. 宁波海曙新四方美食有限公司
72. 呷哺呷哺餐饮管理有限公司
73. 深圳市嘉旺餐饮连锁有限公司
74. 深圳面点王饮食连锁有限公司
75. 成都三只耳火锅连锁有限公司
76. 成都市皇城老妈酒店管理有限公司
77. 长沙饮食集团有限公司
78. 上海和记餐饮管理有限公司
79. 青岛良友饮食股份有限公司

80. 宁波华必和餐饮管理有限公司
81. 成都巴国布衣餐饮发展有限公司
82. 常州丽华快餐集团有限公司
83. 武汉市亢龙太子酒轩有限责任公司
84. 四川卞氏菜根香泡菜餐饮有限责任公司
85. 北京眉州酒店管理有限公司
86. 杭州许府老山东餐饮有限公司
87. 北京老家快餐有限责任公司
88. 上海美林阁餐饮经营管理有限公司
89. 如一坊餐饮文化管理有限公司
90. 杭州新开元大酒店有限公司
91. 南京大惠企业发展有限公司
92. 河南阿五美食有限公司
93. 成都老房子餐饮管理有限公司
94. 上海齐鼎餐饮发展有限公司
95. 南昌独一处寿福城餐饮有限公司
96. 康帕斯配餐服务(中国)有限公司
97. 长沙长福餐饮服务有限公司
98. 深圳市老乡村餐饮管理有限公司
99. 河北大胖饮食管理有限公司
100. 权金城国际餐饮管理(北京)有限公司

二、2009年中国餐饮企业百强分析报告

调查显示,2009年度我国餐饮百强企业营业额为1249.73亿元,相比2008年度餐饮百强企业增长22.6%,占全国住宿餐饮业零售总额的6.94%。2009年度我国餐饮百强企业资产总额447.37亿元,利润总额超过100亿元,从业人员约100万人。其主要呈现出以下新变化和新特点:

(一)餐饮百强营业额规模增速明显加快

虽然受金融危机的影响,2009年餐饮业的营业额增速放缓,但餐饮百强营业额规模却明显增速加快。

1. 餐饮百强营业额增速快于2008年20.1个百分点。

2. 入围百强门槛大幅提高。2009年入围百强的门槛由2008年的2.36亿元提高到2.95亿元,增长25%,增速比2008年提高16.5个百分点。

3. 占全社会住宿餐饮业营业额比重有所提高。2009 年餐饮百强营业额占全社会住宿餐饮业营业额的 6.9%,比 2008 年提高 0.3 个百分点。

(二)企业发展差距逐渐拉大

在金融危机的冲击下,餐饮企业在竞争中逐渐拉大差距,形成多层级的发展态势。

1. 新入围企业多。2009 年度百强企业中有 32 家新面孔。

2. 营业额增长速度差距大。与全社会餐饮业营业额 16.8%的同比增长速度相比,2009 年度百强餐饮企业中,有 45 家企业营业额增幅超过这一平均水平,其中 3 家企业营业额增幅超过 100%,7 家企业营业额增幅超过 50%,24 家企业营业额增幅超过 30%,有 6 家企业营业额出现了负增长。

3. 前十强市场份额集中度高。百强企业中有 26 家企业的营业额超过 10 亿元。其中前十强的龙头企业的营业额达到 633.61 亿元,占百强营业额的 50.7%。

(三)保持三种业态鼎立的错位发展态势

2009 年百强企业中,餐馆酒楼、火锅、快餐类企业占据了百强 8 成的江山。餐馆酒楼保持超过 20%的增长速度。但是从营业额和增长速度来看,快餐与火锅类企业的发展更加抢眼。

1. 快餐类企业营业额占百强比重超 4 成。

2. 超大规模的火锅企业多。2009 年餐饮百强中,火锅类占百强营业额的 26.30%,营业额达到 319.21 亿元。

3. 休闲餐饮发展迅猛,其营业额的增长速度远远高于百强中其他经营业态,增幅超过了 50%。

4. 西式正餐和其他(团膳)类企业正常增长,分别达到 23.26%和 11.44%。

(四)盈利能力低位徘徊

从盈利能力来看,餐饮行业的盈利能力依然不高,行业发展正逐步进入微利时代。

1. 2009 中国餐饮百强企业的平均利润率为 10.43%,低于 2008 年的水平。

2. 成本费用增速快于营业额增速。虽然因为受金融危机影响,餐饮企业各项成本费用有所下降,但总体上成本费用增速高于营业额增速。

3. 人工成本依然是整个营业费用中比重最高的项目。从费用投入的增幅来看,广告费用的增幅最大。

(五)连锁经营成为餐饮业发展的大趋势

1. 93%的企业实行连锁经营。

2. 餐饮企业因地制宜选择最佳的连锁路径。

(六)地域集聚特征明显,走出去步伐加快

1. 百强餐饮企业地区发展不均衡。华东、华北以及西南地区依然是我国餐饮市场最繁荣的地区,营业额同比增长幅度也很高。

2. 百强餐饮企业的城市集聚性特征明显。从百强企业的城市分布来看,浙江、重庆、北京、上海依然占据着百强企业省市排名的前四位。四川省百强上榜企业首次达到10家,排名第5位。

3. 百强企业"走出去"步伐逐渐加快,在2009年度餐饮百强企业中,有13家企业在海外开设了40家门店,它们为弘扬中国传统文化作出了重要贡献。

(七)企业成长具有明显的生命周期特征

2009年,百强餐饮业营业额增长速度与企业成立年限之间依然存在着负相关关系,这种趋势已经自2005年以来,持续了5个年头,随着成立年限的增加,其营业额的增长速度也趋于缓慢。

附录二

餐厅开业办证流程

申请开餐馆需要前置审批，即在工商部门拿到营业执照前，必须先得到卫生许可证和环保部门的排污许可证。

以个体工商户开一家小餐馆为例，具体程序是这样的：先拿身份证原件及复印件到当地工商所登记名称，记住这只是登记一个名称，还没到申领工商营业执照的时候。因为在领取工商执照之前，必须先到辖区内的环保部门和卫生监督所申领排污许可证和卫生许可证。

排污许可证的申领：先到辖区环保局办证处申请，受理后，工作人员会上门去检查指导。领取排污许可证的两个必须条件是：楼上不能有居民住宅；污水要能纳入市政污水管道。上门检查的工作人员会根据营业面积的大小来决定装何种抽油烟机。自己买的家用抽油烟机或者环保没有认可过的抽油烟机都不行。办证处的工作人员提醒：在决定租下一个店面或是装修之前，最好向环保部门咨询一下。比如，有的店主在开店装修时，排烟口或厨房的窗口正好对准了后面的住户，即使管理部门一时不知，后面的居民还是会去投诉，最后往往得再花钱调整。

卫生许可证的申领：找到辖区内的卫生监督所申请受理，接着要让餐馆从业人员进行健康检查、接受食品卫生知识培训。在检查和培训合格的前提下，主要看以下几方面：一是卫生设施是否完备，主要指消毒、清洗设施。二是加工场所和营业场所面积比例是否达到。不同地段的餐馆，比例要求会不一样，事先咨询还是必要的。

工商营业执照：拿到这两个证后，就可以凭这两个证及相应的房屋租赁证明、身份证，去工商所申请领取工商营业执照了。

按照规定，在开业之前，还需要向消防部门进行消防申批，这需要在装修的时候就向所在辖区申请。

税务登记：自领取营业执照之日起30日内，要向当地税务局申请领取地税税务登记号。要带上营业执照的副本及复印件以及经营者的身份证。个体工商户开的小餐馆，要交5%的营业税。另外需交城建税、教育附加税，税额是营业税的11%，还有一部分其他的税额，所占份额非常小。

附录三

中国药膳餐饮大众化发展的可行性探讨

药膳是什么？加了中药材的菜肴就是药膳，这是很普遍的对药膳的一种误知误解。其实，药膳不是指某一菜肴，而是指对某一病症的整体解决食疗食养方案，这样理解可能更为准确。

对药膳的误知误解，加上伪药膳的盛行，严重破坏了中国的药膳餐饮市场，甚至使其经营的方向出现了严重的偏差，走向了不归之路，前景黯淡！

中国药膳餐饮的出路到底在什么地方，下面将对此作一简单的探讨，希望能对其健康发展有益。

一、中国药膳餐饮的出路何在

(一)药膳怪论——人为的市场压缩

很多人，包括餐饮业界人士，对药膳缺乏真正的了解。对药膳的误知误传大致有两种：

一是药膳中药材论，只有加了中药材的菜肴就是药膳，只有加了中药材的菜肴才是药膳。所以许多餐厅将凡是加了中药材的菜肴都名之曰药膳，并以之标榜，招摇于市。殊不知，药食同源，我们现在吃着的许多食物都源自于药，都有四性五味。感冒了喝的姜汤，夏天炎热喝的绿豆粥，这些难道不是药膳吗？

二是药膳高贵论，因为加的中药材往往是高档的人参、鹿茸、海马、虫草、燕窝，制作费工费时，价格昂贵，所以药膳是有钱人的专利，不是普通大众所能享受得到的、享受得起的东西。于是，一些所谓的药膳餐厅往往以名贵的药材相夸饰，吸引人们的眼球。在高贵论者眼里，治咳嗽的陈皮炒鸡蛋，治脾虚、失眠、心悸等症的茯苓饼（北京名点），在他们眼里是算不得药膳的，也是不屑于制作的。

药膳加中药材论，把药膳餐饮的菜点挤压到狭窄的空间；药膳高贵论，将药膳餐饮市场狠狠地压扁。中药材价高，制作复杂，人员素质要求高，药膳不是一般餐厅做得了的，也不是一般人消费得起的。在京城，一些药膳餐厅，由于价位高，加之又是所谓的药膳，完全依靠那些成功人士的光顾显然不行，于是嫁接旅游餐饮，与旅行社等合作，接待起了旅游团队、会议团队。药膳餐厅早已自甘沉沦。药膳餐饮不是不可以与旅游结合，但是这种与旅游的结合就很不恰当也很不科学了，它标志着京城的药膳餐饮已经穷途末路！

（二）伪药膳的市场毁坏

由于对药膳的无知，我国真正称得上药膳餐厅的，凤毛麟角！严格地说，现在我国所有有点规模，有点名气的药膳餐厅，经营的都不是药膳，充其量只是一种特色菜而已，我把它称之为“伪药膳”。倒是一些小小的餐厅，如催乳下奶的月子汤馆的靓汤或许还称得上是真正的药膳。这些小餐厅，没有药膳大师，没有中医师，甚至没有像样的厨师，这是什么原因？这是不是对中国所谓的药膳餐饮的嘲讽？

一家真正的药膳餐厅，不是看它是否有加了中药材的菜肴，而是看它提供的是否是辩证施食的定制式服务（即因人而异的一对一的服务），这个才是一家药膳餐厅所应具有的最起码的标志。具有这种标志的药膳餐厅，没有加中药材的也是药膳；否则，就是加了许多中药材的哪怕是人参鹿茸也不是药膳。

正是由于对药膳的无知误知，使伪药膳的盛行，也使药膳餐饮走进了死胡同，方向完全错误！方向既错，发展又从何谈起？中国药膳餐饮这30年极其低迷的发展状况就是明证、铁证！

（三）药膳市场细分的缺失

药膳餐饮的高贵路线不是不可以走，而是药膳餐厅本身的体质出了严重的问题。与其他餐饮业态一样，市场都可以分为高、中、低档。但是无可置疑的是，中国药膳餐饮的大市场在中、低档市场。这些市场不是不能开发，而是我们缺乏创新。

药膳餐饮除了高、中、低档的初步市场细分外，缺乏进一步的市场细分。其他的餐饮业态，如快餐市场细分为儿童、学生、一般市民、公司员工等市场。奇怪的是许多药膳餐饮没有市场的细分，眉毛胡子一把抓，不仅很难搞出特色，而且很难吸引真正的客人。为什么不细分呢？如儿童市场、学生市场、老年人市场；男性市场、女性市场等。为什么不可以开设以药膳治疗或调理人体某一疾病或身体某一功能为主的专业性更强的药膳餐厅呢？如治疗或调理胃病的药膳餐厅，治疗或调理失眠的药膳餐厅等等。如果吃药膳有效，我绝对相信，就是平民百姓，哪怕就是贵，他们也乐意掏腰包。很遗憾，这些都没有餐厅想去做。

基于以上的分析，笔者认为，中国的药膳餐饮市场不是太小而是太大了。小，是因为人为的压缩和伪药膳的毁坏。中国药膳餐饮，只要走出认识的误区，走出死胡同，必将海阔天空。

而且笔者认为，中国的药膳大市场不是在高端消费市场，恰恰相反，而是在中低端的大众消费市场。中国药膳餐饮的未来，在广阔的大众市场，只要我们有创新的精神！

二、中国药膳餐饮大众化发展的可行性

(一)加强行业监管和引导，严格准入制度

成立专门的药膳餐饮行业协会或监管部门，对行业实施有效的管理。

首先，要在行业中加强药膳和药膳餐饮知识的教育与宣传，同时积极要求和吸引各种媒体想大众宣传药膳知识，让大家知道什么是真药膳，什么是伪药膳；什么是真药膳餐饮，什么是伪药膳餐饮。

其次，清理药膳市场，扫除伪药膳，清洁药膳餐饮市场；同时制定药膳餐饮行业标准、准入和退出制度，严格审批，加强监管，培育良好的、健康的药膳餐饮市场，重塑药膳餐饮新形象。

最后，还可以考虑扶持有潜力的药膳餐饮企业，使之做大做强，树立行业标杆，扩大影响，引导市场加速发展。

只有这样，才能创造良好的内外部经营环境，大众药膳餐饮才具有最基本的发展条件。

(二)加强食育教育

药膳知识的宣传，仅仅靠行业、媒体的宣传是远远不够的。而且药膳餐饮的未来仅仅靠宣传也是远远不够的。

李里特在《“食育”是国民健康的大事》一文中指出：“食育不仅仅是通常所说的营养知识普及，而是通过许多吃的实践，使每个人形成对健康饮食的牢固印象，使人们把良好的饮食习惯，对健康有益的食谱和摄食方式，变成自己的习惯，自觉地体现在日常生活中。”还指出，“食育不能仅理解为知识的教育，不能仅满足于营养成分的宣传。因为即使营养学家，也很少有人能坚持做到每天按营养成分表计算配餐。通过各种教育途径，使全体国民养成优良的饮食习惯是食育的基本内容，而最有效的做法是重视幼儿的习惯养成。”这是很好的主张，笔者认为，药膳知识与实

践也应该成为食育内容的一部分。如果药膳知识和实践能从小就对每个人进行教育和加强体验,中国大众药膳餐饮才可能得到大力发展,其未来才可能一片光明!

(三)针对大众药膳餐饮市场进行经营创新的思考

1. 根据药膳特点和大众消费水平,创新经营模式

药膳由于药效和缓,效果一般来得缓慢,所以吃一次药膳是不管用的,往往需要一定时期甚至长期的有规律食用,才会有效。药膳的这个特点决定了药膳是不可能太贵的,否则没有几个人吃得起药膳。

大众消费水平低,天天到药膳餐厅吃药膳显然不太现实。那么药膳餐饮怎么打开这个大众市场呢?

主要是重视经营模式的创新。中国现在的所谓药膳餐厅经营模式单一,除了请客人到餐厅来消费的传统经营模式外,没有别的经营模式。根据药膳特点和大众消费特点,经营模式可以采取以下几种创新模式,即咨询服务模式、餐厅+咨询服务模式、餐厅+培训+商店模式等。

咨询服务模式,即建立像中医诊所一样的药膳咨询所,药膳师针对每个客人的个体情况,开具药膳方,并指导客人如何制作药膳的经营方式。这种模式的特点是:一客人的花费是最小的,但是缺乏现场的体验;二经营者的收入虽然只来自于咨询费,但是投入成本很低,风险小。

餐厅+咨询服务模式,就是在咨询服务模式基础上,增加餐厅服务,这种模式的优点是:一增加现场体验,亲自看看自己的药膳是怎么烹制出来的,有什么要求和标准,并通过品尝,感受它的色香味形;二对那些制作比较复杂的药膳是非常必要的,客人通过现场的学习和品尝,得到经验,以后可以在自己家里烹制,减少开支。

餐厅+咨询服务+商店模式,在上一个经营模式的基础上,增加商店,可以增加额外的收入。商店主要经营一些与药膳有关的食材,如药材等,方便客人购买。

这些经营模式,适应了大众消费水平,对开拓药膳餐饮市场具有积极意义。

2. 根据药膳特点和大众消费习惯,拓展药膳经营方式

随着工作和生活节奏的加快以及人们收入的增加,家庭厨房社会化趋势越来越明显,特别是早餐,是大众外食的最重要的餐饮市场。

早餐,人们天天要吃,这与药膳的特点是非常吻合的,所以早餐餐饮与大众药膳餐饮是一个绝配。

药膳早餐产品可以是药膳粥、药膳汤羹、药膳饮料、药膳包子、药膳点心等。

以上通过对药膳管理层面、教育层面等以及大众药膳餐饮经营模式创新方面的探讨,笔者认为只要解决了以上几个最为关键的问题,中国的大众药膳餐饮大发展的曙光必将到来!

附录四

满汉全席经营应走出误区

近来，从许多报刊、电视、广播等传媒大量获得的信息表明，以餐饮企业为中坚的"满汉全席"经营性"研究"与推销性宣传又成为热潮。《乾隆与满汉全席》[①]和《满汉全席——中华菜系中的王者至尊》[②]两文，堪称此类研究与宣传的代表。

其实，关于"满汉全席"源流问题，随着赵荣光先生一系列相关重要文著的陆续问世，如《天下第一家衍圣公府食单》、《赵荣光食文化论集》、《满族食文化变迁与满汉全席问题研究》、《"满汉全席"名实考辨》等，已从史料、理论、结论等一系列学术性问题上予以解决了。但遗憾的是，赵先生的研究似乎太学术性了，故难免曲高和寡。在进入21世纪的今天，那些"满汉全席"经营性"研究"的低级混乱与造成的严重后果还将继续，认识问题与经营问题并没有解决，仍有深入讨论的必要。下面主要就其经营方面作一讨论。

一、"满汉全席"热由来、过往及特点

"满汉全席"热大约经历了三个阶级。

(一)清末民初的畸形繁荣

"'满汉全席'之称，始于清末，盛大于民初。"[③]目前，最早记有"满汉全席"确文的《海上花列传》述及"满汉全席"在清末上海的"书寓"(高等妓院)中盛行。但繁盛之势，在当时的京畿地区最具，不仅官场流行，并逐渐在整个上层社会都盛行开来。正是在这个"政治腐败，国力衰竭"之际，这个庞大的食客群更患朝不虑夕的恐慌，

从而纷纷然纵欲声色，醉生梦死。以致经营“满汉全席”的北京各大饭庄盛极一时。而过了民初的期限，第一轮“满汉全席”热随即冷落萧条了。[④]

反思这段历史，我们清醒地看到，“满汉全席”最初兴起是在特定环境、时期，是权贵阶级奢侈腐朽糜烂食习的自然产物。可以说，“满汉全席”从一开始就根本谈不上什么中华民族的“荣耀”。

（二）1956—1978 年，“满汉全席”热在港台地区及海外复活

民国中叶以来，直至 20 世纪 70 年代末，“满汉全席”在大陆几乎销声匿迹。不过，1956 年广州曾为配合外贸部举办了颇有声势的“名菜美点展览”，其中“满汉筵席”被作为“御膳”展品陈列出来。很快，香港大同酒家于同年推出“大汉全筵”，标价两千港元，分两天吃完。中国台湾、日本随即受其影响。1965 年，日本向中国香港派出了第一个“满汉全席”品尝团，并于当年在国内试制。但其后 10 余年仅有十余批品尝团成行。到 1978 年，日本一品尝团在香港国宾大酒楼吃了一桌 600 万日元的超豪华“满汉全席”，分二日四餐。此事经日本和中国香港、台湾地区电视报纸“大肆鼓噪”之后，去港、台地区的品尝团于是就络绎不绝了。[⑤]

这段时期，“满汉全席”热特点主要表现在：主战场在香港，吃客群主要是极为有限的日本品尝团；规模一次次张大奢华；媒体“大肆鼓噪”，推波助澜；在日本“虚热”，因为对日本大众而言，它仍是一种“虚幻的饮食”，发展极其缓慢。[⑥]

（三）1978 年后大陆的“满汉全席”热

1978 年，北京仿膳饭庄首次接待日本赴大陆的第一个“满汉全席”品尝团。之后，大陆的“满汉全席”热拉开帷幕，呈现出别有一番的特色。

1. 可怜的市场

其主要食客仍是日本人。就目前所知，1978 年至今，其在大陆的实际操办，就是加上送人品尝，甚至为拍片所制，也是屈指可数。

2. 菜单编造热

20 世纪 80 年代初开始，“满汉全席”菜单如雨后春笋陆续见诸报刊书籍，这些菜单或挖掘或编造（占大多数），几乎各大城市都迫不及待地树起了自己的“满汉全席”大旗。看看他们的菜单，无一不追求“高大全”，档次越来越高，席面越来越大，一席菜点从 72 品、200 余品直逼 300 品，应有尽有。还有一席十一台、十二度之类的即兴创作势赶超港、台地区，冲出亚洲。[⑦]中国又一个“浮夸风”在“满汉全席”舞台上再度上演。然而由于众所周知的市场，这许许多多创作只是纸上谈兵的“繁荣”。究其邪热之根源，菜系说是其根本所在。

3. 研究热的兴起

与菜单编造热同时兴起的研究热，较之前者更持久、更耐人寻味。这一时期出

现了一些严重的错误研究倾向和特点,如狭隘的民族主义的狂热研究、"戏说满汉"的江湖研究、毫无社会责任心的吹捧研究等都让人目瞪口呆。

二、"满汉全席"经营的偏颇与建议

"满汉全席"经营陷入了一种怪圈。

"满汉全席"经营者不管是在编制菜单,还是在实际操办中都相互攀比,在他们看来,越高越大越全越好。真的如此吗?

先看看编造的各式菜单,菜品达到100品、200品,赶超300品。但耐人寻味的是,超过400品的菜单就没有了,为什么?许多菜单并没有实际操办过,而且我敢说,照他们的编法,稍懂宴席设计者拿来各种菜谱书都能编。但为什么无人拿出一份"轰动世界烹坛"的超400品的菜单呢?不是越高越大越全越好吗?

稍有点常识的就知道,一个名厨的拿手菜就那么几道。作为一个饭店,算得上优秀的厨师(且不说"优中选优")能有几位?算得上好菜(且不说"精中选精")的又能有几道?就北京饭店的"谭家菜"而言,其菜品也不过200余品,如果要让它办个300品菜的"满汉全席",连凑数都难啊,更何况这200余品都是精品吗?都适合宴席吗?试问:中国有几个饭店可与"谭家菜"的积淀文化、菜点相媲美,与它的厨师力量相抗衡?我相信,烹饪界绝大多数还是清醒的,因为超400品甚至600品更多的菜单没有出现。所谓"高大全",也不过如此啊!

再看看"几日几餐"说与实际操办,如一日二餐、二日四餐、三日六餐、四日八餐及六日六餐等不一而足,还有搞十一台、十二度花样的。但超九餐、十二度说及操办还没见过,为什么?同样道理,菜品不够,凑数也难。不过有人编造神话,说"满汉全席"要吃七七四十九天。我们来算算,按每日二餐,每餐15品热菜(不包括冷菜、面点及果品等),单热菜就需要1470品。什么样的酒店能操办?什么样的厨师能操办?

可以一针见血地指出,"几日几餐"说与操办是中国烹饪落后、倒退的象征。你要吃四千元的,我能做,一日一餐,热菜15品;你要吃一万六的,我能做,二日四餐,热菜60品;你要吃五万的,我也能做,不过六日十二餐,热菜180品。试问:四千元的"满汉全席"与五万元的"满汉全席"在筵席设计和菜品质量上有什么质的区别?不过是四千元的简单的不断的翻版罢了。这于筵席设计发展有益吗?于厨技精进有益吗?这不是中国烹饪的乏术、落后与倒退,又是什么呢?能不发人深省吗。

现代企业发展大潮流,都积极倡导建立良好的企业文化,树立良好的企业形象,提出了服务大众、奉献社会的可持续发展战略。特别值得一提的是1999年浙江省在全省发起"创建绿色酒店,倡导绿色消费"的倡议,正是顺应了这一历史大潮流，成为一道亮丽的风景。[7]可令人遗憾的是，一些知名饭店公然逆流而行，提倡鼓吹奢吃海吃乱吃的腐朽糜烂的反科学、反健康的食习，其中以"满汉全席"的"高大全"与"几日几餐"鼓噪为最，其社会责任心何在？对"满汉全席"经营、发展又有何益？"满汉全席"在中国，从1956年开始在广州"摆"出来之后，直到今天又要在"西湖博览会"中"摆"出来[8]。40余年了，"满汉全席"经营到现在仍是裹足不前，还是一种"哗众取宠"的"摆设"工具，不求经济效益，社会效益更无从谈起。这不是中国烹饪、餐饮业的荣耀，而是莫大的耻辱！

"满汉全席"经营早已误入疾重难返的穷途末路，其根源那就是"高大全"的鼓吹对广大烹饪界的深刻毒害及误导方向所致。特别是一些自称是烹饪研究工作者的厨师，自己正炒着所谓的自以为是的"满汉全席"，同时又在暗示什么是"正宗的满汉全席"，真可谓"王婆"在世，那危害就更大了。

"满汉全席"经营应走出误区！

许多年之前，有学者就清醒而深刻地认识到了这一点，同时提出了非常中肯的建议。可惜，未引起大家广泛的注意。我们认为，"满汉全席"要走上健康的市场经济发展轨道，应在这几方面有所突破：

第一，观念要彻底转变过来，坚决摒弃反科学的滑稽的"目食、耳餐"的"高大全"说及"几日几餐"说，彻底澄清既往对"满汉全席"的"神圣、神秘、神奇"的误解误知误传。这种观念的转变，不仅仅是烹饪界，还包括更大层面的公众，特别是各类媒体。如果没有一个良好、健康的社会及经营环境，"满汉全席"经营真要走出困境、绝境则毫无指日可言。

第二，"满汉全席"研制，应"取其精华，去其糟粕"，以中国传统的食文化精髓"十美风格"[9]为指导，进行科学、全面、系统的再造，坚次摒弃那种"低劣粗糙的设计、不伦不类的装饰、缺乏专门训练的服务等。"[10]自以为是的随意的片面的创作。

第三，"满汉全席"筵式研制，思维要开阔，摒弃一味地追求高档，以"八珍"言高贵的陋习。中低档原料也能制佳宴。如高炳义先生的"渔家宴"，追求并倡导科学健康的饮食风尚，菜点来自民间却高于民间，很值得我们借鉴。

第四，"满汉全席"菜品的研制，能否突破那种所谓"满菜"、"汉菜"的简单拼凑组合，突破那些所谓的"燕翅猪鸭扛大旗"、"四红、四白"之类的死板教条，能否创制出一些交融满汉文化的属于"满汉全席"的特殊菜点呢？

注释：

①吴正格．服务经济，2001(2)

②陈昌旭.《杭州日报》之“西博特刊”，2001－10－21

③赵荣光．“满汉席”称谓由来、演变及其他．见：赵荣光食文化论集．哈尔滨：黑龙江人民出版社，1995

④赵荣光．“满汉全席”史料钩沉辩证．见：满族食文化变迁与满汉全席问题研究．哈尔滨：黑龙江人民出版社，1996

⑤⑥田中静一著．霍风等译．满汉全席与饭茶．中国饮食传入日本史．哈尔滨：黑龙江人民出版社，1991

⑦见《现代酒店》1999年6期

⑧同②

⑨“十美风格”即：质、香、色、形、器、味、适、序、境、趣。见：赵荣光．“饮食文化说”试论，《中国饮食史论》. 哈尔滨：55黑龙江科技出版社，1990

⑩赵荣光．“满汉全席”问题再议．见：赵荣光食文化论集．哈尔滨：黑龙江人民出版社，1995

参考文献

[1]赵荣光著．中国饮食史论．哈尔滨:黑龙江科技出版社,1990
[2]杨欣主编．餐饮企业经营管理．北京:高等教育出版社,2003
[3]李勇平编著．餐饮服务与管理．大连:东北财经大学出版社,2001
[4]黄文波编著．餐饮管理．天津:南开大学出版社,2000
[5]吴克祥编著．餐饮经营管理．天津:南开大学出版社,2000
[6]蔡万坤编著．餐饮管理．北京:高等教育出版社,2005
[7]杨凤珍主编．餐厅服务与管理．大连:东北财经大学出版社,2000
[8]国家旅游局人事劳动教育司编．厨房管理．北京:中国旅游出版社,1996
[9]国家旅游局人事司编．饭店餐饮部运行与管理．北京:旅游教育出版社,1994
[10]周妙林主编,菜单与宴席设计．北京:旅游教育出版社,2005
[11]陈旭华主编．兆龙国际酒店管理公司管理规范．北京:经济管理出版社,1997
[12]国家旅游局人事劳动教育司编．餐饮服务与管理．北京:旅游教育出版社,2000
[13]乐盈编著．餐饮服务与管理．北京:旅游教育出版社,2002
[14]陈玉峰主编．餐饮管理．北京:机械工业出版社,2003
[15]张世琪编著．餐饮企业连锁经营与管理．沈阳:辽宁科技出版社,1999